扎祥毅文集

金融协调

（二）

经济管理出版社
ECONOMY & MANAGEMENT PUBLISHING HOUSE

图书在版编目（CIP）数据

孔祥毅文集/孔祥毅著 . —北京：经济管理出版社，2016.10
ISBN 978 - 7 - 5096 - 4344 - 0

Ⅰ.①孔…　Ⅱ.①孔…　Ⅲ.①金融学—文集　Ⅳ.①F830—53

中国版本图书馆 CIP 数据核字（2016）第 074940 号

组稿编辑：杜　菲
责任编辑：杜　菲
责任印制：司东翔

出版发行：经济管理出版社
　　　　　（北京市海淀区北蜂窝 8 号中雅大厦 A 座 11 层　100038）
网　　　址：www. E - mp. com. cn
电　　　话：(010) 51915602
印　　　刷：北京九州迅驰传媒文化有限公司
经　　　销：新华书店
开　　　本：787mm × 1092mm/16
印　　　张：233.75（全九卷）
字　　　数：3916 千字（全九卷）
版　　　次：2016 年 10 月第 1 版　　2016 年 10 月第 1 次印刷
书　　　号：ISBN 978 - 7 - 5096 - 4344 - 0
定　　　价：1280.00 元

本书承瀚华金控股份有限公司资助出版

诚信与金融

金融先导

专　访

金融协调

也谈金融可持续发展

背景说明

本文是 1997 年亚洲金融危机后在北京西郊的中国金融理论讨论会上的发言稿，原载《金融时报》1998 年 7 月 2 日理论版。文章提出金融资源论是金融理论的创新；资源配置要坚持金融可持续发展论；金融可持续发展的途径是金融协调论。

1998 年 6 月 7 日《金融时报》发表了白钦先教授的《论金融可持续发展》一文，读后很受启发。20 世纪 70 年代美国爱德华·肖和麦金农提出金融深化理论和金融压制理论，在发展中国家引起了较大反响。受其影响，东南亚和拉美国家进行了金融深化改革，改变浅度金融政策，通过深化金融政策来实现经济增长，并且已经取得一定的效果。但金融深化有没有一个度的问题，未引起人们的重视，畸形的金融扩张，为金融投机留下了可乘之机，被尼克·里森和索罗斯利用，搞乱了金融秩序，酿成了金融危机和经济危机。防范金融风险，保卫国家经济安全成了人们注视的焦点。白钦先教授的这篇文章，为金融深化构建了防疫系统，为金融肌体的健康运行，提出了新的金融理论——金融可持续发展论，是一件具有重要意义和现实意义的事情。

理论基础：金融资源论

白钦先教授提出的金融可持续发展的理论是建立在金融资源论的基础上的。他在文章中提出："金融是一种资源，是一种稀缺资源，是一国最基本的战略资源。"在现代经济中，金融不仅是一种生产要素，而且是一种"不依赖于真实商品生产和交换活动的独立行为和独立存在"，"更深刻地对经济和社会的发展发挥着引导、渗透、激发、扩散作用"。并且也认为金融资源的核心层——货币资本或资金是对自然资源的索取权。这些看法是引人思考的。金融资源不论是核心层面的货币资金，还是中间层面的金融机构和工具，抑或高级层面的金融运行机制和体制，都会产生对自然资源和社会资源的索取权，这应当就是金融资源的实质。

金融作为一种资源，与其他社会资源一样，是经济社会发展必不可少的东西，当代社会离了它，任何事情都办不成，这是金融资源与其他资源的共性。但金融资源与其他资源比较，又具有自己的特征：

第一，不可替代性。在自然经济中，货币金融是生产的要素，但有时可能被别的东西替代。如一项水利工程，需用投入资金才能开工，但电可以用劳动积累代替货币积累。而在现代经济中，一般是不可替代的。

第二，可再生性。金融资源是可再生的，当它被运用或消费以后，实现了商品劳务的转移，但它自身并没有消灭，它与商品劳务置换了位置，又会被新的主人来利用，此时可以看作此种资源的再生。

第三，可扩张性。金融资源不同于别的资源，它的伸缩性很大。货币本是人类劳动的产物，价值的凝结。但在现代经济中，中央银行可以创造现金货币，商业可以创造存款货币，社会公众与金融机构都有可能创造金融工具，金融体系及运行制约着这种创造，诸如"虚拟资本"、"金融衍生工具"，都使金融资源具有极高的弹性，它的可扩张性是非常明显的。

第四，高流动性。金融工具流动性很强，在现代科学技术作用下，金融的高流动性不仅在运动速度上惊人地快速，在运动的地域上可跨国界流动，而且也相当便捷。一旦运行停滞下来，它也就不成为什么资源了。

正因为金融是一种资源，而且具有上述的性质和特点，它的科学合理配置和管理，就成为一个重要问题。配置得当，金融就促进经济社会发展，自身也得以发展，如果配置不当，就影响和破坏经济发展，自身也会发生动荡和危机。1997年夏秋以来的亚洲金融危机，给泰国、马来西亚、印度尼西亚、日本、韩国等带来的打击是有目共睹的。一国金融能否持续发展，决定着这个国家经济社会的安全和进步，同时也影响着周边国家。

资源配置：可持续发展

既然金融是一种经济社会发展的资源，合理配置，经济、社会就会健康发展；不合理配置，如乱采滥伐，不加强监管，就会荒漠化，出现金融危机，进而导致经济危机。所以，在金融发展问题上，必须坚持可持续发展战略。

前述金融资源的性质与特征表明，金融资源作为一个自然和社会资源的索取权，在量上不可以没有，也不可以过度；在结构上，要分布合理，层次恰当，社会才能稳定。并且，由于它的不可替代性，决定了它是稀缺的，发展中国家无一不感到经济发展中最突出的问题是资金匮乏，借入外资总要付出高昂的代价，充分动员国内储蓄，提高储蓄率，并充分用于投资才是最好的选择。在外资引入的形式和投向上，必须把握其生产性运用，并且不可以在没有充分准备的条件下，把国内资本市场与国际市场打通，无限制地让游资涌入。金融资源的可再生性，决定了对货币和资金的周转速度必须高度重视，在一定的经济水平下，速度的加快就等于信用供应量的扩大。由于金融资源的可扩张性以及金融体系在运行中无限扩张信用的可能，可以在没有真实经济增长下大量供应信用，造成泡沫经济，一旦泡沫破灭，必酿成信用危机。由于它的高流动性，一方面为经济运行提供了快捷的支付系统，促进了经济发展，同时也为证券市场、外汇市场以至金融市场投资提供了方便，另一方面易受到国际上的传染性影响，给金融环境造成污染。要保持金融的稳定发展，必须合理配置金融资源，积极防范金融风险，以保证国家经济安全、稳定和发展，这就是金融可持续发展战略的目标。

可持续发展途径：金融协调论

在金融深化理论影响下迅速发展的东南亚金融和经济，在经受这场危机之后，不能不让人们再作某些反思，如：金融深化有没有客观条件；金融深化深到什么程度；是否可以无限制地深下去；是否一切管制都可以放弃；等等。我们不反对金融深化理论，金融深化理论有一定的科学道理，但若过分强调深化就可能走向反面，而金融持续发展客观上要求金融协调。

从哲学角度看，金融协调符合任何事物的发展规律；从经济学角度看，金融协调符合均衡发展理论；从国家和社会安全角度看，金融协调符合国家与人民的利益。金融协调的内容，从大的方面可以分为总量协调、结构协调、区域协调、内外协调。从金融资源配置看，至少要考虑以下问题：在货币供应量上要适度创造；在金融工具和衍生金融工具使用上，要适度创新；在国内各经济区域的金融深度上不能相去悬殊；在金融机构和金融体系运行机制上要高效运转，在金融活动的监管上要央行、证监会与金融机构协调一致；在直接金融与间接金融的金融倾斜上要此消彼长，不能同时扩张；在国内金融市场与国际市场打通时要做好必要的准备，不可以草率行事。

总之，金融可持续发展问题是一个很值得重视的理论问题，也是一个现实问题，需要金融理论工作者展开讨论，共同去探讨它、完善它。

金融是一种社会资本

——关于金融可持续发展的对话

背景说明

　　本文是 1999 年 1 月 2 日《金融时报》发表的、与崔满红的一段关于金融资源论与金融可持续发展的对话。该报的编者按语："1998 年 6 月本报理论版发表白钦先教授提出的金融可持续发展理论，引起社会广泛关注，关于这一理论的学术探讨也开始活跃起来。对这一理论的探讨，既涉及一些传统理论的知识更新，也涉及研究方法的调整。这篇以对话形式发表的文章，对此作了进一步阐述。"

崔满红（山西财经大学教授；以下简称崔）：可持续发展是 20 世纪 60 年代以来引起各国普遍关注的一个涉及人类生存、发展的重大课题，在这样的大背景下，如何正确理解和把握金融可持续发展理论呢？

孔祥毅（山西财经大学教授、博士生导师；以下简称孔）：金融可持续发展理论是面向 21 世纪知识经济时代的、立足经济金融一体化研究可持续发展理论的金融理论。它试图确立的是 21 世纪的新金融观。其研究领域主要是三个方面：经济金融一体化中的经济可持续发展——经济可持续发展中的金融功能，即金融经济一体化下的金融与经济的关系；金融的可持续发展——金融自身的可持续发展问题；金融可持续发展与经济因素之外的社会因素之间的关系问题——即金融与文化、科技、教育、生态、环境等社会因素之间的关系。所以，我所理解的金融可持续发展理论可从以下几个方面来理解和把握：

第一，金融可持续发展理论是建立在金融资源理论基础之上的崭新的金融理论。

金融可持续发展理论把金融作为资源来研究，实质上是把金融作为经济发展的内在要素来把握的，这一点与传统金融理论是有区别的，经济日益金融化的条件下，金融已经内在于经济，金融已经转化为经济活动的内在要素，已经成为经济的本身，也就是说我们所处的经济时代已经无法十分贴切地分清楚经济和金融的科学界限，金融经济的提法，也就来源于此。

传统金融理论把金融作为工具来理解，是把金融作为外在于经济的要素来对待的——金融是手段，是工具。但是，把金融作为工具来理解隔离了金融和经济之间的内在必然联系，金融可持续发展理论把作为经济发展的内在要素的金融归结为资源来解释，取得了金融理论的突破，确立了金融经济一体化下的金融理论。

第二，金融可持续发展理论，不仅特别地强调了经济日益金融化趋势下金融内在于经济的发展趋势，同时又特别揭示了金融与经济运行的相悖现象——对金融活动相对独立于经济的特点给予了特别的重视。

金融活动与经济运行的相容性和相悖性正是现代金融运行的时代特征。这一点很值得我们深入探讨。

第三，金融可持续发展理论特别强调金融、经济与社会的协调发展问题。

这一点显得尤其重要：在这里，我们特别强调金融、经济和社会的关系问题，社会是人类生存的大系统，经济是这个大系统中的中系统（也可以称为是核心），金融是内在于社会尤其是内在于经济的一个要素系统，金融多数情况下依赖于经济这个系统的运行规则来运行，有时又以自身独立的运行规则来运转，金融作用于经济，推动着经济的进步，进而实现着人类社会的发展目标。所以，无论是金融对实体经济的作用还是金融超越实体经济对社会的作用，都有正反两个方面，这也是金融可持续发展理论立足于社会这个大系统研究金融问题的独立的视角，我们不仅把金融作为经济运行中的工具来对待，而且把金融作为经济的内在要素来把握，既是金融理论的发展，同时也是金融理论的回归。

崔：金融可持续发展理论仍然是金融理论，是传统金融理论的扬弃和发展，但是，它赋予金融资源属性，必然从本质上改变传统金融理论对金融含义的界定，也就是说，金融可持续发展理论的首要问题是如何认识金融概念的问题，这既是金融可持续发展理论的出发点，也是它的归宿。

孔：是的。如何理解金融的含义是金融可持续发展理论立论的要害。

在传统金融理论中金融是货币资金的融通问题。它是对几百年、上千年来金融活动的科学理论总结。因为人类社会几千年历史发展中，货币的发展和功能，始终是与经济发展和科学技术的进步相一致的，须臾的背离都是不可能的，货币的媒介功能和投资功能始终与商品生产和商品交换相依存，金融即是货币资金融通的归结是正确的。

金融可持续发展理论对金融的理解可以归结为以下几个方面：

第一，金融是社会财富的索取权，是货币化的社会资产。

第二，金融是以货币形态表现的、具有"存量"形态的投入的消耗过程。

强调金融的货币属性，是指体现它自身存在形态的价值属性特征。也就是说金融是非物质形态的社会财富。

强调金融的"存量"形态则是赋予金融新的含义：作为货币形态的金融存量，是指符合社会经济发展需要形成的，代表等量价值的社会财富的货币流通量，这里我们排斥了具有通货膨胀因素的那部分货币流量，这是问题的一个方面；另一方面，金融存量是随着社会经济发展的需要"自然"调整、不断变化的，这是金融存量的动态属性，正是这一动态属性才使得不同时期的金融存量不同；还有一个方面，金融存量的投入的消耗过程是指金融资产价值量的流动和配置过程，它决定着社会财富存置的结果和趋向——其决定因素是社会人（自然人和法人）的行为预期和行为偏好。金融存量的流动和重新配置是一个国家和一定区域产业结构的动态动力因素——金融存量的流动引导着一个国家和一定区域产业结构的走向和态势。

第三，以上表现形态和投入的消耗过程的绩效所要求的必需的体制及制度演变。

这里所指的是理性金融行为人的问题。任何社会行为趋于理性的约束因素只能是规范其行为的体制性因素，所以，金融体制也就成为了金融的内在要素，而不是金融行为的"外壳"，金融体制是金融存量存置的规则和规范；金融体制的演变则是金融存量存置科学化和理性化的动态手段，一成不变的体制或滞后于金融动态的金融体制既是金融存量存置不合理的首要因素，也是金融绩效走向其反面的根本原因。

金融存量和金融体制及其演变是金融内涵的两个基本方面。

第四，金融是资源，是社会资源。

金融的资源属性主要是强调金融存量存在的客观性问题。处于特定经济发展阶段上的金融存量是个相对稳定和特定的量，是一定质与量的规定性的"存量"，它不以人的主观意志为转移。至于金融资源的开发和配置，只能在这个相对稳定和特定的量的基础上实现和完成，人类历史上所出现的金融动荡都是违背这一规律的恶果。

金融资源作为一种中介性资源，连接着社会进步和社会经济发展的两极：一头是社会经济发展的初始条件——历史的黏滞和现实的存在；另一头是社会经济发展的目标。金融资源在这里的作用在于立足社会、经济和金融自身的初始条件，促进社会经济目标的实现。金融资源的合理配置是构成良性产业结构的基础，是良性的、合理的、适度的金融资源开发和配置构建了所有国家的合理的产业结构。

崔：那也就是说，恶性的、过度的、不合理的金融资源配置，是对经济条件和社会环境良性化发展的破坏。不合理的金融发展的初始条件恶化着产业结构，产业结构的恶化状态和结果不断积累，发生的质变就是经济危机。这种危机的最终结果必然反过来通过金融资源配置状态和黏滞状态表现出来，这就是金融危机。

孔：对！金融资源的配置和开发是两头，产业结构是中间。作为产业结构形成的基础和前提这一头，金融资源的合理配置适度开发必然形成合理的产业结构，金融资源得以在更高、更合理的状态下得到新的配置和开发。

崔：是金融自身在为自身的合理存量结构的形成创造着经济条件和社会环境，金融活动的质量的提高和价值的体现依赖于对经济条件和社会环境的良性化再造。金融发展的初始条件是它生存和依赖的那个不断变化着的经济条件和社会环境。

孔：可以这样理解。金融资源配置和开发的另一头是动态的社会经济运行某一时点的状态所体现出的金融资源配置和开发的相对结果，是表现为金融繁荣还是金融危机。

泡沫经济的金融根源

背景说明

　　本文是金融协调课题研究的部分成果，原载《金融时报》1999 年 9 月 11 日理论版。文章认为泡沫经济引起金融动荡，表面上是由于金融监管不严，但在金融监管乏力的背后是金融制度不协调，而金融制度问题又是由于金融理论方面的混乱所导致的。

经济泡沫与泡沫经济

　　泡沫（Bubble）作为一个经济学术语，已不再是个陌生的词汇，特别是 20 世纪 80 年代以来，由于美国股市"黑色星期一"带给整个世界的股灾，日本经济由于泡沫破裂而陷入长期的停滞，以及此后一系列因为"泡沫"经济而带来的世界性金融动荡事件，使得"泡沫"问题成为经济学研究的热点。

　　虽然对泡沫还没有规范的定义，但一般来讲，指由于受到不切实际的高盈利预期和投机狂热的驱动，在金融和房地产等市场上表现出的资产价格超过其基本价格而增长的虚假繁荣。其特点，一是发生在虚拟资本市场上，虚拟资本市场的价格体现为其预期收入的资本化，预期收入对市场价格的决定成为其脱离基本价值支持而上涨的关键；二是虚拟资本的为卖而买的价格易变性；三是容易受到投机因素的影响。

　　虚拟资本的价格受到预期收入（既包括股息、红利收入，也包括低价买入，高价卖出的资本利得收入）的影响，而预期存在着"自我维持"和"自我实现"的特性，即当市场预期价格上涨时，就会有更多的人由于价格上涨的预期而入市抢购，抢购行为使得价格确实上涨，从而进一步强化价格上涨的预期。所以，虚拟资本的价格很容易偏离其基本价值而产生泡沫。但如果没有大量投机资本的介入，这种偏离不会维持过大的幅度和过长的时间，而表现为一种短时的、局部的、小幅的偏离现象。这种微小的泡沫可能促进资本市场的活跃而不会产生很强的负面影响。我们可以将它称为经济泡沫。

但泡沫经济则是另一个概念。它是指在现代市场经济情况下，由于信用活动介入证券市场，经济活动中游离的资金增多，金融资产存量增大，投机资本实力增强，加上金融自由化浪潮的冲击，金融监管难度增大，同时由于一些不合理的信贷制度安排，使得经济中的泡沫不断增加，并通过金融在经济中的巨大作用而渗透到整个经济生活中，呈现出整个经济的泡沫倾向，形成泡沫经济。而泡沫经济一旦破灭，就会通过消费、信贷、投资等环节对整个经济运行产生巨大的不良影响。

泡沫经济与社会游资支持

局部性的经济泡沫可以由于预期的自我维持和自我实现的特性，在资金部门间流动而形成的结构性冲击下"吹胀"。但局部性的经济泡沫要演变为整体经济泡沫化的泡沫经济，必须有大量的多余的社会闲置资金或称游资来支持，来维持全面的非理性的繁荣预期，来"吹胀"经济泡沫。也就是说，此时出现了与 GNP 增长不相适应的过多的资金供应而形成社会游资。一些学者通过测算认为，中国 1985～1996 年各年社会游资总量分别为 571 亿元、723 亿元、858 亿元、1821 亿元、2070 亿元、2107 亿元、800 亿元、1552 亿元、3014 亿元、5711 亿元、5088 亿元、4599 亿元。[①] 其最高年份为 1994 年，达 5711 亿元，其次为 1995 年，为 5088 亿元，恰与该时期房地产热、国债期货热相吻合。而最低的 1985 年为 571 亿元，与当时平静的市场状态相一致。而且整个游资存量大小的变化同经济的泡沫化程度存在一致性的趋势。这说明社会游资确实是泡沫经济形成的主要原因。但问题是，作为调控信贷政策和货币政策的中央银行，为什

---

① 夏斌、郑耀东：《中国社会游资变动分析》，《经济研究》1997 年第 12 期。

么不能有效地发挥其职能，避免如此之多的游资注入经济机体呢？或者说金融机制是如何为泡沫经济提供其"吹胀"的资金的，这便是我们下文的主要内容。

泡沫经济的金融根源之一：货币媒介商品交易的职能同其媒介资本转移职能的矛盾，成为中央银行过多资金供应的诱因

维克塞尔最早提出了货币充当资本转移的职能，并且意识到货币媒介商品流通与媒介储蓄向投资转化的资本转移职能的矛盾。他指出，由于"在实际的经济情况中，一切交换、投资或资本转移在事实上都是通过货币而实现的"[①]。所以，"货币的使用——或滥用——可在实际上积极地影响实物交换和资本交易。滥用货币……可破坏大量的实物资本并使社会的整体经济生活陷入绝望的混乱。但通过货币的合理使用，在实际上又可能积极地促进实物资本的积累和一般生产的增加"[②]。据此，他提出通过政府干预经济，维持自然利率和货币利率的均衡，来协调商品交易所需货币与储蓄投资转化所需货币的一致，从而达到物价稳定的目的。

维克塞尔解决上述货币两种职能矛盾的政策主张，由于自然利率的不可确定而丧失了可操作性。自然利率与货币利率的均衡最终又以物价水平的稳定作为标准，实际上是强调了货币媒介商品交易的职能，而忽视了货币媒介资本转移的职能。矛盾并没有解决，而且在现代市场经济情况下，它更表现为另一种形式。

就货币充当商品交易媒介来说，它受到现实的商品价格总额和货币流通速度的影响。而媒介储蓄投资转化的货币，受到可利用的真实资源、投资需求，以及整个资本循环总量的影响。二者的关系是作为货币的货币与作为资本的货币的关系。但在现代市场经济情况下，信用的作用得到充分的发挥，中央银行货币调控机制发生改变。

第一，从货币的形态来看，现代信用货币已经超出了黄金本位，摆脱了商品货币本身物质躯壳和数量对它的束缚，货币发行从技术上看是没有限制的，纸币制度成为泡沫经济产生的前提条件。

第二，现有的信用货币基本上是通过银行贷款方式而投放到流通中去的。贷款主要是依据微观经济主体的投资需求而发放的，是货币资金形式服务于资本循环的过程和储蓄向投资转化的过程。这样，中央银行在考虑

[①②] 维克塞尔：《国民经济学讲义》，上海译文出版社 1983 年版。

货币投放和调控货币政策时，首先面对的问题便是如何满足微观经济主体的投资需求，从而形成中央银行调节货币量的思路的转变。

第三，中央银行成为货币控制的总闸门。中央银行作为控制整个社会货币供应量的主要责任者，它的行为成为货币供应量的主要决定因素。

第四，就中央银行货币目标来看，主要是控制通货膨胀，而目标是使商品市场的价格水平保持平稳。但从货币控制和操作手段来看，要通过企业的投资需求来实现。但资源市场的特性，资源禀赋的差异和资源之间的可替代性，使得维持物价的货币投放难以充分利用闲置资源。在凯恩斯所描述的"半通货膨胀状态"下，中央银行多投放货币，虽然会带来一定的物价上涨，但也会带来资源利用效率的提高和产出的增加。这成为中央银行超量投放货币的理论基础。

第五，由于货币资金的预付性，中央银行可在动态条件下考虑其货币政策操作。当货币投放之后，当时可能会引起物价上涨，但由于促进了储蓄向投资的转化，投资规模扩大，生产能力增加，当新的供给形成后，就会使市场物价下降。但货币投放的效用的滞后性，也会成为经济波动的因素。当投资无法形成有效的生产能力时，就会形成超量的货币供应。

泡沫经济的金融根源之二：银行续短为长的资金配置机制，导致货币放款、资本放款的矛盾，成为结构性资金失调的原因

银行作为流动性的创造者，它的负债流动性较大，而资产流动性较小，也就是经常说的短期资金长期使用问题。银行通过吸收大量的短期资金，对企业进行长期贷款，就将货币转化为资本，改变了经济中的货币及货币资本的比例，加上企业短借长贷行为，这种偏离将更严重。其结果：一是经济中资本投放量增大，经济出现不平衡状态，造成结构性的资金失调；二是由于短期资金长期使用，使购买力向资本品市场转移，价格上涨，而生产能力当时并未增加，如果投资时间较长，就会在一段时期内造成价格的上扬，然后在生产能力形成后，又导致价格的回落，造成价格的波动。所以，银行续短为长的资金配置机制，有其有利的一面，但如果过度，就会形成经济中的不稳定性。

泡沫经济的金融根源之三：微观货币需求与宏观货币调控的不协调，导致信用创造难以控制，成为银行体系超量资金供应的制度原因

微观货币需求是指微观主体持有货币的动机。按照现代经济学的解释，它可以分为交易动机、谨慎动机和投机动机三类。而影响它的因素，

一类为规模变量，如收入等，另一类为机会成本变量，如利率水平等，这两类因素的变化会影响到微观主体的货币需求。而对于中央银行来说，很难通过加总微观主体的货币需求而达到宏观的货币需求，所以它只是根据国民经济发展的需求来调控货币供应量。这样，二者之间就很容易产生矛盾。

在经济正常运行，预期资本收益率比较稳定的情况下，中央银行可以通过利率指标来实现微观货币需求与宏观货币调控的一致。微观货币需求是通过厂商的信贷需求而同银行体系发生关联的。当微观主体货币需求上升时，厂商的信贷需求增大，商业银行资金紧张，利率上升，中央银行得到信息后，便会扩大货币供应量，抑制利率上升，实现货币需求微观与宏观的协调。

但在利率信号受阻，不能准确反映经济运行状况时，中央银行货币控制方式就会同微观经济主体的货币均衡发生矛盾，此时，微观经济主体以及商业银行便会利用各种方式来逃避中央银行的货币控制。第一，就中央银行的货币控制来看，它对于货币供应量的控制依赖于对基础货币和货币乘数的控制，相关因素有：现金漏损率、法定存款准备金比率、超额存款准备金比率、净财政借款、对商业银行的借款、黄金外汇占款以及净其他项目等。在这些因素中，中央银行可以有效控制的只是法定存款准备金比率、通过公开市场业务对国债的调控及对商业银行的借款。其他因素则受社会公众、商业银行、对外贸易及资本流动等影响，中央银行很难控制。第二，中央银行在肩负控制货币和维持银行体系稳定性时，更偏重于银行体系的稳定性。当商业银行过量发放贷款，通过信用创造，提供过多的货币供应量时，若中央银行控制货币供应量，很可能造成银行业的流动性不足和支付危机，在这种情况下，中央银行将不得不提供特殊帮助，维持银行体系流动性，而无法顾及货币供应量。第三，微观经济主体，如厂商可以利用商业票据的发行、流通等形式，替代货币流通，成为经济机体内部的货币供应源。这样，多条途径的难以控制的信用货币创造过程，就会给经济肌体注入超过需要的过多的资金。

泡沫经济的金融根源之四：投机性金融市场与商品市场的联通与联动，成为泡沫经济形成和破灭的策源地。

货币不仅服务于商品市场，也服务于金融市场的交易。随着经济金融化进程的加快，金融市场越来越脱离了商品市场的制约，交易规模不断扩张，呈现出自身的特有规律，这种趋势也带来了货币流通及经济运行态势的显著变化。

金融市场的功能主要在于提供作为激励契约基础的信息和投资资源配置相关的信息。但若是金融市场的投机因素过大，就会妨碍其基本功能的发挥，带来其他的负面影响。经济理论已经表明，金融市场由于受到预期的影响，只要预期形成，它本身可以在某一区域内的任何一点达到供求均衡，而没有一个具有帕累托效率的供求均衡点。当人们预期价格上涨时，市场便会吸引大量的资金，抬升价格，并强化原有的预期，直到人们的预期发生改变。而在投机性的金融市场上，非理性的投机者增多，他们对资产价格走势的判断，逐渐脱离经济基本面，此时金融市场就成为凯恩斯所比喻的"选美比赛"。[1] 这种选美比赛中的问题不在于预测谁最漂亮，而在于猜测裁判认为谁最漂亮。即股市中的中坚力量的预期将成为股市中的决定因素。此时，在金融市场中起主要作用的就是利用资金实力对市场的操纵。拥有雄厚资金实力者，可以通过造市，诱导别人的预期，并利用散户的"从众"心理，以其预期来获取盈利，这样，资金实力成为投机性金融市场中的竞争优势，正因为这一点，索罗斯才可以被称为"走在曲线前面的人"。所以，投机性金融市场的特点是对资金的追求，从而使其成为多余资金的"吸纳源"。

当经济持续发展时，就会导致金融市场上价格上涨预期的形成。此时，商品市场和金融市场成为一个连通器，资金由商品市场流向金融市场，促使金融市场价格上升。而商品市场出现资金短缺，银行体系便向其注入资金，维持商品市场购销两旺、价格平稳的局面。中央银行通过监测 M2 和控制商品物价水平，并没有发现超量货币供应的迹象。随着金融市场价格的进一步上涨，资金转移加深，甚至资金会溢出金融市场而进入房地产市场等投机性领域，经济出现一派繁荣景象。但金融市场的资产价格不能无限地偏离其基本价值的支持。当偏离越来越大时，预期反转的可能性也越来越大，几乎任何信息都可能使泡沫崩溃。当泡沫崩溃的那一天真的来临时，价格便会急剧下跌，金融市场发生动荡。个别获利了结的庄家大户抽款撤资，而多数客户被高位套牢，资金联通受阻，债务链发生危机，银根紧缩，信心受挫，市场低迷，经济陷入困境。

---

[1] 凯恩斯：《就业、利息与货币通论》，商务印书馆 1983 年版。

结　语

泡沫经济引起的金融动荡，表面看来是由于金融监管不严引起的，但在金融监管乏力的背后是金融制度的不协调问题，而金融制度问题又是由于金融理论方面的混乱所导致的。在货币与资金、金融资产运行、金融与经济的协调发展等方面的理论创新，将导致协调的金融制度的创新，只有在金融理论和金融制度创新的基础上，金融监管才能发挥效力，才能真正有利于对泡沫经济的防范。

金融协调：一个新的理论视角

背景说明

本文原名《关于金融协调理论的几个问题》，是国家社会科学基金项目"金融制度变迁与金融协调"研究课题的阶段性成果。其中第二、第三、第四部分曾以《金融协调：一个新的理论视角》为题发表在《金融时报》2000 年 2 月 10 日理论版。

1998 年 7 月 2 日《金融时报》曾发表过我的一篇文章《也谈金融可持续发展》，提出了金融协调理论问题，当时是将其作为金融可持续发展的途径来探讨的，事实上金融协调与其说是一个途径问题和政策手段问题，不如说是一个更深刻的认识金融本质，把握金融发展的更深刻的理论视角问题。从协调这一基本问题出发研究金融，既符合经济学理论的大趋势的转移，又是金融理论实现创新的一种有益的尝试，而且也更能真正地揭示出金融的本质，这一点已为我们所从事的金融制度变迁的研究所证实。

一、金融协调理论提出的背景

（一）亚洲金融危机及随之而来的全球经济动荡，在实践上对传统的金融理论提出了巨大的挑战，这种挑战迫切要求金融理论的创新

1997 年始于泰国的亚洲金融危机，不仅严重影响了诸多亚洲国家的经济发展进程，动摇了人们对"东亚奇迹"的信念，并且波及俄罗斯、

巴西以及其他拉美国家，甚至美国也感受到了它的影响。现在三年多时间过去了，受危机冲击的亚洲国家和地区的经济已开始缓慢复苏，但痛定思痛，我们认为危机根源，既有危机国家金融政策和金融制度方面的失误，也有国际投机资本兴风作浪的冲击，还有国际金融机构火上浇油的处理危机不谨慎的打击，但最根本的是指导金融实践的传统金融理论的苍白无力。依靠传统金融理论行事的国际货币基金组织在危机预报、危机的防范和管理、解决危机的措施手段等方面出现的失误成为运用传统金融理论难以解释和回答现实金融现象的例证，这迫使我们进一步从更基本的问题上来思考金融理论问题，如：什么是金融？金融还是"资金融通"吗？金融的功能是什么？金融出问题为什么能置经济于死地？金融衍生工具是什么？它为什么如此迅速地扩张？目前全球外汇交易额大于世界市场进出口总价值的60倍，每日全球交易与实物交易有关的不超过2%，为什么自1980年以来，130多个几乎占IFM成员国的3/4的国家经历了银行业危机问题？日本百年历史大小金融危机几十次，超过一年以上的6次，每次经济危机都与金融有关，为什么？无论发达国家、新兴市场国家和转轨国家都受到影响，国家经济发展与金融发展到底是什么关系？金融创新是不是引起什么新的变化？

我认为亚洲金融危机表面看来是由于金融政策失误、金融监管不严、投机资本冲击等原因引起的，而在这些表层原因的背后是金融制度的不协调问题，而金融制度的问题又是由于金融理论方面的问题混乱所导致的，金融理论的危机是它的深层次根源。具体表现在随着经济发展和社会变迁，金融及其构成要素的运行机制也发生了变化，但我们认识金融的思想仍然来自旧的、适应于原有的经济运行速度变化较慢的传统的金融理论，这种传统的金融理论制约了我们对新的经济条件下的金融现象和本质的认识。由于知识的积累、科技的进步，经济和金融运行的时间、空间已经改变，资源在全球范围的流动，市场环境和因素如价格、利率、汇率等的剧烈波动，使得经济运行中的不确定性问题、信息交流和风险因素越来越凸显，成为经济决策中最主要的因素，从而形成经济运行的新的时空概念。金融方面，资金的调度、货币支付时间缩短了，距离拉近了，抵御个体风险的金融工具不断创新，但同时却积累了巨大的整体和系统风险，金融以其复杂灵巧的资源配置方式，起到了对经济发展极大的正面促进作用，但也增大了金融动荡对经济产生负面制约的影响和威胁。种种迹象已经表明，当前金融运行机制已经完成了巨大的跨越，而我们认识金融的经济时空观还没有改变，经济理论和对经济现实的认识仍停留在原地。近几年金融创新在高科技的支持下迅猛发展，它带来金融和经济的迅猛发展，也同时伴随金融风险的增大。当人们用传统的眼光看待它的时候，问题已经发生了。其原因则是金融理论滞后。解决这些问题的首要任务就是金融理论的创新。

（二）传统金融理论是传统经济下的产物，与20世纪工业经济时代相适应，其研究对象是经济运行环境相对稳定下的资源配置问题。21世纪的经济是经济金融化、经济全球化的经济，是高科技迅速发展的知识经济，高科技和新金融成为支持和拉动现代经济发展的两个轮子。由于知识积累、专业分化、经济不确定性因素增大，所以这种经济所面临的首要问题便是协调问题。其研究对象是在经济协调基础上动态资源有效配置。经济金融协调成为资源有效配置的前提条件

什么样的时代、什么样的社会经济实际，就会产生什么样的经济理论。在农业经济时代，货币是流通手段和支付手段，信用（借贷）是为了获取货币，而不是资本，货币就是购买和支付。后来在15～18世纪发生了一场商业革命，以意大利文艺复兴为代表的欧洲经济革命，货币不仅是购买手段，而且在金融中介作用下，开始向资本转化。英国发明蒸汽机以后，在欧洲发生了一场工业革命，在欧美国家和经济发达地区形成了工业经济时代。这一时期，货币不仅是支付手段、流通手段，而且转化为资本，同时银行业开始了货币的派生存款创新，资本在国际大范围流动。到20世纪80年代以后，经济全球化、经济金融化，伴随高科技的发展，高科技与新金融珠联璧合，引导和调节着经济与社会的发展。

现代经济有两大特征：一是高新技术的迅猛发展，技术更新换代速度加快，二是金融渗透到经济生活的各个层面，金融对经济的作用越来越大。二者共同构成新经济发展的支柱。如果高科技没有新金融的配合，创业资本很难筹集，创业风险很难承担和分散，生产力不会那么迅速启动与发展，人类创造出来的新技术就会白白闲置，成为无用之物。但新金融如果没有效率，不能优化资源配置和促进高新技术发展，不能转化成为现实生产力，新金融的发展和创新则是无本之木，必将伴生金融泡沫，影响经济健康发展。

经济全球化下，市场一体化已经使工业文明时代的贸易市场一体化向

金融市场一体化转变。市场一体化的这种转向，意味着社会经济结构、资产结构和经济增长方式、资源组织方式正在发生深刻的变化。由于金融化的资产比重上升，再加上金融市场一体化趋势，现代金融正在以前所未有的力量影响甚至改变着世界经济格局及其运行状况。如风险投资制度的发展、二板市场的出现等正在催育着先锋产业的成长。这种大规模、高智能、高价值的高科技产业迅速发展与大规模、高流动性、高脆弱性的金融业的个性发展，必须加强各方面的经济协调，不仅有金融内部的协调，还有金融与经济、金融与社会的协调，才能保证和实现动态资源的有效配置。

（三）由于现代经济中信用关系的普及，债务关系的相互依存，金融资产规模膨胀，并成为联结现在和未来的动态资产配置的主要因素，现代经济协调首要问题便是金融协调问题

现代金融已经成为了国民经济的核心，可以说，20世纪90年代以来，各个国家纷纷进行金融制度改革、创新，或者是由于全球化竞争的需要，或者是由于金融危机的压力。这些改革都紧扣着两个要点：金融的效率和安全。金融改革也是金融创新，它促进了金融的高度发展，在金融深化论、金融压抑论"两论"的影响下，各国都加速推进金融自由化的发展，使现代经济注入了更多的金融因素，金融资产规模和金融交易规模由此而迅速膨胀，加上社会生产的资源配置在时间和空间上的变化，成为联结现在和未来的动态资源配置的主要因素。一个高效有序的金融制度，必须保证在金融体系内部（包括各种金融机构、金融市场与金融管理当局）的协调，还必须保证金融与经济活动（包括微观经济主体、宏观经济调控、区域和国际经济联系）的协调，同时还必须保证金融与社会各个方面（包括政治与文化建设、公平效率、稳定与就业）的协调。这种协调的核心问题是金融，因为金融关系、货币、资本、信用活动已经渗透社会经济生活的任何角落了。没有金融的参与，现代社会经济生活几乎无法正常运行。

金融运行中的问题，包括金融风险和金融动荡等问题，与其说是金融监管和金融制度问题，倒不如说是金融理论问题。正确的金融理论，可以准确把握和认识金融存在的问题，有利于金融协调。金融协调则有利于促进经济发展，而经济发展受阻，往往是由于金融运行和发展的不协调造成的，特别是在经济全球化和经济金融化进程加速的情况下，必然进一步带

来金融业务和金融制度创新的新浪潮到来，这种发展趋势必然呼吁着金融理论的创新，而金融协调理论研究的开展，则是这方面的有益尝试。

二、金融协调理论的基础

"从哲学角度看，金融协调符合任何事物发展的规律；从经济学角度看，金融协调符合均衡发展理论；从国家和社会安全角度看，金融协调符合国家和人民的利益。"[①] 这正是构成金融协调理论研究的基础。

（一）哲学基础

金融协调的中心点是效率，金融协调的方法论是动态地、系统地、和谐地实现经济的运行，其中包括了金融各要素与社会经济各主体的博弈在内，这是一个动态的过程，而不是一个静态的目标。其哲学基础，首先是中庸哲学。中者，中正、中和；庸者，用也，即"允执其中"。既然要坚持中，就要把握两端，也就是矛盾的对立面。协调，就是对立的统一，取中正的立场，避免忽左忽右两个极端。在经济博弈中，矛盾的双方在统一体中，事物还处于量变过程，没有达到质变时，就要承认矛盾的存在，使矛盾的统一协调地保持下来。矛盾的统一是量变，矛盾的转化才是质变。毛泽东说："孔子的中庸观念……是孔子的一大发现，一大功绩，是哲学的重要范畴，值得很好地解释一番。"（《毛泽东书信选集》）

建立在中庸哲学基础上的协调思想的特点有三：

一是"过犹不及"。即左不好，右也不好。只有不左不右的中正才好。过与不及是相对于一定标准来说的，即有一定的原则，孔子一直反对折中主义。

二是"和而不同"。古代，人们把保持矛盾对立面的和谐叫和，把取消矛盾对立面叫同，和与同有原则区别。孔子说"君子和而不同，小人同而不和"（《论语·子路》），就是说君子坚持有原则的和睦相处，反对无原则的苟同，小人只喜欢无原则的苟同，而不喜欢有原则的和睦相处。正确的态度是要讲协调，讲和谐。当然，矛盾的和谐与统一、平衡等，仅是矛盾斗争的一种状态，是事物发展的量变阶段，量变到一定阶段就会中断，发生质变，采取否定状态。

三是"时中"与权变。中庸思想认为，中并不是一成不变的，它将

---

① 孔祥毅：《也谈金融可持续发展》，《金融时报》1998 年 7 月 2 日。

随着时间和条件的不同而不同，需要审时度势，灵活处置。要注意权变，讲灵活性。一位美国学者说，"孔子的人格和他的工作成绩，值得中国以及全世界人民的最高敬意"，"中国要改革，但如果对孔子不感兴趣，那将是最可悲的"。

（二）经济学基础

经济理论是在对经济实践抽象分析的基础上形成的，这种抽象经常以舍弃一些不太重要的因素为代价，但经济活动变迁也会使原来不太重要的因素变成经济活动的主要因素和决定因素，这时就要求对原有的经济理论进行扬弃，实现经济理论的创新。传统的经济理论将研究的重点放在稀缺资源的有效配置上，其理论基础是瓦尔拉斯一般均衡理论，其研究方法是边际分析方法，其研究目的是要论证依靠市场机制的作用，经济可以达到帕累托最优状态。这样在研究中就忽视了经济的演化和变迁问题，当然在经济发展速度较慢，经济结构和经济运行环境相对稳定的情况下，这种舍弃有其一定的合理性。但在经济发展速度加快，经济活动越来越复杂的情况下，传统经济理论就很难回答现实经济生活提出的问题，特别是与经济发展，经济变迁相关的动态问题。为了解决这些问题便产生了以分析经济变迁为主要内容的演化经济学的复活，并从古典经济学著作中找到它的理论渊源。如亚当·斯密在《国富论》中对市场范围与分工的分析所体现的财富创造的分析。杨格对报酬递增问题的研究更对瓦尔拉斯一般均衡理论的基石构成致命打击。现代经济学就在吸收与利用这些理论核心的基础上，开始了经济学的新的扬弃，主要表现在：

1. 信息经济学和博弈论的发展

现代经济时空的改变，导致经济交往中信息交易量增加，交易速度加快，从而信息的不对称性和不确定性增加，这加剧了经济的波动性，这是我们金融协调的认识基础。信息经济学和与之相联系并共同发展的博弈论为解决经济活动中的不确定性和经济活动的动态分析问题提供了一定的分析方法。

2. 新制度经济学理论的发展

新制度经济学将制度和交易费用作为其研究重点，突破了传统经济理论在制度不变条件下的研究资源配置的局限性。研究制度，必然研究制度的路径依赖、制度变迁、制度效益等问题，从而使这一研究成为动态的和相互关联因素的研究，这为从制度变迁中研究协调问题提供了便利条件。

而且，由于经济活动不是无摩擦的运行，随着分工扩大，交易费用成指数级扩大，这为我们用协调来减少交易费用提出了理论启发。

3. 新兴古典经济学的探索

新兴古典经济，重点研究市场、分工和经济发展关系，它突破了传统经济学以报酬不变为基础的瓦尔拉斯一般均衡理论和静态分析方法，强调了报酬递增原理，即由于分工引致规模扩大，从而在进一步引起分工的经济演化进程中，专业化的分工所导致的报酬增加的情况。并在研究方法上突破了边际分析方法，而使用了超边际分析方法的序贯均衡分析方法。从而把人们遗忘了的亚当·斯密提出的分工理论又重新作了论证和解释。由于分工与市场相互促进并形成递增报酬，为了经济的增长，我们必须充分地去协调分工以取得最大的经济发展，这为我们研究协调理论指出了新的思路。

4. 中国的综合平衡理论

中国的综合平衡理论，最早可追溯到 1950 年 3 月，当时在为遏制通货膨胀，争取国民经济基本好转而斗争。而那时提出了"三统一"：统一财政收支，统一现金收入，统一物资调度。后来发展为"三平"，改革开放后加上外汇收支，称为"四平"，黄达教授著有《财政信贷综合平衡导论》。这虽然是计划经济时期指导计划编制的原理，但它是中国社会主义协调思想的产物，仍然是我们研究金融协调的思想和保证。

（三）社会学的系统论基础

从系统论来看，社会是由多个子系统组成的复杂的大系统；各个子系统之间是相互联系、相互作用并且不断发展演进的。由于它们的相互联系、相互作用的复杂性，导致了在此大系统内的各组成要素之间，必须进行相互协调，才能提升这一大系统的整体效益。

之所以运用系统论的观点来研究金融学问题，是因为金融作为社会系统中的一个子系统，其活动无孔不入地渗透到了社会的各个角落、每个层面以至每个经济细胞。现代经济不可能是一个不包括金融活动的经济。而金融问题必定影响现代经济的运行。不把金融放在社会大系统中去研究，也就失去了金融活动和运行的现实性和真实性。只有运用金融协调，通过正确处理和调整金融与经济、社会的关系，才能促进社会经济大系统协调运行。所以，我们要从经济角度看金融，要从社会角度看金融。

三、金融协调理论的内容和思想框架

（一）金融协调理论的内容

金融协调理论是在充分把握经济发展变迁中普遍存在的互补性和报酬递增的现实条件下，以金融效率为中心，运用系统分析和动态分析的方法，研究金融及其构成要素的发展变化规律，以及它们的收益、成本、风险状态和运动规律，并研究由此决定的内部效应与溢出效应，揭示金融内部构成要素之间、金融与经济增长、金融与社会协调发展的一般规律，从而构造金融协调运行的政策调控体系，以促进金融与经济高效、有序、稳定、健康发展。

下面我想就上面的表述作几点说明：

第一，关于经济中的互补性问题。这里所说的"互补性"，与外部性的概念基本相似，但又有些差异，它不仅强调金钱的外部性，更强调技术的外部性和市场的相互依赖性，它是指经济发展中的一个一般规律，由经济发展中分工的不断发展而形成的企业与企业、产业与产业之间的相互联系、相互促进的关系。由于迂回经济所构成的生产过程的分解和扩张而形成的分工，使得一个企业或产业的发展，更多地受到其相关的一系列企业和产业的发展状况的影响。单一企业和产业的成本，更多与相关企业和产业数量相关，从而形成企业整体的相关关系。如 20 世纪 50 年代日本产业结构合理化之初产业的相互关系如图 1 所示：

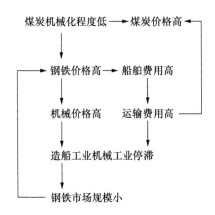

图 1　20 世纪 50 年代日本产业结构合理化之初产业相互关系

这是一个典型产业间的互补关系。日本政府通过实行协调处理各产业之间关系的政策实现了日本经济的起飞。

而大萧条时期的贸易保护主义政策，则是各国在自利动机推动下，不能正确处理外贸进出口、市场与生产之间的关系，纷纷封闭国门，导致市场萎缩和崩溃，最后形成的全球性危机。从经济发展史中，我们可以看出经济越发展，经济活动的互补性和外部性也越普遍。外部性的普遍存在，严重影响了"看不见的手"的市场机制作用的有效发挥，"看不见的手"范式的悖论越来越多，从而也就在更大程度上要求从协调的角度来处理和解决经济问题。

第二，关于报酬递增问题。经济发展中的报酬递增，是指在社会分工下引致的市场规模扩大，从而进一步引起新的分工的经济演化进程中，专业化分工所导致的报酬增加的情况。报酬递增突破了新古典学派以报酬不变为基础的瓦尔拉斯一般均衡模式，并把动态的、非均衡的经济进化思想引入经济学分析之中。由于有市场扩大分工深化条件下的报酬递增，我们才能了解金融活动、金融制度在减少不确定性和风险、扩大投资和扩大市场中的作用，这可能是我们真正把握金融在现代经济中作用的一条新的途径。

第三，关于金融效率。这里我们提出以金融效率为中心，是在把握金融运行机制的基础上，围绕金融活动的效果，从宏观的系统的观点和动态的长期的观点来研究金融和经济的关系，特别是研究金融对经济发展的经济演进所产生的促进作用。在这里，一方面，我们强调金融效率在整个金融理论中的特殊地位，这是传统金融理论研究中忽视的一个问题，而这一问题正是我们正确认识金融与经济，正确处理金融问题的关键；另一方面，我们强调金融效率的宏观性和动态性，这与单一关注金融的微观盈利性和静态盈利状况是不同的。

第四，关于金融溢出效应。金融溢出效应是指金融各构成要素或作为一个整体的产业，其私人成本和社会成本、私人收益和社会收益不相一致的外部性的关系。金融的这种溢出性或者说外部性的表现，必须运用协调的思想和方法，才能将其转化为促进经济发展的力量，实现其激励和约束的相容作用。

第五，关于协调和均衡。我们认为，金融协调并不是一种静态的均衡状态，而是一个动态的过程。这种动态均衡是在发展中均衡，那么就可能出现整个均衡与局部不均衡并存，或长期均衡与短期不均衡并存。金融资源在内部的流动，包括各层次上或各相关要素之间的博弈，从而推动长期和整体的均衡，使金融与经济不断向前发展。当外部规则发生变化时，会产生新的博弈，这又将会推出新的均衡或协调。

第六，关于国际金融协调。金融协调当然包括国际金融的协调。在国际金融协调方面，西方学者和东方学者也都做了很多研究。

美联储前主席保罗·沃尔克在其与日本金融专家合作的《时运变迁》一书中写道："简单地说，协调就是一个国家的政府在国际磋商的基础上采取行动，而不是按一方之见行事，要预测其他国家可能做出的决定。而决定的时间、程度和实质，会受到其他国家行为的影响，反之亦然。基本理论在于如果各国的行动相互补充，最终所有国家的国内、国际目标相对而言更容易达到。举例来说，如果为维护美元的稳定，各国采取相互协调的货币政策，那么美国也不能违背其他国家的意愿单独去提高或降低贴现率。其他国家采取的创新就可以减少将会出现的或已经存在的与国内需求的矛盾。"他又说："学术界的人会解释说，参与开放的世界经济本身就意味着一部分自主权的丧失，而且，随着国际贸易和投资的增长，外界对政策影响也越来越大。从理论上讲，这当然毋庸置疑。但无论怎么说，在现实世界中，对于那些对决策负政治性责任的人而言，协调的观点侵扰了极其敏感的政治领域。"这位曾经在普林斯顿大学工作，又在政府工作过的资深专家肯定了十国集团等国际组织，"直接推动了经济大国的协商与合作"。"布雷顿森林体系对国际协调还是起了一定的推动作用"，"但这些组织在活动中都没能突破国际合作成规下的种种活动，而进入更为雄心勃勃的协调领域中。我认为，国际协调意味着，在国际协议和相互理解的基础上制定和改变国内政策，而这种理解也对其他国家的政策产生影响"。

亚洲金融危机的爆发，更加显示出现代金融的脆弱性和金融协调的重要性，对此，国内有学者指出："当市场实现全球一体化后，各国政府独立干预市场的能力与效果会受到极大的削弱，只有各国政府采取相互一致的行动，方能避免全球金融大危机。""全球性的通力合作或协调一致……必将使金融市场更为稳定，并且使金融投机者极大地丧失了套汇、套利的机会，结果不仅会出现市场的理性化，而且同时还实现了政府行为的理性化，国际金融趋向理性金融。"

所有这些都说明了在现代经济活动中，金融协调的极端重要性。

（二）金融协调的原则和方法

就金融协调的原则来讲，主要是坚持三个统一。一是数量发展和质量发展的统一。即在注重金融相关比率、金融资产规模、金融机构扩张等数量型金融发展指标的同时，更要关注对经济发展起促进作用的金融各项功能的有效发挥，注重金融的功能效应及其发展。二是要坚持宏观效率与微观效率的统一。由于现代经济所普遍存在的互补性关系，研究金融时就不能只研究其微观效率，而必须同时关注金融的宏观效率，以及宏观效率与微观效率的统一问题。三是要坚持金融动态效率与静态效率的统一。金融作为现期货币购买力与远期货币购买力的交易，是一项包括时间过程的经济活动，本身就要求考虑未来的各项因素，而成为动态决策过程。而金融协调作为一个动态过程，就是要在动态的变化中追求其效率，它是一种协调中的效率。

金融协调的方式包括市场机制协调、计划和行政制度协调以及网络协调。市场机制协调主要指以经济运行为主体，根据市场的价格信息（资本市场中的利率），依照利润最大化原则，在相互竞争的市场中形成的一种协调发展。它也可以被称为"看不见的手"的协调。计划和行政制度协调作为市场机制协调的替代，它包括企业内部的各层组织机构的协调和政府计划手段的协调，这种协调主要依靠行政权威来进行。它可以被称为"看得见的手"的协调。而网络协调是指经济网络组织理论所强调的介于市场和企业或政府之间的中间力量的协调。它是既不依靠市场机制力量，也不依靠行政权威力量的经济主体间形成的其他特殊关系和制度安排。这种协调中的习惯与道德调节被厉以宁教授称为第三种协调①。而国外网络组织学者拉森（Pikard Larsson）则将网络协调称为"看不见的手"与"看得见的手"的握手，是网络组织间的协调。这种协调将在金融协调中起到越来越重要的作用。

（三）金融协调的层次和内容

1. 金融协调的层次

金融协调的层次有：金融内部协调，包括金融组织、金融市场、金融监管当局、金融工具、金融制度等；金融与经济（宏观经济各要素、微

---

① 厉以宁：《超越市场与超越政府》，经济科学出版社1999年版。

观金融要素或全体）的协调以及金融与社会的协调。其基本关系表述如图 2 所示：

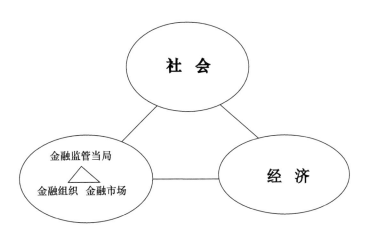

图 2　金融协调关系

2. 金融协调的内容

金融协调的内容是非常广泛的，在宏观方面包括总量协调、结构协调、区域协调、内外协调、货币政策、金融监管、金融机构间的协调、金融监管与金融创新、直接金融与间接金融、货币供应量与货币创造、金融衍生工具与金融风险控制等问题，在微观方面包括证券业与银行业的协调、资产结构、银企关系、收益与风险等问题。其研究的重点是在分析金融构成要素运行机制的基础上，解决金融的所有权结构协调、金融与技术效率协调、外部性（溢出）协调、跨企业资金配置协调、跨行业资金配置协调、金融与社会环境制度协调、金融宏观效率和微观效率协调、动态效率和静态效率的协调等问题，从而形成比较完整的金融协调政策调控体系。

四、金融协调理论的几点初步突破

正如文章开头已提到的，金融协调理论从协调问题出发研究金融，从而使得金融成为与时间变迁相联系的有历史阶段性的金融，使金融成为处于经济生活中而又内生于经济系统中的金融，这样也就更接近于金融的本来面目。这种研究问题的方法和角度的转移，必然带来金融理论的变革，但现在从整体上对这一变革做出总结和评判，还为时尚早。在此，我们只能选择其中的一些问题来反映金融协调理论所带来的金融理论的突破。

（一）金融市场与商品市场的联通和联动：泡沫经济的根源之一

现实中的货币不仅服务于商品市场，也服务于金融市场的交易。随着经济金融化进程的加快，金融市场越来越脱离了商品市场的制约，交易规模不断扩大，呈现出自身的特有规律，这种趋势也带来货币流通及经济运行态势的显著变化。

金融市场的功能主要在于提供作为激励机制的信息和投资资源配置相关的信息。但若是金融市场的投机因素过大，就会妨碍其基本功能的发挥，带来一些负面影响。经济理论已经表明，金融市场由于受到预期的影响，只要预期形成，它本身可以在某一区域内的任何一点达到供求均衡，而没有一个具有帕累托效率的供求均衡点。当人们预期价格上涨时，市场便会吸引大量的资金，抬升价格，并强化原有的预期，直到人们的预期发生改变。而在投机性的金融市场上，非理性的投机者增多，他们对资产价格走势的判断，逐步脱离经济基本面，此时金融市场就成为凯恩斯所比喻的"选美比赛"。① 这种选美比赛中的问题不在于预测谁最漂亮，而在于猜测裁判认为谁最漂亮，即股市中的中坚力量的预期将成为股市中的决定因素。由于金融市场中参与者构成变化，市场结构发生变化，此时，在金融市场中起主要作用的就是利用资金实力对市场的操纵。拥有雄厚资金实力者，可以通过造市，诱导别人的预期，并利用散户的"从众"心理，以其预期来获取盈利，这样，资金实力成为投机性金融市场中的竞争优势，正因为这一点，索罗斯才可以被称为"走在曲线前面的人"。所以，投机性金融市场的特点是对资金的追求，从而使其成为多余资金的"吸纳源"。

当经济持续发展时，就会导致金融市场上价格上涨预期的形成。此时，商品市场和金融市场成为一个连通器，资金由商品市场流向金融市场，促使金融市场价格上升。而商品市场出现资金短缺，银行体系便向其注入资金，维持商品市场购销两旺、价格平稳的局面。中央银行通过监测M2和控制商品物价水平，并没有发现超量货币供应的迹象。随着金融市场价格的进一步上涨，资金转移更为加深，甚至于资金会溢出金融市场而进入房地产市场等投机性领域，经济出现一派繁荣景象。但金融市场的资产价格不能无限地偏离其基本价值的支持。当偏离越来越大时，预期反转

---

① 凯恩斯：《就业、利息与货币通论》，商务印书馆1983年版。

的可能性也越来越大，几乎任何信息都可能使泡沫崩溃。当泡沫崩溃的一天真的来临时，价格便会急剧下跌，金融市场发生动荡。个别获利了结的庄家大户抽款撤资，而多数客户被高位套牢，资金联通受阻，债务链发生危机，银根紧缩，信心受挫，市场低迷，经济陷入困境。

从这个过程中我们可以看出，投机者对资金的过量需求会成为商品市场的冲击源，如果中央银行割裂金融市场与商品市场的资金联动关系，只盯着商品市场的物价水平，并将其作为调控货币供给量的标志，就很难控制泡沫经济的形成与崩溃。所以，协调金融市场与商品市场的关系，将股票市场的价格纳入中央银行的监控指标，才有可能防范泡沫经济的发生。运用金融协调理论就可以正确地看出商品市场与金融市场之间的这种联通与联动关系，摆脱现行中央银行货币政策操作中的误区。

（二）需求不足与金融协调问题

金融往往同需求有着密切的关系，而需求的扩张和萎缩就会带来经济的波动。

改革开放以来，中国所经历的经济周期，都可以看到金融政策发挥作用的痕迹。有的学者曾运用 1979～1997 年的实际投资增长与 GNP 实际增长作相关分析，从中发现，其相关系数高达 79.5%，即 GNP 实际增长的波动的 79.5% 可以通过投资来解释。名义投资与名义 GNP 更是高度相关，相关系数达 99%，这说明在 1979～1997 年，投资是引起国民生产总值波动的主要因素，二者波动幅度基本一致，呈现出非常强的正相关性。而且由于投资处于"饥渴"状态，投资需求非常巨大，所以投资便只受到资金可得量的制约。金融放松控制，资金可供量增加，投资便增加，GNP 增长速度加快。反之，实施紧缩银根政策，控制金融，投资便会减少，GNP 增长速度便会回落。所以，在这段时间利用金融政策，通过控制国有部门的投资，带动非国有部门投资的变化，比较顺利地实现了经济政策的调控目的。

但是，1998 年的宏观经济政策的作用机制发生了改变。由于受东南亚金融危机影响，出口需求下降，为实现经济增长 8% 的目标，政府改变了适度从紧的货币政策，实施降低利率、改变存款准备金制度、放松商业银行存贷款比例控制等措施，但是并没有带来投资的扩张，甚至国有部门的投资扩张也不明显。1998 年下半年，政府通过启动扩张性财政政策，才使国有部门的投资大幅增加，但非国有部门投资并未跟进，最终 1998

年中国国内生产总值增加7.8%，1999年GNP仍保持回落势头。

对于1998年以来经济运行态势，其主要问题可概括为有效需求不足与通货紧缩问题，对此理论界已经给了很多探讨，其中不乏许多真知灼见，而在此，我们主要研究金融协调与经济运行的关系。第一，就经济与金融的关系来说，虽然金融对经济具有极大的促进作用，但我们认为，金融并不是外在于经济的一个工具。在一定程度上，它是内生于经济的，这也就决定了金融并不是无所不能的。实际上，西方经济学界已经有人指出，货币政策可以有效地控制经济过热和通货膨胀，但它对摆脱萧条作用有限，因为经济的复苏不仅靠资金的供给，更需要对未来预期和信心的恢复。看到金融的局限性，有利于我们正确地利用金融服务于经济。1998年以来，经济的持续滑坡，从另一个角度可能说明我国经济正处于一个转变时期，即由原来粗放的投资拉动型的经济转向效益型、需求拉动型的经济。在经济结构转变过程中，经济增长速度的回落应该是一种正常现象。第二，1998年经济运行中的主要特点是民间部门投资不再跟随国有部门投资变化，融资渠道的制约可能是其中的一个主要原因。非国有部门以30%的信贷资金，支撑了GNP增长的70%以上，国有企业依靠70%以上的信贷资金，却只为GNP增长贡献了30%，这被理论界称为非国有经济发展的不对称性。但是更深层次的问题，则在于非国有部门利用其制度优势，在经济活动中以各种方式获得了国有部门没有有效利用的信贷资金，这样，才支撑了非国有经济的发展。不完善的市场交易是这种看不见的资金转移的主要渠道。所以非国有经济的发展是部分地建立在国有经济的低效率基础之上的。国有经济部门的低效率性，为非国有经济部门提供了盈利机会、投资机会以及资金来源。当要求国有经济部门"三年脱困"，并加强控制后，就会对非国有经济的发展构成影响。加之银行经营风险加大，不对国有部门放款，同时对非国有经济部门的融资渠道没有建立，这样，就进一步导致了非国有部门投资形成能力下降。这是融资渠道、融资割据与经济发展不相协调的反映，因此要促进非国有部门投资增加，必须构造与其相适应的融资渠道。第三，非国有经济部门或称民间部门投资没有跟随财政投资而增加的另一个原因，是民间部门的投资机会缺乏。就市场竞争能力来说，由于有制度优势，民营经济具有灵活的经营机制和适应市场的能力，它比国有经济有更强的竞争能力。当国有经济部门出现"软预算约束"时，其开支处于无度状态，民营经济所面对的市场机遇较多，在较高的回报率的刺激下，投资进入成本较低。而当国有部门在改革的压力下，减少制度漏洞，无效开支减少时，民营经济的投资机会减少，受市场前景影响，从而陷入投资减少—市场机会减少—投资减少的恶性循环中。加上这次财政支出主要集中于大型基本建设项目，无法有效地扩大民营经济的投资机会和市场预期，使得经济迟迟不能得到恢复。这同1992 年邓小平南方谈话后，协调了各个方面的市场预期和投资状况，刺激其后的经济繁荣形成鲜明对比。所以，与其说它是一个有效需求不足问题，不如说是一个产业结构转型问题和供给问题。如果能够实现产业结构升级换代，带动整个产业或主导产业间的同时扩张，经济很容易摆脱衰退和萧条，从而走向繁荣。而这一点正是融资政策和产业政策相互发挥作用的领域。第四，这次经济滑坡同消费需求不足有很大关系，而其中的大部分消费不足是由未来支出不确定性增大和缺乏消费信贷的流动性短缺而造成的。金融机构扩大服务领域，积极开展消费信贷，是解决经济主体，特别是消费者收入与支出不协调的主要途径。协调这种金融业务是经济保持良性循环的内在要求。

上述便是我们运用金融协调理论，分析经济理论界的两大热点问题——泡沫经济和通货紧缩所得出的初步性的结论，但就此也可以看出金融协调理论的意义。事实上，运用金融协调理论，分析其他金融现象，也会得出一些新颖的观点。如美国监管制度演变中所反映的金融市场参与主体的结构和行为方式的改变对金融业稳健和效率目标的影响，实际上表明了其金融监管制度的变化是金融市场组织机构变化的内在要求，是金融监管制度、金融机构、金融市场相互适应、相互协调的产物；如金融约束理论的提出是发展中国家金融发展战略与其赖以生存的社会制度、经济制度相适应的产物，是金融抑制和金融深化理论的扬弃，是强调协调与适应的过度经济学在金融领域的反映；等等。但限于篇幅，我们将另文著述，在此不再详述。

总之，金融协调理论是适应 21 世纪知识经济时代科技高速发展、经济高速变化和波动性加剧的要求，研究金融宏观效率和微观效率相统一的金融理论，是对传统金融理论的扬弃和发展。我们现在没有必要，也不想改写整个金融学，我们要做的和想做的，只是通过逐步探索实践已经给我们提出来的需要重新认识的理论问题，在传统金融理论基础上不断前进，金融协调理论仅仅是这方面的尝试。

金融创新、金融调控、金融协调

背景说明

本文初稿写于 2001 年 10 月，是为中国金融理论讨论会准备的，后来因事未能参加，文稿当时也没有及时完成，到第二年完稿，更未发表。文章从历史的视角，讨论金融创新与金融调控、金融协调的关系。

随着经济全球化和知识经济的兴起，科学技术日新月异，信息瞬息万变，商机稍纵即逝。在这一时代背景下，金融作为现代经济的核心，作为高科技和知识密集型产业，要想轻松应对变幻莫测的经济环境，唯有不断创新。但对于宏观调控部门来说，深入研究金融创新对经济运行的影响并对之进行必要的监管以实现经济平衡、协调发展，亦显得非常重要。

一、金融创新的发展过程

一部金融发展史，就是一部金融创新史。金融创新是金融市场化发展中的必然趋势，是商品经济发展的必然要求。创新是熊彼特在研究经济发展和经济周期理论时所定义的一个概念。他认为创新是一批新的生产函数的建立，也就是企业家对新的生产要素实行新的组合。它包括五种情形：一是新产品的出现；二是新生产方法或技术的采用；三是新市场的开拓；四是新原材料供应来源的发现；五是新企业管理方法或组织形式的推行。按照熊彼特的创新概念来定义金融创新的概念，我们认为应当分为两个层次来界定。一是我们通常所说的从微观层次上理解的狭义的概念，它是指金融企业在金融工具、金融方式、金融技术等方面的一些变革。它反映了20世纪60年代后期产生的、活跃于70年代的金融创新浪潮。这些创新活动，提高了微观金融交易的效率。二是从组织制度等方面所给出的广义的金融创新的概念。它反映着金融业的组织机构、市场状况、管理方式等方面的变迁，有人将这一概念同金融史上的重大历史变革和制度变迁相联系，从而认为整个金融业的发展史就是一部金融不断创新的历史。我们对金融创新的分析，同时包含这两个方面的含义。

（一）20世纪六七十年代之前的金融创新

《金融创新》一书谈道："13世纪，一项重大的金融创新就是汇票的出现。当时，不能运用汇票冲销债务进行票据清算。因此，在进行易货贸易时，只好当面清账或使用大量硬币、金属器皿或金银进行支付。中世纪的汇票必须出售，而且不能贴现……直到17世纪初汇票逐步进入流通领域，这才可以作为一种债权进行转让。"[①] "16世纪法国政府最早发行债务……早在1553年俄国就已经注册了俄国公司，1600年荷兰东印度公司成立，1602年荷兰东印度公司最早发行股票……"[②] 讲得很好。但这本书在最后部分"中国的金融创新"中说："我国的金融创新和金融市场发展从1978年开始，以逐步建立新的金融体制为起点……"[③] 其实，中国古代金融的历史也是辉煌的，中国人在自己的土地上所进行的金融创新也是值得称道、宣传和弘扬的。

中国资本主义工业诞生以前，与欧洲一样，也曾发生过一场商业革命，这场商业革命中也包括了金融革命（金融创新）在内。这大抵是在明清时期，与意大利文艺复兴时代的商业革命基本同期。中国历史上的金融创新，可以追溯到南北朝，唐宋有一个大发展，但真正的发展是在明清时代，特别是清代。

1. 金融机构创新方面

（1）当铺。在我国，凡出物质钱者，均称之为当。当铺作为一种消费信用机构，早在南北朝时已经出现，但发展并不很快。明清时代，随着山西商人资本的壮大，当铺得到了较快的发展。大约在清康熙年间，全国当铺有2.2万多家。

（2）钱庄。又称钱铺、钱店、钱局、钱号。由钱币兑换活动发展而

---

①②③　钱小安：《金融创新》，中国金融出版社1999年版。

来，最初是街市上的钱摊。由于明清时代社会流通的货币有铜和银块，零星小额交易使用钱文，大额交易一般需要银两，铜钱和银块之间兑换频繁，起初多由殷实商号代为办理。随着商品交易的扩大，专门从事钱银兑换业务的钱摊便应运而生。日久天长，又开始代客保存货币或临时借垫，营此业者，盈利颇丰，于是发展为店铺，设立铺面，业务范围也日益扩大，成为钱庄。

（3）印局。放印子钱的商号。这种信用机构出现于明代，清初已经非常活跃，其放款对象主要是城市贫民，也对小商贩提供信用。这种借贷一般按日或者按月计息归还，多数是朝借夕还，每归还一次，盖一次印，故名印子钱。

（4）账局。也称账庄，是一种专门办理放贷取息的信用机构。账局放账的主要对象是候选官吏，也放款给一般商人。账局作为一种信用机构，从清初到民国初年存在了近三百年，一般资本都不大，多者数万两白银，少则数千两白银，遍布全国各地。由于它通过办理存款和放款业务为工商铺户服务，在借者和贷者之间起着信用中介的作用，有人称之为中国银行业的雏形。

（5）票号。又称票庄或汇兑庄，是山西货币商人在唐代"飞钱"的基础上，进一步创新和发展而来的专营异地汇兑的金融机构。在票号产生之前，一般由镖局担任现银运送的任务，由于镖局运现开支很大，既费时误事又常出差错，在商品交易有了较大发展的情况下，这种镖运现金与商业的及时清偿及现款稳妥调拨的矛盾日益尖锐，市场呼唤新的解决办法的出现。19世纪20年代，适应市场需求，专营汇兑业务的中国历史上第一家票号"日升昌"创立，它的前身是山西平遥的"西玉成"颜料庄。由于票号生意旺盛，获利颇丰，山西商人纷起仿效，投资票号，从而产生了著名的山西票号。总号设在山西，分号遍布全国各大商业重镇，从而形成山西票号"汇通天下"的商业奇迹。后来，票号由专门从事汇兑业务发展为经营存款、放款和汇兑三大业务。因此，有人又称之为中国银行业的发展。

2. 金融业务创新方面

（1）汇票。客户往异地汇款，将现款交给当地票号后，由票号签发允诺客户可以到异地取款的书面凭证（当时的汇票已采用水印技术，水印技术在后面的银行密押制度中有详细介绍）。

（2）转账结算。据《绥远通志稿》记载，内蒙古呼和浩特的"宝丰社"被称为"百业周转之枢纽"，经营"拨兑"和"谱银"业务，即银两转账为谱拨银，铜制钱转账为拨兑钱。另外书中还讲到"悉照内地习惯"，可见内地转账结算办法产生更早。

（3）票据贴现。晋商票号汇兑，其汇票有见票即付和见票后数日再付两种。如果汇票已到，但按汇款时商定的兑付时间未到，则不能提款。如果要提前支取，须交纳一定的费用，同现在的期票贴现费。这一制度的运用，既为工商企业提供了方便，又为金融企业开辟了新的利润来源。可见，票据贴现在中国产生也较早，不过发展不是很快。

（4）旅行支票。清代，人们外出旅游，可将一定数额的白银交给当地票号，并告知票号其旅行途中可能需要提取现银的地点，票号即会通知这些地方的分号或联号，而后由票号开出一张汇票，顾客只需怀揣汇票轻松上路，而无须随身携带笨重银两，旅行途中可到当地票号提取现银使用。这种办法如同现在的旅行支票或信用卡。

（5）汇兑与逆汇。汇兑是票号的主要业务，前面已有过叙述。但票号在自己的营业中，为了减少现银运送并扩大存贷款业务，创新了汇兑制度，采用倒汇，亦叫逆汇的办法，即将存放汇相联系，如乙地分号先付款，甲地分号后收款，是汇兑与贷款结合；如乙地分号先收款，甲地分号后付款，是汇兑与存款结合。此种逆汇，不仅收取汇费，还计利息。这样一来，一是满足了商人异地采购急需款项的需求；二是减少了票号资金闲置，增加了利息收入；三是减少了异地现银运送。被称作"酌盈济虚，抽疲转快"。

（6）银行轧差清算。山西票号数十家，分支机构遍布全国，业务往来繁多，因此，各地分支机构相互之间在一定时间之后总会发生汇差。具体解决办法是：各分号向总号上报"月清年结"两种账，均以"收汇"和"交汇"两项分列，既有细数，又有合计，并按各分号和总号业务清列，总号收到报来的清账，核对无误后，将月清收汇和交汇差额分别记入各分号与总号的往来账，收大于交，差额为分号收存总号款项数；交大于收，差额为总号短欠分号款项数，互不计息，由总号实行统一核算。这种办法可视为中国银行清算相互轧差办法之源。

（7）货币交易市场。银行同业的短期资金交易市场，清代已有一定规模。当时，呼和浩特"向例"在市口交易，每日清晨钱行商贩集合于指定地点，不论以钱易银或以银易钱，均系现行市，逐日报告官厅备查，各钱行抽收牙佣，均遵章领有部颁牙帖……谓之钱市。这种银钱交易市场即为货币交易市场的雏形。

3. 金融管理制度创新方面

（1）两权分离制度。明清时的银行家创造了金融机构资本所有权与经营权两权分离制度，"将资本交付于管事（大掌柜）一人，而管事于营业上一切事项如何办理，财东均不闻问，既不预定方针于事前，又不施其监督于事后，此项实为东方特异之点"。①

（2）人力资本股制度。是指人力作为资本而顶股，与货币资本股一起参与分配。职工顶股，主要在高层管理人员，一般总经理顶一股（约相当于一万两白银）。新职工入号大约经过三个账期，只要工作勤奋，没有过失，即可以顶股，成绩特别优秀者，学徒期后也可以顶股。一经认可，即可将其名字录入"万金账"（股份账）。

（3）资本充足率制度。票号有倍股、厚成和公座厚利的规定。倍股是在账期分红后，按股东股份比例，提交一部分红利，留在企业参加周转使用，以扩大经营中的流动资本。厚成即在年终结算时，将应收账款、现存资产乘以一定折扣，使企业实际资产超过账面资产。公座厚利是在账期分红时，在财东银股和职工身股未分配之前先提取利润的一部分作为"公座"，以便"厚利"。这些办法，都是在资本经营中尽可能扩大流动资本，争取更多盈利的办法，因其较少实行负债经营，而主要是依靠自有资本进行经营，用此方法，可确保流动资本的充足率。

（4）建立风险基金制度。商人资本在经营活动中常常会遇到各种不同风险，发生亏赔倒账问题，这不仅会影响银行利润，甚至还会危及资本安全。为了防御风险，票号设计了一种"预提倒款"以防御风险的办法，也叫"预提护本"，要求在账期分红时，不能只顾分红，不管未来有无风险，规定从利润中预提款项，也叫"撤除疲账"，以防止"空底"，设置经营安全防线，把风险减至最低点。

（5）银行密押制度。为保证异地汇款所用汇票的真实，防止假票伪票冒领款项，票号只能使用在总号统一印制的"会票"，纸质为麻纸，上印红格绿线，内加"水印"，如日升昌票号汇票水印为"昌"字，蔚泰厚

----

① 《中外经济周刊》1925 年 7 月 4 日。

票号汇票水印为"蔚泰厚"三字。各分号书写汇票，责定专人用毛笔书写，其字迹在总号及各分号预留备案，各号收到汇票，与预留字迹核对无误，方可付款。汇票书写完后，需要加盖印鉴，票号印鉴正中多有人物像，如财神像，周围有蝇头小字，以防假冒。汇款金额、汇款时间，均设有暗号，汇款人、持票人是无法知道的，只有票号内部专人才能辨别真假，暗号编成歌诀，以便记忆。如月暗号："谨防假票冒取，勿忘细视书章"十二字为一月至十二月代号；日暗号："堪笑世情薄，天道最公平，昧心图自利，阴谋害他人，善恶终有报，到头必分明"三十个字为一日至三十日代号；银数暗号："生客多察达，斟酌而后行"或"赵氏连城璧，由来天下传"分别代表壹贰叁肆伍陆柒捌玖拾，"国宝流通"分别代表万仟佰拾。如"三月五日伍仟两"即写"假薄璧宝通"。为了万无一失，在暗号之外再加一道锁，叫自暗号，如："盘查奸诈智，庶几保安宁。"

4. 中央银行制度创新方面

明清时代不仅出现了多种金融机构，也涌现出一大批在全国各地以至国外从事金融业务的货币商人。为了行业协调和管理，他们自发地创建了很多同业行会，以及地域性或者乡谊性的会馆，并且发展到能够管理、监督、约束、仲裁同行纠纷，如包头有裕丰社、归化城（呼和浩特）有宝丰社、大同有恒丰社。当时"市面现银现钱充实流通，不穷于用，银钱两业遂占全市之重心，而操其计赢，总握其权，为百业之枢纽者，阙为宝丰社。社之组设起于何时，今无可考，在有清一代始终为商业金融之总汇"。① "平日行市松紧，各商号毫无把握，遇有银钱涨落，宝丰社距有独霸行市之权。"② 它组织钱商，商定市场规则，并且监督执行，如收缴不足价的铜钱，销毁后铸成铜碑，朝令商民不得以不价劣钱行使市面。尽管没有垄断货币发行，但它有类似"银行的银行"和管理金融行政的权力，可以说是中国早期中央银行制度的雏形。

进入 20 世纪以后，中国金融发展很快，创新也很多，此不赘言。

（二）20 世纪六七十年代以来的金融创新

与历史上的金融创新不同，20 世纪 60 年代以后，由于科学技术的进步，促进了生产力的迅速发展，使生产的社会化程度提高到了国际化的阶

---

①② 《绥远通志稿》。

段，形成了生产国际化和市场国际化的趋势，因而，客观上要求资本的国际化，国外投资和资本国际流动日益扩大，形成了一个发达而高效的金融融资体系。尤其是欧洲货币市场和资本市场的建立，把国际金融市场推进到了一个新的发展阶段。经过第二次大战后的经济恢复和发展，从 20 世纪 60 年代开始，金融业的竞争不断加剧，银行管理思想也由原来的资产管理转变为负债管理，如何在激烈的存款市场上获得更大的份额就成为各类金融机构经营成败的关键，于是金融机构针对原有的各种管制，纷纷进行创新，以求得规避管制、获得竞争优势，这种规避首先形成了欧洲货币市场。当时的苏联为了防止美国政府冻结其在美国境内的美元存款，于是将这些美元存款调离美国而存入伦敦的银行，这就形成了欧洲最早的美元市场。欧洲美元市场形成后，一方面，由于其地处伦敦，逃避了美国政府的金融管制；另一方面，由于它是在伦敦的美元存款，也不属于英格兰银行的管制范围，也就逃避了英国的监管。利用这种优势，其后的欧洲市场迅速发展，远远突破了欧洲的地域限制，而泛指所有的境外市场和离岸市场。同时，这些境外市场和离岸市场交易对象不仅限于货币，而且有债券和股票等品种。

欧洲货币市场产生以后，受其影响，其他境内的规避管制的金融创新也纷纷产生。为了突破 Q 项条款规定的不得向活期存款支付利息的限制，美国的金融机构提供了自动转账账户，在定期存款与活期存款两个账户转换货币余额，超过最低余额的活期存款的款项自动转入定期存款以获得利息。利用大额定期存单的市场可转让，将不同货币持有人的短期资金连接而形成定期存款，定期存款的利息在这些人之间进行分享，从而使得短期存款也能获得利息。这些创新的主要目的都是为了逃避管制。

20 世纪 70 年代的中东战场导致的石油大涨价，使石油输出国家产生了巨额的贸易顺差，形成了"石油美元"，冲击着国际货币体系和国际资本市场，西方各国普遍呈现结构性国际收支不平衡，不得不进入欧洲货币市场寻找资金，"石油美元"纷纷向美国、西欧国家等寻找投资场所，迫使欧洲货币市场和资本市场不得不根据国际资本运动的规律及时采取一系列措施，调整自己的业务结构和业务操作办法，进一步扩大并由此孕育了新一轮的金融创新。

同时，石油危机又造成了西方国家的通货膨胀，打破了原有的稳定利率的市场环境，名义利率出现剧烈波动，加上美元宣告与黄金脱钩，布雷顿森林体系解体，汇率制度逐步由固定汇率制转向浮动汇率制，利率、汇率的频繁波动，加大了经营活动中的不确定性。市场风险凸显，金融企业为了规避新出现的风险，纷纷进行金融创新，推出了浮动利率票据、浮动利率债券、外汇远期交易等规避风险的金融工具。

此后，20世纪80年代开始的拉丁美洲国家的债务危机加剧了国际金融的不稳定性，客观上要求金融业务与其相适应，由此导致了大批金融工具和融资方式的诞生。比如，旧账按一定折扣交换（附有交换条件，如以资产作为担保），旧账按面值交换新债券（附有降低利率条件），鼓励外逃资本回流和外国投资，等等。

这些国际经济和金融的变化，恰好与电子技术迅猛发展同时发生。计算机技术在金融业率先被用于处理金融业务，使传统的金融业务发生了革命性的变化，恰在这个时期，西方各国相继实行金融自由化政策，放松了对金融的管制，无论是对利率的管理、银行自身的资产负债管理、非银行金融机构的发展，还是对金融业务交叉的变化都具有决定性的影响。

20世纪90年代以来，由于电子计算机的普及和通信技术的革命，一方面使得金融创新的成本迅速下降，另一方面也使得全球资本交易市场连成一片，各市场间的套利机会增多，成为金融机构进行新的创新的动力，而且随着财富积累的增多，人们风险承受的能力加大，对金融产品的收益与偏好越来越呈现出多样化的趋势，这样，金融市场不仅为人们提供了诸多盈利机会，也隐藏了许多的陷阱。特别是有一批具有尖端工程技术管理能力的专家加入金融理论研究中，利用工程技术原理来解决金融产品创新中的问题，产生了一门新兴学科——金融工程学，如期权定价模型等。并且通过对基本的金融创新的组合和捆绑，使金融创新的速度大为加快，金融创新的产品迅速增加。目前，金融创新呈现三大趋势：一是证券化之类的创新使得银行信用和资本信用之间变得越来越模糊；二是金融创新使资产负债表外业务越来越重要；三是金融创新使得金融市场的全球化得以形成。而这三种趋势的合流，为金融创新提供了更广阔的基础和空间。

总之，以上的经济金融的变化带来了世界性的金融工具创新、金融业务创新、金融制度创新和金融机构的创新。主要内容可作以下归类。

1. 为逃避金融监管和竞争资金来源的金融创新

20世纪60年代开始，由于市场利率高攀超过了国家管制利率，商业银行的资金来源受到影响并危及其生存，它们不得不冲破利率限制的规定，创造新的金融工具：

（1）大额定期存单。这种金融工具创立于 1961 年，由美国花旗银行（原纽约第一国民银行）率先发行，它既满足了存款人对流动性的要求，也使存款人获得了较高的利率，同时满足了银行稳定资金来源的需要，20 世纪 70 年代末被广泛流传。

（2）可转让支付命令账户。这一工具于 1972 年由美国马萨诸塞州的一家银行开办，由于它在法律上属储蓄存款而不被作为支票看待，因而可以支付利息，但该账户持有者还可以签发资金转移书，具有交易支付结算功能，实际上是一种有息的交易账户，到 20 世纪 70 年代末成为金融业普遍使用的一种办法。

（3）自动存款服务账户。它于 1978 年由美国商业银行首创，是一种支票存款和储蓄存款结合的综合账户，存款人可与银行事先约定，当支票存款余额超过一定额度时就自动转入储蓄存款账户，赚取较高利息。1980 年美国准许商业银行开办这项业务。

（4）货币市场利率连动存款单。也叫货币市场存单，1978 年在美国首创，它是一种按照货币市场利率付给利息的定期存单，最低面额 1 万美元，不够 1 万美元者，可存 5000 美元，再借入 5000 美元，存为 1 万美元，这借入的 5000 美元按货币市场利率连动，利率加 1%，到期结息。

（5）货币市场存款账户。这种金融工具开办于 1982 年，最低存入额为 2500 美元，以后降至 1000 美元，利率按市场利率进行调整，这种存款每月可以到第三者转账 6 次，其中期最多 3 次。

2. 防范金融风险的金融创新

（1）金融期货合约。这是一种标准化的可转让延期交割的合约。期货交易历史很长，但是始终以实物商品为标的物，20 世纪 70 年代实行浮动汇率后，加上通货膨胀的压力，利率上升，人们需要规避汇率、利率和有价证券价格波动的风险，这样外汇期货、利率期货、股票期货便应运而生。

（2）金融期权。它于 1973 年首创于美国芝加哥交易所，这一交易工具可协助投资者控制风险，在到期前的任何时候，由拥有者以协定价格买进和卖出某种金融期货合约，金融期权合约有股票期权、外汇期权等。

（3）利率互换。它是两家企业和机构在利率波动时交换它们现金流量的利息支付，以减少其利率风险。1981 年在欧洲债券市场上被创造，即一个企业固定利率的资产和浮动利率的负债与另一企业浮动利率的资产和固定利率的负债互换以减少和避免利率波动的风险。

（4）金融资产证券化。它是将金融机构持有的缺乏流动性的资产转化成为可在市场上买卖的资产，证券化后的金融资产在市场上由投资者认购后利率风险转移至投资者身上，并使金融机构加速了资金周转，最常见的办法是证券化的各类抵押贷款，它于 20 世纪 80 年代开始流行于欧美国家。

3. 为迎合公众理财需要的金融创新

（1）货币市场共同资金。货币市场共同资金创立于 20 世纪 70 年代初，既可以是金融机构的一个受托账户，也可以是一个独立的机构。它以股份的方式集中小额储蓄者的资金，把集中起来的资金投向货币市场中的各类高收入的货币工具，以帮助小额储蓄者获取货币市场的高收益率。

（2）现金管理账户。它是一种集多种金融功能于一身的金融产品。由美国证券商于 1977 年首创，集中了证券信用交易账户、货币共同市场交易资金和信用卡等多种功能，大大方便了客户的使用。

（三）中国金融改革与金融创新

1978 年改革开放以来，中国金融发展所取得的巨大成就主要体现在金融体制改革方面，这些成就的取得主要是由体制转换和改革政策所推动的。从广义的角度理解，中国金融体制改革也是一种创新，是一种制度创新。按照制度经济学的解释，制度是指为社会群体的成员所接受的行为的规律性或规则；它要么自我实施，要么由外部权威来实施。[①] 中国的金融制度创新不是在金融和经济发展过程中由经济体系内部力量发动而自发形成的，即不是自我实施的；而是由外部力量推动的，是党和政府为使金融和经济体制更适应现阶段生产力发展水平而做出的有计划、有目的、有步骤的主动调整，即是由外部权威来实施的。这正是中国金融制度创新的最大特点。这一时期的金融体制改革主要包括：银行体系的重建；中国人民银行中央银行地位的确定及其职能的实施；准备金制度的引进及改革；证券交易所的设立；外汇管理体制改革；分业经营、分业监管体制的实行；等等。

随着新体制的确立运作，金融发展中改革政策因素、体制转轨因素的

---

① 马尔科姆·卢瑟福：《经济学中的制度》，中国社会科学出版社 1999 年版。

推动力将逐渐减弱，传统体制中被压抑的金融能量释放也基本完毕。当转轨时期的特殊推动力（外部权威的力量）陆续消退以后，金融发展将主要依靠社会经济机体的内部力量来推动。在这种情况下，金融体系内部通过各要素重组或创造性变革所出现的金融创新的作用和地位将变得越来越重要。

二、金融创新的经济分析

（一）金融创新的原因

通过分析上述金融创新的历史可以看出，当代金融创新是在特定环境下由于宏观经济运行和制度方面的变革所带来的，这些变革不但提出了金融创新的需求，也为金融机构的金融创新提供了可能，它是多个层面、多个因素共同作用的结果，整体来看，这些因素可分为以下几种。

1. 经济环境的变迁

这些变迁表现在汇率、利率、财富积累和金融机构竞争等方面。从汇率来看，20 世纪 60 年代初期美元的第一次危机严重动摇了布雷顿森林体系的基础，使得固定汇率制的不稳定性持续上升，受到美国经济实力相对衰弱的影响，这种体系终于在 70 年代宣告破产。浮动汇率制的实行加大了汇率的不确定性因素，使得每个企业和居民都面临着汇率波动的巨大风险。70 年代以后，汇率波动幅度剧烈增加，如美元对马克的汇率由原来的年平均 6% 迅速拉大，最高甚至达到 12%。就利率来说，一方面，受到居高不下的通货膨胀的影响，名义利率和实际利率背离；另一方面，从 1979 年开始，美国和英国货币主义的实践，将利率管理目标替代为货币供应量，并且实行严格的货币供应量控制。这样使得市场利率的波动幅度加大，此外，受到汇率和利率波动的影响，企业的经济运行状况跌宕起伏，金融资产的价格剧烈波动，企业的预期利润变幻莫测，反过来影响了金融市场的稳定性。为了归避这种风险，金融机构开展了一系列的创新活动。

20 世纪 30 年代的大萧条，彻底粉碎了古典学派的思想，企业自由竞争让位于国家宏观管理，特别是当时多数人认为危机的根源在于金融业与证券业的资金互通，危机是由股票市场的崩溃造成的。为了防止危机的再次爆发，美国国会制定了多项法案，特别是斯蒂格尔法案和新的《银行法》。前一个法案的主要内容是限制金融业之间的竞争，规定银行业与证券业分业经营。新的《银行法》对商业银行的存款利率给予了严厉限制，这就是当时以管制最严格著称的 Q 条例，该条例规定，金融当局有权对存款利率规定上限、对定期存款加以利息高限、对活期存款和支票存款账户不支付利息，银行不得经营股票和包销商业公司债券等。这些规定严重地影响了商业银行的经营，其结果一方面限制了银行业的竞争，另一方面使得金融机构丧失了活力，没有效率。到 20 世纪 50 年代后期，这些法案的负面影响开始显现，银行业在与非银行业的竞争过程中，由于受到了较严格的管制而处于劣势。在市场利率不断上扬的情况下，大量的资金流入了股票和债券市场，银行的生存受到严重威胁。于是银行业为了生存而设计的金融创新应运而生，产生了如欧洲美元和商业票据；发展新型的支票存款工具，如可转让支付命令账户和自动转账服务账户等。针对银行存款准备金制度管制的规定，商业银行创新出了"大额可转让定期存单"、"货币市场存单"等存款工具以吸收资金，一方面逃避存款准备金制度的管制，另一方面又可获取更多的资金来源。另外，商业银行为逃避金融分业制度的管制，保持市场份额，也创新出了许多逃避分业限制的业务项目。总之，这一系列创新活动都是金融机构为了增强自身的生存和市场竞争能力，为了绕开政府的金融管制而做出的，从一定意义上讲，可以说是政府的金融管制激发了金融机构进行金融创新的冲动。

2. 技术革命推动了金融创新

技术因素是金融创新能够实现并得以发展的主要原因。20 世纪 60 年代以来，科学技术的迅速发展，尤其是自动化、电子传真以及电脑等方面的进步，极大地刺激了金融主体创新的积极性，产生了诸多的新技术和新工具。特别是 80 年代以后的计算机技术、通信技术和信息处理技术的巨大发展改变了传统的资金调拨方式，使得传统的银行业务和交易方式发生了变革，如自动提款机、交易所自动报价系统、NASDAK 等。这些新技术也使得金融风险软件和金融技术软件的开发成本降低，运用难度降低，加之在互联网的冲击下，全球的金融市场一体化，产生了高度复杂的金融交易和活动，并且冲破了原有的金融监管的樊篱。总之，新技术的采用、新工具的产生使金融交易的时间缩短、空间缩小、成本降低，市场的不确定性得以改善，金融主体可以在更广泛的范围为客户提供更具有竞争力的服务项目。

3. 金融自由化进一步催生了金融创新

20 世纪 70 年代以来，由于经济的迅速发展，市场经济的格局发生了剧烈变化，计算机技术的推广和应用，促进了金融业之间的兼并和重组，金融活动和金融交易的复杂化，使得金融机构和金融市场具备了对抗和规避金融监管的可能性。从理论上说，经过弗里德曼货币主义者的反思，他们认为20世纪30年代的大萧条并不是金融业与证券业混业经营造成的，也不是由于金融机构之间的竞争造成的，当时混业经营的银行集团倒闭得相对较少，他们认为真正的原因是在经济萧条面前，美国联邦储备体系执行了错误的货币政策，没有及时扩大货币的供应量，社会的流动性不足才导致了危机。这种理论上的反思为各国货币当局放松监管提供了思想基础。世界各国经济竞争加剧，为了解决经济运行中需要解决的问题，各国纷纷实行金融自由化政策，不断放松金融管制，自由宽松的经济环境必将在世界范围内掀起更高的金融创新浪潮。

（二）金融创新的理论分析

关于金融创新的理论问题，在西方有很多经济学家提出了不同的见解，比较突出的说法有以下几种。

1. 希尔伯（W. L. Silber）的约束诱导理论

希尔伯认为金融创新总是在寻求利润最大化，创新的原因是力图解脱或减轻加在企业头上的金融约束，这种压抑来自外部的政府管制，内部的企业自己制定的经济增长率、流动资产比率和资本比率等。只要外部环境变化，改变了这种约束，出现了扣除创新成本之后的利润最大化机会，金融企业就会创新，探索新服务和管理办法。这一理论的缺陷是过分强调逆境创新，而且仅从微观角度分析金融创新，而忽视了涉及新市场、新企业、新的货币政策变化等宏观经济背景中的金融创新。

2. 凯恩（E. J. Kane）的规避管制理论

凯恩认为许多形式的政府管制或控制，在性质上等于隐蔽的税收，阻碍了金融机构从事已有的盈利性活动和利用管制以外的利润的机会，这样金融机构就会通过创新来规避政府的管制。当这种金融创新会危及金融稳定和货币政策的时候，政府又会加强管制，但是新的管制又会导致新的创新，两者不断交替形成了一个相互推动的过程。这一理论可以解释创新和管制的关系，但它仅仅是创新原因之一。

3. 制度学派的制度改革理论

以制度学派的代表人物诺尔斯（North）、戴维斯（Davies）为代表，认为创新是一种与经济制度相互影响、互为因果的制度改革。政府为了稳定金融体系、抑制收入不均等而采取的一些措施，也属金融创新，如存款保险制度等。制度学派的这种理论，把金融创新由微观领域引起的金融创新又扩大到了制度创新。

4. 希克斯（J. R. Hicks）与涅汉斯（J. Nihans）的交易成本理论

希克斯与涅汉斯等认为降低交易成本是金融创新的首要动因，是技术进步产生的成本下降潜力的一种必然反应。这一理论虽然可以用来解释金融创新的一些原因，但是不论金融创新使技术进步，还是竞争使成本下降，恐怕都不能被认为是根本的原因。

5. 韩农·麦道威等的技术推进理论

韩农·麦道威等认为新技术的出现及其在金融业的运用，是促成金融创新的原因，特别是电子技术的发展是金融创新的重要背景。

6. 弗里德曼（Milton Fridman）等货币主义者的货币促成理论

弗里德曼等认为金融创新主要是货币方面的原因引起的。20 世纪 70 年代的通货膨胀和汇率的频繁变动，使利率反复变动，它是金融创新的根源，金融创新是为了抵制通货膨胀和利率波动的产物，如浮动利率支付、浮动利率债券等。

7. 格林包姆（B. Green）和海沃德（J. Haywood）等的财富增长理论

格林包姆和海沃德等在研究美国金融发展史中发现财富的增长是决定金融资产和金融创新需求的主要原因，他们认为随着社会财富的增加，人们要求避免风险的欲望增长，促使了金融业的发展、金融资产的增长和金融的不断创新。

8. 格利（J. Gurly）和肖（E. Shaw）的金融中介创新论

格利和肖认为金融中介是经济增长过程中一个必不可少的部分，金融创新是货币赤字单位的偏好，是与金融部门提供的服务相匹配的结果，即满足实际部门的需要是金融创新的根源。

以上关于金融创新的论述和分析都注意了金融创新的某些方面，是从某个角度来分析的。我们认为金融创新的原因很复杂，从哪一个角度都很难讲清楚，正确认识金融创新需要多方面、多角度的综合分析，但是最重要的是应当看到金融活动追求高效率和规避风险的一面，这是金融机构最根本的内在要求。

（三）金融创新的微观分析

金融创新的活动首先是一个微观层面上的问题，它是微观主体在激烈的外部竞争压力和追逐内在利润的驱动下，根据变化了的经济情况所带来的融资活动的改变，为满足筹资者和投资者的各类要求，创造和提供新的金融产品的过程，金融创新的这个过程受到了金融创新活动的主体、金融创新活动所追逐的金融机会利益和国家的监管与干预的影响。

1. 金融创新活动的主体

金融创新活动的主体包括资金需求者——筹资者、资金供应者——投资者和金融活动的中介人——金融中介机构。

（1）从筹资者方面来看，他们的变化表现为：20世纪70年代以来，由于国际经济一体化发展趋势加强，跨国公司通过跨国兼并形成的超大型企业集团成为市场活动的主要组织者，这种趋势导致了生产的集中程度的进一步加强，它对金融市场的影响便是投融资规模的扩大，国际资本流动的数量扩大而且频繁，为适应这一变化的情况，就要求金融机构和市场能够提供这种大规模的融资活动的金融服务。

西方发达国家政府多年实行凯恩斯的扩张政策，政府财政赤字规模不断扩大，要求政府必须通过金融市场筹集更多的资金以弥补其财政赤字，如何通过创新金融工具适应投资者的需要、刺激和扩大投资者对政府债券的需求以保证政府能够以较低成本和代价来推销庞大的政府债券成为金融业面临的一个新的问题。

（2）从投资者方面来看，随着经济发展，人们的收入水平和财富积累增多，从而提出了多种层次的金融服务需求，这种金融服务需求与金融市场形势的变化对金融创新产生了强烈的影响。为了转嫁外汇市场、资本市场和货币市场的剧烈变动所产生的汇率风险、利率风险和股市价格风险，投资者需要新的金融产品和工具；为了转嫁信贷市场产生的信用风险，特别是20世纪80年代拉美国家债务危机所引起的人们对债权银行的信用的怀疑，也需要金融创新来降低投资者的这种不信任状态。

（3）从金融中介方面来看，电子计算机和电信信息处理技术的提高，已降低了金融创新的成本，为金融创新提供了新的可能，三者的共同作用，导致了金融创新的产生。

2. 金融机会利益

作为金融机构在金融创新活动中所追逐的目标，它是金融创新的动力。伴随着筹资者资金需求和投资者偏好的改变，融资活动中出现了新的冲突和不协调，它们孕育了巨大的金融利益机会，正是为了获取这些金融利益，金融中介机构通过分析这些金融冲突和不协调的实质，运用相关的金融理论创造新的产品和工具，以期解决这些问题。因此我们可以说，金融冲突和不协调问题的存在正是金融创新的基础，这种金融创新也带来了金融功能的新的拓展和转变。分析这种金融功能的拓展和转变，成为理解和把握金融创新的前提条件。

资金融通作为市场经济条件下的一个过程，它受到众多的个体经济主体决策和行为的影响，这种市场的内在性，决定了资金融通中存在着许多冲突和不协调。这些矛盾是随着经济的发展而不断产生和发展的，也随着金融技术的发展而带来的金融技术的创新而不断被解决，这反映了金融创新的动态特征。所以，不同时期的金融冲突并不相同，与其相伴随的金融创新活动也就表现出不同的特征，而且是一个永不停息的过程，但从总体看这种不协调主要表现在：金融活动中存在交易费用，金融活动中的信息问题和风险问题，金融活动中的市场问题等。

与交易费用相关联的不协调问题，主要是筹资者的最低资金问题而形成的整块大额资金需求，和投资者分散的小额资金供给者之间的矛盾。筹资者进行投资的长期资金需求，与投资者受流动性偏好只愿意提供短期资金的矛盾，概括起来就是积少成多和续短为长的问题。为解决积少成多的问题，需要专业化的机构和工具，通过集中的市场化的交易，可以降低一对一交易中的巨额交易费用。另外，解决积少成多问题还可以说明新的金融机构和新的金融工具的产生，如共同基金管理公司和货币市场共同基金等。为解决续短为长的问题，金融机构可以利用经济活动中的大数法则，作为流动性的创造者，以流动性较强的资金来源支持流动性较弱的资金运用，实现筹资者和投资者之间在资金期限差异上的偏好。金融机构也可以作为造市者出现，通过提供新的金融工具，运用标准化的交易工具，创设二级市场来解决金融工具的流动性问题。此外，金融运行中存在着大量的运行成本，如迈耶曾经指出美国一年用于处理支票等票据的清算的费用高达900亿美元，这种高额的金融运行成本的存在，也成为金融机构积极利用各种高新技术改造传统支付体系，进行业务创新，降低金融成本的原因。

与信息相关的金融活动中的问题主要是信息不对称，它是指一部分信息参与者拥有另一些参与者所不曾拥有的信息，前者通常称为代理人，后者称为委托人。经济学中分析市场经济中普遍存在的信息不对称的问题，被称为委托代理理论。在金融市场上，信息不对称也广为存在，在存款人与银行之间，存款人并不了解银行的资产负债情况，这构成了一种委托代理关系；而银行与借款人之间也存在着一种银行难以把握的借款人经营活动中的内部活动信息，这又形成银行与借款人之间的委托代理关系。在金融市场上，股票的持有人与公司的经营管理者之间也有类似的信息不对称问题。这些信息不对称的存在，很容易使得金融市场和金融交易变成一个"柠檬市场"，[①] 从而影响市场的交易效率。为解决这一问题，金融机构就可以通过金融创新进行信号显示，通过披露缓解信息不对称，或通过金融创新使拥有内部信息的代理人主动承担作为外部人的委托人因信息不对称所承担的风险，代理人承担较多风险就使得委托人对风险溢价的要求下降。从而，以较低成本进行运作。

市场经济行动的运行状况受到风险因素的巨大影响。如果风险因素过大，就可能影响企业经济活动的正常进行，也影响企业家的投资积极性，从而导致经济发展受阻；而比较稳定的经济环境，通过合理控制和分担经济活动过程中的风险，就有可能促进经济的发展。企业在进行经济活动过程中面临的风险主要有自然风险、经营风险和与投资相关联的经营风险。对于自然风险主要依靠保险的职能来进行转移和分散。而经营风险主要受到管理者投资水平的影响，是由企业家来承担的，在经济运行比较缓慢、经济环境比较稳定的情况下，与投资相关联的经营风险对企业经济活动没有较大的影响，但在利率波动、汇率波动和金融市场波动风险的影响下，投资者金融风险大增，它已经严重影响到了企业的经营活动。所以如何通过金融创新，使固定资产投资的营运资金的提供者与对投资承担金融风险的风险资本的提供者相区别，利用专业化和比较优势分别承担风险，将有利于社会效益的提高。由于在经济活动中人们对风险的态度不同，一些人是风险规避者，一些人是风险爱好者和风险中立者。如果能够利用金融创新将风险规避者所承担的风险，转移到风险爱好者的身上，并由前者向后者承担一定的补偿，这种补偿给风险规避者带来了风险程度的降低。而风险爱好者通过承担风险获得了一部分收益，由于他们对风险的态度不同，

---

① 柠檬市场，又称次品市场或旧货市场。是指高质量商品和低质量商品同在二手市场销售情况下，由于信息的不对称，即消费者或买主无法确切知道商品质量的优劣程度，索性认为市场上所有的商品都是劣质商品，只愿以较低价格水平成交。结果导致高质量商品被低质量商品逐出市场，造成次品充斥市场的局面，从而使市场运行失效。

风险对他们的效用也不同，这样基于风险态度不同的风险交易，将会使得社会总效用上升，社会总福利增长。这类的创新有互换等。

由于金融市场的扩大和金融交易的复杂化，使得在金融市场上，金融价格的差异成为各金融机构通过金融创新进行套利的基础。金融套利活动大为增加，同时由于金融业内部专业化趋势的发展，不同主体之间金融活动的相对成本，也存在着明显的差异，从而形成金融市场上的比较利益。利用比较利益原理，充分发挥各自的优势，也成为金融创新的重要思路。

3. 国家的监管与干预

国家对金融市场的监管和干预在稳定市场、维持秩序的同时也扭曲了金融领域的利益分布状况。通过寻求监管的空档，追逐与监管和干预相关的金融利润，也导致了大量的金融创新。国家监管与金融机构的创新二者之间的动态关系可形象地描述为"魔高一尺，道高一丈"，即监管—反监管—再监管……循序渐进、螺旋上升、不断进步的过程。

（四）金融创新的宏观分析

1. 金融作用的变迁

虽然金融与经济的关系问题，理论界存在着许多的争论，但只要对照历史和实践进行分析就可以看出，否认金融对经济具有强大作用的新旧货币数量论的苍白。这些理论是在极端的假设基础上，只考虑了货币和金融的媒介作用的前提下的结论。而熊彼特、希克斯以及斯蒂格利茨等的观点却反映了历史的真实。事实上，金融体系可以对现代经济发挥强有力的作用。运用一个稳定的、被广泛接受的交易媒介，可减少商品交易费用，扩大市场规模。利用交易媒介扩大市场的同时，促进了生产的专业化分工，提高了生产的效率。在收益流动性和风险规避性方面具有吸引力的金融资产，可以促使人们运用金融资产进行储蓄，消除实物资产储蓄的低效性，提高资金的积累能力。金融中介机构通过评价可以选择借款人并监督其经营活动，从而提高资金的使用效率。利用金融活动的信用创造功能，可以有效地促进经济创新。采用不同的金融手段，能使经济主体分别承担、计算和交换风险，提高整个社会承受风险的能力，解决未来的不确定性，扩大投资的机会和规模。据此西方学者将金融与经济增长的相互作用过程描述为：由于市场存在各种信息成本和交易成本，为解决这些市场摩擦，金融市场和金融中介机构得以产生和发展，金融体系通过发挥动员储蓄、配置资源、改善风险管理、便利于商品劳务交易以及发挥联合控制等作用，影响资本积累能力和技术创新能力，最后影响到经济增长。所有这些与金融相关的活动构成了一国经济持续增长的基础。

当然，金融对经济发展的巨大作用，不仅表现为金融对经济发展的促进作用，它也表现在金融不协调所形成的金融风险和金融风潮对经济发展的阻滞作用方面。货币的产生，将物物交换分隔成买和卖两个独立的行为。每个生产者出卖自己的产品以后，可以不马上购买，一些生产者不买就会引起另一些生产者的商品不能出售，形成买卖脱节，这样已经隐含着经济危机的可能性。信用和信用创造的介入，使得社会商品购买力与社会商品可供量的关系复杂化，信用的膨胀和萎缩与经济行为主体的预期相结合，也便成为经济周期波动的一个原因。股市崩盘而引起的 20 世纪 30 年代大危机和金融投机资本发难而掀起的 20 世纪 90 年代后期的亚洲金融危机是金融不协调而阻碍经济发展的经典案例。因此，有人将金融比作现代经济运行的"血液"，也有人将金融比作经济的"大脑"。当金融体系运作良好时，经济就能保持强劲的增长；而一旦金融体系出现故障，或者金融体系运作低效，便会影响到经济的发展，甚至爆发金融和经济危机。有研究表明，金融深化程度高低不同的国家间 GDP 增长率有明显的差距，高的达 3.2%，而低的仅 1.4%；没有发生银行危机的国家经济一直增长，而发生银行危机的发展中国家则危机发生后 5 年中经济增长减缓，仅为 1.2%，这些研究充分证明了金融对经济的巨大影响力。也充分说明了维持一个健全而运行良好的金融体系的重要性。

2. 金融创新与经济运行

金融创新与经济运行的关系，可以从两个方面理解。

（1）经济运行过程不断地内生出金融创新；金融创新是金融市场化发展中的必然趋势，是商品经济发展的必然要求。

首先，分析微观层面的金融创新。第一，20 世纪 60 年代的金融创新，实际上是金融企业在逐利的动机驱使下，顺应当时经济、金融形势的要求而产生的变革。其首要的动机便是当时金融业激烈的竞争的压力。当时为了吸收存款，银行机构和非银行机构，甚至非金融机构之间展开了激烈的竞争，从而引入了各种新的金融工具，拉开了金融创新的序幕。而且此后的创新也多是围绕着竞争能力而展开的。第二，金融创新是为了规避法规的约束，获取利润而引起的。由于 20 世纪 30 年代大危机之后所采取的限制金融业竞争的各项制度，实际上是隐含的税收，它限制了金融机构的业务活动范围，也就等于限制了金融机构从事盈利性活动的能力，所以在利益驱逐下，金融机构便利用各种手段，逃避管制，寻求管制以外的利润机会。第三，金融创新是金融机构在 20 世纪六七十年代，为了规避利率、汇率的剧烈波动所带来的风险而进行的。由于通货膨胀的影响，市场利率波动幅度增大，固定汇率制度崩溃，使金融机构面临的风险增大，远远超过了自己的承受能力。为了防范风险和加强对风险的管理，金融机构利用创新手段，创造了许多复杂的金融工具来管理和分散风险。第四，科学技术的发展，特别是计算机的使用，降低了金融业的成本，促进了金融创新的发展。应该说，竞争、逐利、保证安全性、控制风险都是市场经济情况下金融企业的内在要求，具有这种要求的金融企业自然会在利润最大化的行为驱逐下，利用各种有利条件，进行金融创新。特别是随着人们收入水平的提高，财富的积累增长，创造了较多的金融产品的需求，更加促进了金融创新的产生。所以，金融创新是微观金融企业在市场经济条件下的必然要求。

其次，在市场经济条件下，广义制度变迁性质的金融创新也会自发地产生。在市场经济情况下，随着市场范围的扩大，一些顺应市场经济共性要求的制度，必须要逐步建立和完善。市场的无限渗透力，会迫使金融制度的差异缩小，并趋向于适合市场经济发展要求的金融制度，同时，国际的竞争也会促进金融制度本身的创新和发展，这一点已为金融史的变迁所证实。货币的产生，信用货币的出现，商业银行的诞生，中央银行的设立，支票制度推广等都是在市场经济条件下的不断发展过程中形成的，它们都构成了历史上最重要的金融创新，当然由于制度变迁的路径依赖及制度供求的内在要求，金融制度变迁并非千篇一律，而是各有千秋，在不同时期和不同区域内表现出不同的特征，但只要实行市场经济制度，一些共性的、基本的金融制度是会通过不断创新而最终产生的。

（2）金融创新在促进经济发展的同时，又给经济运行带来许多不稳定因素。金融创新对经济发展的促进作用主要表现为：第一，金融创新冲破了已经过时的传统管制樊篱，促进金融市场一体化，加强了市场竞争，提高了金融业的效率。第二，金融创新使企业、居民和投资者金融资产选择的可能性增加，从而可能获得较高收益，收入的增加会促进消费，消费的增长又会刺激生产规模的扩大。第三，金融创新增强了金融资产之间的替代性，降低了融资成本，便利企业通过金融市场融资，从而推动经济发展。第四，金融创新总体上提高了金融资产甚至实物资产的流动性，使其更便于流向利润高的单位或部门，提高资源配置的效率。

凡事都具有两面性，金融创新在提高金融运作效率，促进经济发展的同时，也给金融业带来了一些前所未有的不稳定因素，对经济运行造成了一些负面影响，主要表现为：第一，金融创新使金融业的经营风险加大。创新的确能在一定程度上转移和分散风险，但它只是解决了个别风险的转移和分散问题，而不能从整体上减少风险，并且它还会加大金融业的系统风险。第二，金融创新使金融体系的稳定性下降。与金融业经营风险上升相对应的是金融机构的稳定性下降。新的金融工具尤其是三大金融衍生工具（远期合约、期货期权、掉期交易）出现以后，使得金融市场的异化现象开始出现，即高杠杆效应所引起的投机性的加强。这就使得投机性交易迅猛增加，严重地威胁了金融机构的稳定，导致了金融机构的亏损、破产和倒闭的概率上升。

3. 金融创新与金融发展

维持一个健全而良好运行的金融体系，关键问题是在促进金融创新的同时，有效地防范与之相伴的金融风险。研究金融创新与金融风险的关系，是探讨金融发展的前提。

（1）金融创新是双刃剑。金融创新必然会带来金融发展，金融发展中不可避免地会隐含有金融风险，不能有效防范金融风险，就可能酿成金融动荡。

关于金融发展，早期的经济学家只是对货币金融及银行体系对经济发展的促进作用进行了描述性的分析，并没有深入金融的内部进行分析。真正对金融发展与经济发展之间进行的研究出现于 20 世纪第二次世界大战以后。格利和肖曾经将金融发展定义为各类金融资产的增多和各种金融机构的设立，并且认为，经济发展是金融发展的前提和基础，而金融发展则是推动经济发展的动力和手段。他们针对发展中国家普遍存在的金融抑制现象，提出了依靠金融深化政策促进发展中国家的金融发展的政策主张。戈德史密斯则将金融发展定义为金融结构的变化，他认为金融理论研究的职责就在于找出决定一国金融结构、金融工具存量和金融交易流量的主要经济因素，并阐明这些因素如何通过相互作用来促进金融发展。他主要通过金融相关比率，金融资产总额中金融机构所占的比重，金融工具之间的关系，以及它们相对于国民财富或国民生产总值的规模，金融机构资产总额在银行、保险公司和其他金融机构之间的分布来对金融发展进行衡量。总结他们的观点，可以将金融发展定义为金融资产增加、金融品种增多、金融机构多样化以及金融对经济的促进作用得到发挥的金融结构的变化过程，这种变化不仅包括了数量上的扩张，而且也包括了层次上的提高和质态的转变。

金融创新通过对金融业务的要素重组，在金融工具、金融业务、金融品种、金融组织及金融机构和金融制度等方面带来了创造性的变革。这种在竞争机制和价值规律等市场机制驱逐下的金融业务创新、金融组织机构创新和金融制度的创新，通过深化分工、开拓市场、降低成本等手段，提高了金融服务的效率，并且改变了原有的金融结构，促进了金融体制改革，最终推动了金融的发展。以最近的金融创新项目——金融衍生工具来说，虽然有许多人以为它对金融危机的产生负有责任，但不可否认的是，它也对金融的发展具有贡献。其一，衍生工具的存在具有明显的避险功能，通过衍生金融工具的交易，可以使不愿意承担利率、汇率波动风险的经济主体，将风险转嫁出去，从而达到优化的风险分配目的，有利于促进投资项目和经济活动开展。其二，衍生工具的存在有利于价格的稳定。各种期货、期权交易的存在，使市场可以发挥价格发现功能和平抑功能。根据美国学者对洋葱、小麦、活牛、大豆等市场的研究，证实了套期保值的期货交易机制有利于市场参加者正确估计供求状况，并合理调整自己的储存结构，从而减缓价格的波动性，提高市场效率。其三，衍生金融工具的存在提高了金融市场的流动性，并能够以较低的成本迅速地转移市场风险，提高金融市场的效率。有人以美国为例的研究表明，1976～1993年，股票市场流动性高的年份GDP的增长率是3.2%，而低的年份是1.8%。所以，金融创新促进了金融的发展，提高了金融的效率，并促进了经济的发展。

但也应当看到，金融创新在促进金融发展和经济发展的同时，也带来了金融风险。由于货币产生导致的买卖活动的分离，金融活动所形成的资金运动与实物运动之间的分离，给金融体系带来了一定内在的脆弱性。这些内在的脆弱性，在金融创新的冲击下，容易诱发较大的金融风险。第一，金融创新加剧了金融业之间的竞争程度，特别是金融创新的可模仿性和不可逆性，更加剧了竞争的激烈程度。第二，金融创新中的表外业务项目的提高，犹如高速公路对车辆及驾驶员的要求一般。如果这一要求不能满足，高速公路则更容易形成追尾事故。第三，金融创新推动了金融业的同质化、自由化和国际化进程，也就为一些投资者通过承担更多的风险进行投资提供了可能。利用金融创新的高杠杆比率，进行投机行为的投机风险加大。特别是在金融创新对金融当局货币控制能力构成影响和金融监管能力较为有限的情况下，金融风险的可能性更大。如果这些金融风险不能有效地控制和消化，那么在一定的情况下，就会演变成为金融动荡，给宏观经济带来诸多的不良后果，影响到经济的增长。

（2）金融创新引导着金融企业业务制度和金融宏观管理制度的变迁，推动了金融制度的演进和发展，金融越创新，越发展，越需要对金融的规范。

根据新制度经济学理论，制度作为一种行为规则，它是为经济提供服务的，这些制度可以是用于降低交易费用的制度，可以是影响生产要素所有者之间配置风险的制度，也可以是用于提供职能组织与个人收入之间联系的制度。就金融制度来说，由于经济生活中存在着交易费用，所以产生了降低交易费用的货币、支付清算系统、银行制度、期货市场等制度。由于需要转让和配置金融风险产生了证券市场、期货市场、保险、金融衍生工具交易等制度。当然，金融制度变迁在受到交易费用、风险配置要求的影响之外，更多地是同金融主体的动机行为存在着联系。应当说，所有的金融制度都是当时的经济主体根据利益原则，进行选择和创新的结果。金融业根据当时的市场竞争状况、技术状况、创新业务的需求等因素进行金融创新，而创新突破了原有制度和管制约束，迫使监管制度创新，而在新的监管制度下形成新的创新，从而构成管制—创新—再管制—再创新的循环。这样便引导和推动了金融制度的变迁，因此有人认为，金融业的每项重大发展，都可以视为是金融创新活动的结果。从静态角度来看，每项金融创新都是对原有的金融制度的突破，反映了当时阶段上的金融发展，但从动态过程来看，已完成的创新，由于功能分化、功能异化、技术进步以及环境变化等因素，都会在新的制度框架上表现出协调与否的问题。如果协调运行，则会进一步促进金融发展，如果不协调运行，则会制约金融和经济的进一步发展，甚至于带来较大的金融混乱和金融动荡。

下面以主要的金融制度创新为例，进行分析：

对一种有效的交换媒介的追求逐渐地导致了贵金属的货币化，贵金属从商品中独立出来充当货币使其以自身的属性方便了交换和贸易，提高了交换的效率，为扩大再生产创造了前提。铸币的产生更进一步简化了支付制度，但也为政府解决财政问题而减轻铸币重量或铸造劣币创造了可能。这样就形成了货币的支付功能与利用货币筹集财政资金的冲突，这种冲突一直延续到银行券流通和信用货币的情况下，而如何处理这一冲突，则成为能否正常流通的主要问题。

银行的产生有利于储蓄向投资的转化，从而发挥了信用媒介的功能。但在支付结算制度和部分准备金制度的情况下，银行又获得了信用创造的功能，信用媒介和信用创造的冲突，也成为银行稳健经营控制风险的关键问题。

为解决银行券流通混乱问题，作为商业银行最后贷款人，解决票据清算和金融业管理的中央银行的产生，是银行制度变迁中的里程碑。它有力地促进了金融体系的稳定和金融业的正常运行。但随着中央银行货币发行权的垄断地位取得和中央银行作为政府银行地位的确定，它在支持政府干预金融甚至于管制金融方面同金融市场化的发展产生冲突。

金融衍生工具的产生，在提供规避风险，进行套期保值的同时，也产生了投机因素，投机因素的存在，极大地影响了金融市场的稳定。

随着经济全球化程度的提高，出现了金融自由化、信息技术电子化、融资证券化等金融创新的金融全球化趋势，金融全球化使得资本流动、货币体系、金融市场、金融管理、金融机构等都表现出全球化趋势。这种金融全球化趋势有利于资金的合理配置和生产能力在全球的合理布局，但同时也带来了金融霸权的威胁，带来了金融安全、金融主权的忧虑，并加大了金融动荡在国与国之间的相互影响的可能性。

所以，就金融发展的每一进程来看，金融创新往往包含着新矛盾冲突，只有规范创新行为，协调金融发展中的各种关系才能真正保证金融的稳定和发展。

三、金融创新与宏观调控

金融创新改变了整个金融业的面貌，使得金融机构和金融市场的运作效率提高，促进了经济的发展；然而，金融创新也给金融业带来了一些前所未有的不稳定因素，影响到货币政策发挥作用的基础，加大了宏观调控的难度，威胁国家乃至世界金融经济安全。金融创新的诸多不良影响，呼唤着金融理论的创新。

（一）金融创新对货币政策的影响

金融创新活动通过改变货币供给机制和货币需求函数，影响到货币政策发挥作用的基础。金融创新对货币供给的影响表现在：第一，金融创新模糊了传统的货币概念，使得货币供给的层次和划分越来越困难。金融创新特别是其中的业务创新，通过开立新的金融账户，开发新的金融技术，给许多金融资产提供了多种多样的流动性，通过增加流动性，这些原来的主要获取利息收入的准货币，具有了流动性的特征，服务于商品交易的媒介与获取利息的功能越来越合二为一，这使得传统的货币供给层次划分出现混乱。随着金融创新的进一步发展，这一问题所带来的宏观经济调控的困难将越来越大。第二，金融创新趋向于加大货币乘数，金融创新对通货比率的影响，金融创新对准备金率的影响，流动性市场扩大，新型账户产生以节约准备金。第三，金融创新过程形成了一些新的信用创造能力，如美国纽约 Barron'S Educational Series Inc 出版的《银行辞典》对金融创新词条的解释就列有金融创新产生信用创造方面的内容，其中的例子就是住宅权益信贷，它使借款人获得使用金融资产的新途径，并增加了信贷的有效供给。欧洲货币市场也具有扩张世界信用创造能力的作用。金融创新对货币需求的影响，主要表现在：第一，金融创新增加了各类金融资产之间的可替代性，金融呈现出同值化趋势。随着金融创新市场的扩大，直接融资的比重不断上升，人们所持有的金融资产中服务于商品交易的部分减少，而服务于投机目的和获取利息收入的部分增大，这样就使得利率的易变性加大，货币需求的稳定性降低，中央银行控制利率的难度加大。

金融创新对货币政策的影响，具体表现为以下几方面：

1. 金融创新对货币政策工具的影响

金融创新通过改变金融市场的结构，改变了货币政策工具发挥作用的外部环境，特别是各种规避金融管制的创新，主要是为了摆脱货币政策工具的约束，从而引起货币政策工具影响力的下降，对存款准备金政策来说，金融业务创新推出的许多新的金融品种和账户，使得存款搬家，由原来缴纳准备金的账户进入不缴存款准备金的账户，这些节约准备金的创新与强化商业银行流动性管理和准备金管理的创新，弱化了存款准备金的作用力度。对于再贴现政策，由于金融创新扩大了各种融资渠道，市场金融的可选择空间增大，金融机构对中央银行再贴现窗口的依赖更为减弱，中央银行再贴现政策工具中的被动性的缺陷更被放大，使得再贴现政策工具的作用力减弱。对于公开市场业务，情况相对来说比较复杂。一方面，金融创新所带来的金融工具增多，金融市场扩大以及金融市场的自由化、全球化的发展趋势增加了市场的厚度，使以中央银行公开市场业务为前提条件的金融市场得以扩张，将有助于提高公开市场业务的作用范围、作用程度和作用的灵活性。另一方面，由于中央银行公开市场业务相对力量的减弱，市场的扩大可能会减弱中央银行通过吞吐基础货币的公开市场操作，对市场的其他相关变量和相关主体的影响能力。中央银行公开市场业务的市场波及力有可能下降。而且，金融创新和金融业务的多样化，扩大了各个市场之间的流动性，它对可选择货币政策工具作用的发挥构成巨大的挑战。

2. 对操作和中介目标的影响

货币政策要发挥作用，需要通过中央银行对其中介目标的操作和控制，依赖于操作目标、中介目标和最终目标的相关和稳定关系。也就是说通过控制操作目标能够有效地控制中介目标，并且通过将中介目标控制在合理的范围内，而使得最终目标得以实现。这是货币政策发挥作用的前提条件，但金融创新活动打破了原有的稳定的相关关系，而使得中央银行对于这些目标的控制能力有所弱化，金融创新有可能影响到中央银行对于货币各层次的划分，使得中央银行对不同层次货币供应能力的变化，特别是在金融创新推动下的以直接融资为特征的金融市场的发展，强化了货币供应的内生性，使得中央银行控制货币供应量、控制信贷总量、控制社会信用总规模面临着许多的不确定性，金融创新带来的金融市场的发展，也加大了利率的可变性，增强了中央银行调控市场的难度，因而如何根据变化了的金融运行状况，重新选择适当的操作目标和中介目标，就成为货币政策能否有效发挥作用的关键，这也正是自 20 世纪 80 年代以来，西方发达国家不断调整自己的货币政策、改变操作目标和中介目标的原因，如对准备金控制的不同选择，货币供应量与利率之间的选择。

3. 金融创新对货币传导过程的影响

中央银行的货币政策是由作为政策主体的中央银行通过实行各种政策工具作用于政策客体，即商业银行和金融市场，最终影响到经济行为主体的活动方式，从而实现自己预定的经济目标。金融创新对这一过程的影响表现为：第一，由于金融创新商业银行的融资渠道拓宽，其市场的自主能力增强，它对于中央银行的依赖性弱化，对于中央银行政策的敏感性减弱，使得中央银行货币政策的传导机制受阻，政策效力下降。第二，金融创新扩大了非金融机构的市场力量，产生了一些新金融机构。这些机构一方面较少受到中央银行的监控，但另一方面又通过创新，发挥了部分信用创造的能力，模糊了非银行金融机构和银行机构的界限，不对这些机构加以控制，货币政策很难真正发挥作用。第三，金融创新改变了金融市场作为货币政策传导环节的作用。金融市场的扩大，融资比例的上升，使金融市场在货币政策传导中起着更为重要的作用，特别是其中股票市场的发展，金融资产价格的变化，都会对货币需求、货币供应、货币流通产生强烈的影响。这种影响所带来的货币供应的内生性，货币需求的不稳定，利率的易变性和难以控制性，削弱了中央银行的货币控制能力。第四，微观经济主体由于金融创新活动也有了各种融资的自主性，扩大了它们的筹资和投资渠道，它们对金融管理的能力提高，金融应变能力也提高。第五，金融创新带来的国际资本的频繁流动，对利率、汇率造成强烈的影响，货币政策在固定汇率、国际资本自由流动和货币政策自主权的不可能三角关系中，更容易受到外来冲击的影响。

（二）金融创新与金融系统风险

1. 金融创新对金融体系风险的影响

现在，经济界经常使用两个词——经济金融化、经济全球化。这中间最突出的表现是全世界的金融交易量远远超过实物商品的交易量，有人用"虚拟经济"来表示这种现象，说现在以国际金融为核心的虚拟经济在世界经济运行中日益占据主导地位。这种所谓虚拟经济就是指同资本的价值形态独立运动相联系的经济。虚拟经济最主要的功能在于促进资本形成，加速信息聚集和扩散，从而促进资源的配置效率，并且具有公司监控、资产运用、风险管理等功能。但是，它也有明显的副作用，它可能引发金融危机，阻止经济增长。股市的泡沫可能破灭，国际游资可能冲击国际经济秩序，而且世界上的金融霸权主义也会成为发展中国家经济健康运行的最大危险。

由于所谓"虚拟经济"的发展，世界财富的形式成为倒金字塔的结构，如图1所示：

股票、债券、期货等金融衍生产品
现实商品交易和服务贸易

物质产品

图1 世界财富的倒金字塔结构

这种倒金字塔的上部要比下部发展快得多，形成一种头重脚轻的状态。国际清算银行 1998 年 10 月公布的调查结果显示，全球外汇交易市场一年交易额已经达到 375 万亿美元，而货物和服务贸易额不到 7 万亿美元，即贸易引起的全球外汇交易额仅不到 2%。目前，经济全球化、金融全球化正以前所未有的广度和深度发展。

由于世界经济的迅速发展，出现了一批被称为"金融巨无霸"的大型跨国企业集团，这些企业集团多数是金融控股集团，它们可以在世界范围内影响以至左右一些国家的经济活动，如果说，过去国与国之间的经济往来、资金活动，政府起着重要作用的话，那么现在这些"金融巨无霸"有取代政府作用的趋势，这种趋势加大了世界金融的不稳定性。

由于信息技术革命的变化，经济全球化和金融全球化的发展过程中出现了一种既高度集中化又高度分散化的趋势：互联网使用的扩张，使分散的用户能够普遍享受过去难以想象的金融服务，足不出户就可和金融业打交道，为金融业的发展提供了广阔的基础和巨大的空间，从而使金融服务的对象高度分散化，不一定要集中到营业大厅通过手势去成交。另外，虽然金融活动遍布全世界，金融机构成千上万，但是，互联网又促使全球主要金融活动集中于少数发达国家的金融中心。这种高度集中化和高度分散化的趋势，强化了金融对经济的影响，但是也带来了金融业的不稳定性。

正因为如此，为了提高自己的综合国力，发达国家都在抢占国际金融的制高点，当代美国战略家哈佛大学的亨廷顿教授为美国政府列出了控制世界的 14 项战略措施，第一项是"控制国际银行系统"；第二项是"控制全部硬通货"；第五项是"掌握全部国际市场"，而"高科技军工和航天工业"却被放在倒数第一和第三项。日本在 1998 年把金融列为综合安全保障七大要点的首位，而粮食和能源却被放在第三位，看来，一个国家的崛起必须有坚强的金融后盾，金融安全成为各个国家关注的重要问题。

2. 金融创新与风险分布状况

当代金融创新的目的在于通过金融交易解决风险的分散与分担问题，其内在的原因在于现代经济中蕴藏着大量的风险，金融创新分散风险的原则在于通过金融交易，让能够承担风险和愿意承担风险的主体来承担风险。但问题在于，市场很难区分什么人能够承担风险，其结果往往是大量风险被一些不能够承担风险但愿意承担风险的人所承担。风险聚集在这些主体身上，很可能给经济运行和金融体系带来更大的风险。这就要求金融机构在金融创新过程中，不仅要增强风险意识，而且要增进对客户的风险偏好及承担能力的了解程度。只有掌握全面信息，才能使风险分布合理，降低经济运行和金融体系系统风险，保证金融安全。

（三）金融创新与金融协调

回顾金融发展历程，金融顺利发展时期往往是金融创新和金融协调的时期。而一旦金融出现问题，一般也是金融创新与金融协调方面出了问题。金融创新的不协调，会在内外因素冲击之下，使金融和经济运行受到影响，从而表现为金融风险增大、金融效率降低和经济发展受阻。此时，往往需要金融制度的创新加以协调解决。但就我国金融体系的特性而言，由于国有金融机构占主体，并且垄断程度较高，所以制度变迁推动力量中的需求诱致型的制度创新就会受到制约，而选择供给主导型的制度创新的可能性较大。在供给主导型的制度创新过程中，由于政府主体在政治力量和资源配置权力上处于优势地位，权力中心提供新的制度安排的能力和意愿就成为决定金融制度创新的主要因素，所以，政府做出的金融制度安排的正确性成为制度创新成功的关键，而制度安排的正确性和有效性，有赖于金融理论的正确性和科学性。由于金融存在广泛渗透性、金融创新的不可逆性、金融创新多样性、金融创新度的要求等特性，所以从协调的角度研究金融是当前形势下金融理论创新的要求。

可以说，金融运行存在的问题，包括金融创新、金融风险和金融动荡等问题，与其说是金融监管和金融制度问题，不如说是金融理论问题，特别是在经济全球化和经济金融化进程加速的情况下，必然进一步促进金融业务和金融制度创新的新的浪潮的到来，这种发展趋势必然呼唤着金融理论的创新。

一部金融发展史，就是一部金融创新史。通过对金融创新发展历程的考察，我们总结出金融创新的原因主要有经济环境的变迁、金融管制的刺激、技术革命的推动以及金融自由化的催生。

金融创新活动首先是一个微观层面上的问题，是微观主体创造和提供新的金融产品的过程，这一过程受到了金融创新活动的主体、金融创新活动所追逐的金融机会利益和国家的监管与干预的影响。从宏观角度看，金融创新在促进经济和金融发展的同时，也给金融业带来了一些不稳定因素，从而对经济运行和金融发展造成一定的负面影响。

金融创新活动通过改变货币供给机制和货币需求函数，影响到货币政策发挥作用的基础，对货币政策的三个方面造成不利影响。同时，金融创新又可能加大金融系统风险，这一切都对宏观金融调控提出挑战。面对这一困境，急需金融理论的创新。

《金融资源理论研究》序

——金融协调理论的路径与方法

背景说明

本文是应崔满红同志要求，为其专著《金融资源理论研究》一书所写的序言，中国财政经济出版社 2002 年 8 月出版。崔满红原为山西财经大学教授，研究生学院院长，金融学、财政学博士生导师，现任山西金融职业学院院长。

崔满红同志是我的学生，从本科到博士，长期在我的身边学习、工作，其治学精神和为人品格是我喜欢的。他的新著《金融资源理论研究》是以金融协调理论的思想研究金融资源问题的一个尝试，这一独特的视角和方法论及其得出的结论可以称为一家之言。借作者成书求序之际，我想就金融协调理论研究的几条主线谈点意见，借以推动金融协调理论研究，并使之能为中国金融实践服务。

我最初提出金融协调问题是在《金融时报》理论版 1998 年 7 月 2 日《也谈金融持续发展》和 2000 年 2 月 10 日《金融协调：一个新的理论视角》两篇文章中。金融协调理论思考的提出，引起了国内理论界的广泛关注，四年多来，金融协调理论或者说金融协调思想日渐显示出它的理论与实践意义。

在对金融协调理论问题的研究过程中，我们主要是沿着考察百年金融制度变迁的轨迹和透视 1997 年亚洲金融危机对传统金融理论提出的挑战，以中庸哲学、信息经济学、博弈论、新制度经济学和新兴古典经济学等为理论基础，以系统科学理论为方法论，提出了金融协调理论的内容和思想框架，其范围涵盖了金融协调的概念表述、原则、层次、内容和方法等。正如已经强调过的金融协调的开放性和动态性特征，金融协调理论本身也是一个开放和动态的研究过程。因此，这里从金融协调的内涵和外延的研究角度出发，再谈金融协调的几个问题。①

---

① 原稿下文在本书的《金融协调的若干理论问题》中有详细论述，此处从略。

金融制度变迁与金融协调

背景说明

本文是 1999 年承担国家社会科学基金项目课题 "金融制度变迁与金融协调" 的总报告，与崔满红、侯广庆合作完成，成为《百年金融制度变迁与金融协调》一书的导论，中国社会科学出版社 2002 年 8 月出版。报告从金融发展史切入，认为一部金融史就是一部金融制度变迁史。在分析金融制度变迁中发现：什么时候金融协调，什么时候金融经济就发展；金融不协调，金融经济就出问题。进而对金融协调做出了理论概括，同时对金融协调理论的运用等问题也进行了讨论。

1997 年始于泰国的亚洲金融危机，不仅严重影响了许多亚洲国家的经济发展进程，动摇了人们对 "东亚奇迹" 的信念，并且波及俄罗斯、巴西以及其他拉美国家，甚至美国也感受到了它的影响。这次全球性的金融危机，使得 20 世纪 80 年代以来频繁发生的金融风潮走向高潮，危机对整体经济运行、经济理念以及经济理论研究带来深刻的影响。反思这些危机，我们认为其根源，既有危机国家金融政策和金融制度方面的失误，也有国际投机资本兴风作浪的冲击，还有国际金融机构火上浇油的处理危机不谨慎的打击，但最根本的是指导金融实践的传统金融理论苍白无力。依靠传统金融理论行事的国际货币基金组织在危机预报、危机的防范和管理、解决危机的措施手段等方面出现的失误，成为运用传统金融理论难以解释和回答现实金融现象的例证，这迫使我们进一步从更基本的问题上来思考金融理论问题。如：什么是金融？金融还是"资金融通"吗？金融的功能是什么？金融出问题为什么能置经济于死地？金融衍生工具是什么？为什么如此迅速地扩张？目前全球外汇交易额大约为世界市场进出口总价值的 60 倍，实物交易仅为金融交易的 2%，这是为什么？为什么自 1980 年以来，130 多个几乎占 IFM 成员国的 3/4 的国家经历了银行业危机问题？日本百年历史大小金融危机几十次，超过一年以上的 6 次，每次经济危机都与金融有关，为什么？为什么金融危机使无论发达国家、新兴市场国家和转轨国家都受到影响？国家经济发展与金融发展到底是什么关系？金融创新是不是引起什么新的变化？

剖析金融危机可以看出，亚洲的危机表面看来是由于金融政策失误，金融监管不严，投机资本冲击等原因引起的，而在这些表层原因的背后是金融制度的不协调问题，而金融制度的问题又是由于金融理论方面的问题混乱所导致的，金融理论的危机是它的深层次根源。具体表现在随着经济发展和社会变迁，金融及其构成要素的运行机制也发生了变化，但我们认识金融的思想仍然来自旧的、适应于原有的经济运行速度变化较慢的传统金融理论，这种传统的金融理论制约了我们对新的经济条件下金融现象和本质的认识。由于知识积累、科技进步，经济和金融运行的时间、空间已经改变，资源在全球范围的流动，市场环境和因素如价格、利率、汇率等的剧烈波动，经济运行中的不确定性问题、信息交流和风险因素越来越凸显，成为经济决策中最主要的因素，从而形成经济运行的新的时空概念。金融方面，资金的调度、货币支付时间缩短了，距离拉近了，抵御个体风险的金融工具不断创新，但同时却积累了巨大的整体和系统风险。金融以其复杂灵巧的资源配置方式，起到了对经济发展极大的正面促进作用，但也增大了金融动荡对经济产生负面制约的影响和威胁。种种迹象已经表明，当前金融运行机制已经有了巨大的跨越，而我们认识金融的经济时空观还没有改变，经济理论和对经济现实的认识仍停留在原地。近几年金融创新在高科技的支持下迅猛发展，它带来金融和经济的迅猛发展，同时也伴随金融风险的增大。当人们用传统的眼光看待它的时候，问题已经发生了。所以，要准确理解金融及其在当代经济生活中所带来的影响，就不能仅靠一时一事的短视的、静态的、浅显的分析，而必须在历史的长河中，从金融制度变迁的过程中，去把握金融和它的运行机制，把握它与经济的关系和影响，并以动态的、发展的观点来研究金融并实现金融理论的创新。

一、金融制度变迁分析

（一）货币与货币制度演进

经济理论已经比较充分地分析和说明了货币的产生，货币币材和形态的演变以及与此相联系的货币制度的变化都是经济发展所带来的交易规模和范围扩张以及出于节约交易费用的制度变迁的结果。

货币作为媒介商品交换的产物，是伴随着商品交易而产生的，可是并不是一出现商品交换，就有了货币。最早的商品交换主要是采取物物交换的形式，但随着交易规模的不断扩大，物物交换所要求的需求的双重巧合越来越难以满足，这给市场的扩大和商品的正常流通带来诸多不便。为了解决这些弊端，一些商人在经商过程中就会青睐可广泛用于交易，容易将其卖给任何人的商品。这样，在当时社会组织下最能代表财富和最普通的供求对象，就会经常地作为需求的对象进行交换。这种商品的可销售性便在市场交易中进一步得到加强，从而逐渐地以其可销售性同其他商品相分离，成为交易的媒介，这便是早期的商品货币的产生。早期充当交易媒介的商品货币中自然物的种类比较多，但由于其自身的物理属性，在交易规模的进一步扩大过程中，多数被逐渐淘汰。最终，便于携带、易于分割、容易贮藏的金属货币成了实物商品货币的最终归属。

金属货币的演化沿着两个方向进行。一方面，随着交易规模的不断扩大，经历了由贱金属到贵金属的演变，不同的交易量要求与不同的金属货币币材相适应。货币币材价值过大，当用以完成小量的价值较小的商品交易时，便会感到不方便。货币币材价值过小，当服务于大宗交易时，货币携带便很困难。所以，货币金属最初是贱金属，多数国家和地区使用的是铜。随着生产力的提高，参加交换的商品数量增加，需要包含价值量大的贵金属充当货币，币材由铜向银和金过渡。到19世纪上半叶，世界大多数国家处于金银复本位货币制度时期，货币形式主要是金、银等贵金属，正是在这个意义上，马克思指出："金银天然不是货币，但货币天然是金银。"当然，在现代经济中，我们已经看到，金银并不是货币发展的最后形式，在一定条件下，信用货币比金银更具有充当货币的优越性。

另一方面，金属货币经历了从称量货币到铸币的演变。金属货币最初是以块状流通的，交易时要称其重量，估其成色，这时的货币称为称量货币。从货币单位名称如英镑的"镑"，五铢钱的"铢"都是重量单位，可以看出称量货币留下的踪迹。称量货币在交易中很不方便，难以适应商品生产和交换发展的需要。随着社会第三次大分工——商人阶级的出现，一些富裕的有信誉的商人就在货币金属块上打上印记，标明其重量和成色，自己对其负责，便利于流通，于是出现了最初的铸币。当商品交换进一步发展并突破区域市场的范围后，金属块的重量和成色就要求更具有权威的证明，而最具权威的机关，便是国家。国家便充当货币管理的角色，开始铸造货币或对货币铸造施加管理，铸币这种经国家证明的、具有规定重量和成色的、铸成一定形状的金属块便开始出现，开始流通了。

中国的殷商时代就出现了以铜为币材的铜铸币贝，但各地不同。流通在齐燕的刀币，形如刀，是由生产工具和武器演变而来的；在魏、赵、韩地区流通布币，形如铲，是由农具"钱"和"镈"演变而来的；在秦流通环钱，圆形圆孔，形如纺轮；在楚国流通蚁鼻钱，形如海贝。秦始皇统一中国后，统一了货币，诏令天下，一律使用圆形方孔的"半两"钱，为下币，每枚重半两即十二铢。以黄金为上币，以实际重量计算，用于大额交易。秦始皇的"半两"铜钱，是中国有统一形式、统一重量的统一铸币制度的开始，并一直影响到清代制钱。清朝中后期，又逐渐出现了银铸币，流通至1933年结束。

随着生产和流通的进一步扩大，出现了贵金属币材的数量不能满足商品流通的需要的情况，而且远距离的大宗交易携带金属货币多有不便，提出了使用信用货币的要求。而货币流通手段职能为信用货币的出现提供了可能性。货币作为商品交换的媒介，在流通中只起转瞬即逝的媒介作用，人们更多关心的是用货币能否买到价值相当的商品，而不是货币实体的价值量。事实上，流通中磨损的铸币被人们照常接受，服务于流通，并不影响流通，这就表明货币可以用象征的货币符号来执行流通手段职能。

最初，人们只是将银行券当作兑换金银货币的凭证。如商人可以将金属货币存放于货币商人处（如钱铺、银行），其开出汇票进行支付，钱铺、银行见到汇票要求提现时，可以兑换为金属货币。当钱铺、银行拥有了大量的金银货币作保证时，又以此为信用发行自己的银行券，开始是在一张空白字据上临时填写金额，后来发展为印制好的不同面额的钞票。于是银行券就成为银行发出的代替金银币流通的可随时兑现的信用货币。19世纪下半叶，各国可兑换金币的银行券广泛流通。但此时的银行券，仍是金的符号，以金为后盾，代替金币进行流通。流通中仍有大量的金币充当货币。银行券的出现是货币币材的一大转折，它为其后不兑现纸币的产生奠定了基础。

典型的不兑现信用货币是政府纸币或称原始意义上的货币，它是指与银行券同时流通的，以国家政权为后盾的国家发行的强制流通的纸质货币。同银行券相比，政府纸币表现出以国家信用为基础的，强制流通的、不可兑现的特征。世界最早出现的纸币是中国北宋年间的"交子"。当时四川用铁钱，分量重，流通不便，一些富商联合发行了"交子"，代替铁钱流通，并负责兑现。后来富商衰败，兑现困难，改行官办。起初控制发行数额，维持兑现，但后来为弥补国库亏空，发行数额越来越大，以致严重贬值。元朝发行的"中统元宝钞"，开始时一度可以兑现，但很快停止，大部分时间实行纸币流通制度。这些不兑现纸币的发行，虽然靠政府的作用在一定时期发挥了货币的职能，但由于发行无度，最终又给商品流通带来极大的混乱。

西方国家也曾发行这种政府纸币，如美国的"绿背钞"，但一般数量较少，流通的信用货币仍以银行券为主。银行券在战争时期一般变成不可兑现，如英国英格兰银行的银行券在1797年拿破仑战争时期变为不可兑现，直至1821年才恢复兑现；第一次世界大战期间，又变为不可兑现，1925年才恢复兑现。这种战争时期银行券的不可兑现性的事实，为银行券走向完全不可兑现提供可能。20世纪30年代，在经济大危机的冲击下，多数国家放弃金本位制，银行券不再兑换金币，银行券纸币化，流通中的货币完全为纸质的不兑现的信用货币所取代，货币商品退出历史舞台。

从上述分析中可以看出，政府纸币作为不兑现信用货币，由于其与财政赤字的密切联系，容易导致货币流通的混乱。而在20世纪30年代，银行券与政府纸币合二为一，中央银行垄断纸币发行，并在了解货币与经济关系的基础上，控制纸币发行数量，控制货币供应，为不兑现信用货币的正常流通创造了条件。而且，不兑现信用货币突破了货币商品形态对经济发展的制约，提供了政府调经济的一个手段，所以说不兑现信用货币是货币发展历程中的重大飞跃，正如有人所言："在英国，1931年是货币史的界标，因为它不仅标志着在和平时期撤销可兑换，而且几乎可以肯定地看到可兑换的钞票的废止。"

20世纪50年代以来，由于信用制度发达，银行结算手段改进，现金流通（纸币和铸币）逐渐减少，货币形式主要采取存款形式，存款的债权债务转移，成为购买商品支付劳务的主要形式，货币概念得以扩张，货币不仅包括铸币或现钞，还包括了可转账的活期存款，而且进一步将不能随时转账的定期存款和储蓄存款称为"准货币"。存款货币的出现，打破了实体货币的观念，将货币由有形货币引向无形货币。支票转账结算较原有的各种交易方式有较大的优势。但仍有一些劣势，以美国为例，20世纪80年代中期，银行每年要处理8万亿美元左右的约300亿张支票，1984年，处理支票的年成本大约是60亿美元，而且这些成本仍在逐步上升。银行为降低这些成本，必须寻找新的出路。所以，随着社会经济与技术的发展，电子计算机的普及运用，"电子货币"或称为"电子货币转移系统"将越来越发挥其重大作用，如目前的信用卡、电汇业务等都将得到迅速发展。未来将可能出现一个无现金的社会，实在的货币材料将退出历史舞台。

当然，电子货币的出现也会对经济活动造成负面影响，如它对清算制度、中央银行货币控制和货币政策都会带来新的挑战。

在货币币材和其价值载体变化的同时，跨国家的、区域性的不兑现的信用货币也顺应经济发展而出现和壮大。这些货币有经济不发达的发展中国家的货币联盟，如西非货币联盟、中非货币联盟等，也有经济发达的欧盟国家的欧元，还有只具有清算功能而无流通功能的国际货币基金组织发行的特别提款权，也称为纸黄金的SDR。这些货币的出现反映了在经济全球化和一体化进程中的货币制度的相应的变迁。

从上述货币形态演进可以看出，货币制度的变迁主要是伴随着经济的发展，经济行为主体追求一种有效的交易媒介的过程。其目的是使支付机制变得更为简便和安全，能够便利贸易，并提供一种价值贮存手段和一种计价核算单位。由于货币交易媒介作用的发挥，一定程度上依赖于它的可销售性和可接受性的信心，所以，这种信心和维系不但促进了货币形态的发展，同时也带来了破坏货币流通的危险。铸币流通在节约交易费用的同时，也便利了国家利用自身的信誉和权力发行劣质铸币的可能，纸币的过量发行也一次次地打击了它的信誉，形成形形色色的通货膨胀和金融风潮，甚至于延缓货币经济的发展。中国在9世纪的元朝发明了纸币，但由于无法利用有效的制度彻底解决过量发行问题，至清朝时期这一先进的货币制度已完全被摒弃，而重新回到银铜本位的金属货币时期，这恰好说明了制度变迁中的相关条件以及环境因素的重要性。

（二）信用与信用工具发展

信用与货币一样，也是一个具有悠久历史的经济范畴，但它并不是以货币的存在为其产生的逻辑前提，它是与货币的产生并行发展的。信用的产生是在社会分工和私有制的基础之上，由于收入和支出的不平衡，由于财富贫富不均而出现的非所有权的价值转移。在前工业化经济中，信用活动多数是非生产性的，其中大部分信用活动是政府为战争而举债，小部分则与贵族阶级的消费相关联。当时的社会总产品中的绝大部分被用于宗教和教会的消费、政治和军事战争的消费以及奢侈性的消费，维持这种消费的收入来源主要依靠宗教特权和封建特权。信用在其中只起着十分有限的作用，主要集中于贵族和寺院对过于奢侈消费的贵族和难以养家糊口的农民的消费贷款。这种贷款多采用实物借贷的形式，并且通常需要支付高达100％的纯粹剥削性的高利率。

中世纪城市商业经济的兴起，以及其后的重商主义阶段的兴盛，促进了商业贸易的发展，为商业贸易提供融资的借贷活动和各种形式的借贷工具也得到了极大的发展。文艺复兴时期，意大利北部城邦，特别是热那亚、佛罗伦萨和威尼斯的商人和银行家们发展了许多基础性金融实践，诸如复式记账、承兑票据、票据贴现和买卖等；商人参与了手工业生产过程，并通过向手工业作坊在原料采办上给予信贷，在销售上预付贷款等信用安排，缓解流动资金匮乏的问题并控制手工业的生产。同时，随着生产规模的扩大，信用的形式也多样化了，中世纪的欧洲开始广泛流行合伙制和无限责任公司以及企业联合集团。1408年佛罗伦萨的立法承认有限公司，为股票融资创造了有利的条件。14世纪末至15世纪初期在热那亚出现了现代股票的雏形：孔佩尔和毛恩。同时汇票的出现解决了长途贸易中的现金转移支付和信贷融资等方面的棘手问题。钱币兑换业因海上贸易和远途贸易相关的船押借款得以普及，海事保险也应运而生。可以说，中世纪以后的商业贸易的扩展和15世纪航海技术的进步推动了商业的发展，也引发了信用活动繁荣和信用工具的多样化，而私人财富在欧洲的积累，促进了包括储蓄业务在内的各种金融业务的发展。至16世纪，转账支票，票据交换，股票、债券以及证券交易都已产生并蓬勃发展，甚至发生了18世纪的南海泡沫事件。这些金融制度的发展和完善一方面为工业革命的到来提供了有力的支持，另一方面也生动地表明了新的金融大厦的脆弱性。

工业革命发生以后，信用活动便更多地渗透到生产活动中。19 世纪后期铁路建设的高潮开始，引发了大规模工业化的进程，机械电子工业、电力工业和化工制造工业的迅速发展，意味着工业企业需要更多的资本，银行不断扩展自己的业务领域，信用规模扩大。原有的股票债券市场也成为工业企业筹集资金的主要市场，股票交易所因此而发展起来，票据的背书、转让发展迅猛，各种抵押证券纷纷涌现。商业信用、银行信用等信用形式不断完善，金融逐渐获得"万能的垄断者"的地位，成为经济生活的神经中枢。

20 世纪 70 年代以后，由于经济全球化和金融创新浪潮的冲击，信用交易方式又有了极大的发展，特别是金融衍生品的交易急速发展，规模不断膨胀。它在满足了现代经济中不确定因素增大的交易风险的需求同时，自身也累积了巨大的风险，形成金融创新活动的"双刃剑"效能。

分析信用演进过程可以看出，信用的发展是伴随着商品流通的发展而变化的。随着商品流通的发展，商品让渡同商品价格实现在时间上分离开来的关系也发展起来。如果卖者在出卖以后暂不去购买，或者急于购买的人自己的产品还没有卖出，于是产生了赊销、预付和借贷，出现了信用活动。随着商品经济发展到社会化的商品生产阶段，资本主义制度得到了发展，商品生产者一改原来的为买而卖的心态，而出现了为卖而买的追求。他们为了出售商品，获得利润，而购进生产资料，组织商品生产，以实现价值的增值，在利润的驱使和竞争的压力下，必须聚集更多的社会资金，并在各部门间自由转移。社会资金的转移和个别生产者资金规模的限制，造成了信用制度的进一步发展。"起初，它作为积累的小小助手不声不响地挤了进来，通过一根无形的线把那些分散在社会表面的大大小小的货币资金吸引到单个的或联合的资本家手中；但是很快它就变成了竞争斗争中一个新的可怕的武器。"商业信用、银行信用、国家信用、消费信用等信用形式及其相应的信用工具，如商业信用中使用的商业本票、商业汇票，银行信用中使用的钞票、支票、银行本票、银行汇票、定期存款单，国家信用中使用的公债券、国库券，以及企业发行的企业债券、股票等相继出现，并在社会经济活动中大量运用。这些信用形式和信用工具的出现和运用，是商品经济发展的必然产物。只有它，才能使资金不足单位和资金多余单位得以相互融通，才使商品交换得以正常运行。但是，提供信用的人提供资金以后，遇特殊情况急需现款时又必须收回供自己使用时，信用活动中的债权债务凭证，包括各种商业票据、银行票据和债券、股票等就出现了买卖转让，以便使资金得以周转融通。信用工具的买卖转让，就把信用制度向前大大推进了一步，这些可以买卖转让的信用工具就成为金融性商品，成为在市场上进行交易的对象。马克思在谈到资本主义市场时说："现在第一个新资本最初仍然是作为货币出现在舞台上，也就是出现在市场上——商品市场、劳动力市场和货币市场上，经过一定的过程，这个货币就转化为资本。"显然马克思是把商品市场、劳动力市场和货币市场并列，看作资本主义的市场体系。事实上也正是这样，商品市场、劳动力市场和金融市场是支撑商品经济大厦的三大支柱，没有金融市场，商品市场和劳动力市场不可能活跃，商品经济也无法得到发展。

由此，我们可以得出以下结论：商品经济的发展，必然带来信用制度的发展，产生多种信用形式和信用工具；多种信用形式和信用工具的运用和流通，必然要求其符合内在的发展规律，并同其他相关的制度相协调。不协调的信用发展，会对一国的经济和金融的发展带来巨大的负面影响。如18世纪约翰·劳（John Law）在法国的实践，使人们对银行的信任落到最低点，其后百余年间一切试图建立全国发行银行的计划都无法付诸实践，并使得外国投资者不敢再贷款给法国政府。

（三）金融中介的沿革

从亚洲原始社会的衰微到欧洲封建社会的末期，即约从公元前20世纪到14世纪，前后共为3300余年。这一时期，由于生产力的低下和商品生产与商品交换发展的缓慢，作为金融中介最主要标志的银行经历了从诞生到缓慢发展的极其漫长历史道路。

随着生产力的提高和人类社会三次大分工的产生，以及货币的出现，原先部落之间由部落首领所进行的偶然的交换，变成了个人之间的一种经常的社会行为，并从困难的物物交换发展到了方便的商品流通。氏族公社抵挡不住货币的胜利进军，土崩瓦解，奴隶制的国家应运而生。又由于部落公社与奴隶制国家活动与控制区域的狭小、分裂和不统一，以及商品生产与交换范围的局限性，从而使得流通中的货币极不统一。不但不同部落、国家之间不统一，甚至同一部落、同一国家的不同区域也不统一。货币的极不统一，严重地阻碍了商品生产与流通的进一步扩大。于是，适应这些要求，一种全新的行业——货币兑换业产生了。银行产生了，虽然当时它可能很不起眼，甚至没有引起任何人的注意，但是，对社会进步与人类文明将要做出重大贡献的一个新事物，终究就这样诞生了。从此以后，它就为人类社会生产的发展，为人类文明程度的不断提高，作着自己的贡献。这种情况，最先发生在人类文明的发祥地——亚洲的巴比伦。

古巴比伦王国处于幼发拉底河和底格里斯河流域，远在公元前 30 世纪的上半叶，其南部的苏美尔地区，就形成了许多奴隶制的城邦。巴比伦城，地处两河流域的中心，扼西亚交通要冲，故生产发展，商业繁荣。公元前 2000 年，巴比伦寺庙开始经营钱币兑换，随后又兼营保管业务。保管之初，不但对保管人不付利息，而且还要收取一定的手续费。钱币的兑换与保管，使寺庙或兑换与保管人的手中，集中起了大量的货币，从而为开展贷放业务提供了前提和基础。贷放业务也随之开展起来。放款利率约为 20％，并以复利计算。在著名的《汉谟拉比法典》中，对此有着专门的记载。

公元前 500 年左右，希腊的寺庙亦开始经营钱币兑换、保管、贷放等业务。保管业务尤为发达。特别是雅典当时的银行业，有类似近代银行的某些物征。雅典当局甚至创制特别法及特别法庭，以处理有关金融事宜。

在我国，《周礼》记述了远在周朝就有了信用机构。公元 500 年左右的南北朝时期的寺庙也办理存款、放款等信用业务。南梁长沙寺和南齐招提寺是迄今所见文字记载最早的抵押放款——典当的始祖。

寺院之所以能够权充银行活动，究其原因，主要有三点：一是基于人们对宗教的信仰，视寺庙神圣不可侵犯，于是寺庙变成了最安全的钱币保管所；二是它有大批产业和若干特权，实力雄厚，人们信赖；三是它分布面广。总之，寺院银行业，是与当时开始发展但又落后的商品生产和流通相互适应的。

10 世纪以后城市商业经济的兴起，对以宗教、土地和骑士为基础的封建统治构成巨大的冲击。商人和自由职业者对军阀和僧侣的替代，是文明的工业革命的前兆。而商品生产的发展，要求商品流通区域的不断扩大，要求价值尺度和流通手段的不断统一，银行业不但为社会所需要，而且变成了一个盈利优厚的行业，加之随着历史的进步，宗教信仰在部分人心目中降低或丧失，盗匪兵燹，寺院保管经营的安全受到了越来越大的威胁，于是，古老的寺院银行业逐渐停止，而代替寺庙银行业的私人银行业则以一种生机勃勃的气势，不断地壮大成长起来。

地中海地处欧、亚、非三大洲之间，重要的地理位置和便利的水上交通，使得它很早就成为世界东西方贸易往来活动最频繁的区域。11～15世纪，地处地中海沿岸的一些城市，如威尼斯、热那亚、比萨、佛罗伦萨、米兰等，逐渐地繁荣起来。这些城市的商人，把东方的香料、宝石、绸缎等输入欧洲，同时，又从欧洲输出呢绒、金属制品等。约在公元前2世纪形成的著名的"丝绸之路"就是我国古代丝织品等商品，源源不断地运往地中海沿岸的交通要道。东西方贸易大大地推动了欧洲封建经济的发展，特别是行会手工业的发展，从而使得西欧在城际之间、国际之间的集市贸易十分繁荣和发达。12～14世纪，先后出现了具有全欧意义的"香槟集市"和"汉萨同盟"。这些城市和集市，既是商品交易的中心，又是各类货币荟萃的场所。从各个国家和地区来的商客，要把自己的货币变换成销货者欢迎的货币方能成交。于是一些普通商品经营业者开始兼营钱币兑换业务，随着其资信的扩大，又逐渐代客保管现款，进而办理借贷。经营这种兑换、存、放业务，未必不如商品经营业务利润优厚，于是又有专业组织的产生。15世纪西欧的冒险商公司，在其对外进行殖民贸易时，无不集商品经营与货币经营于一身。东印度公司、怡和洋行都是这样的。在欧洲独立的私人银行业，当首推1171年在商业中心、海上强国威尼斯成立的威尼斯银行和1407年在具有同样发达的手工业和海上贸易的热那亚所成立的热那亚银行。它们经营保管、贷放、汇兑等业务，但最基本的是钱币的兑换。威尼斯银行接受存款，以钱币的重量记账，并保有100%的现金准备。

在我国，随着封建商品经济的发展，货币流通和信用活动相应扩大，在唐代就出现了许多商业城市及与之相适应的金融业。"长安的西市便是中国初期的金融市场，在这个金融市场里，流通着各种的信用，供给这些信用的，除个人性质的富商吏以外，有供给抵押信用的质库，有供给普通信用的公廨，有收受存款或供给保管便利的柜坊、寄附铺和各种商店，有从事兑换业、买卖生金银的金银店"[1]。并出现了"金银行"，它们生产金银器饰，经营金银买卖等。唐武宗会昌五年（845年）苏州就有"金银行"组织。[2] 北宋嘉祐二年（1057年），蔡襄在福州的施政措施中有"银

---

[1] 彭信威：《中国货币史》。
[2] 《纂异记·刘景复》，《太平广记》卷二八。

行辄造吹银出卖，许人告捉"①。南宋端平二年（1235 年），都城杭州"自五间楼北，至官巷南到都御街，两行多是上户，金、银、钱、引、交易铺，仅百余家，门列金银及见钱，谓之看垛钱，此钱多入纳算清钞引作匠、炉，纷纭无数"②。元延祐元年（1314 年），长兴州兴建东岳庙碑，捐款人职业中已有"银行"字样。③ 明代亦有金铺、银铺、钱铺。特别是钱铺（钱肆、钱庄、兑坊）主要从事货币的兑换业务，有大有小，设桌、摆摊、列肆都有，到明末发展收受存款和放款业务。在清初又出现了新的金融组织，印局（印票庄）、账局、票号（汇兑庄）等，它们多为山西商人所经营，外国称之为山西银行。尽管这些信用机构的业务各有侧重，如印局主要对个人提供消费信用，账局主要对商人放款，票号主要搞异地汇兑，钱庄主要搞钱币兑换，业务既有分工，又有交错，与欧洲的银行有所差异，但这些银行最初多与商品经营资本混合经营，以后逐渐从商业资本中分离出来，成为专业金融机构，这一总趋势，东方和西方却是相同的，如同伦敦伦巴第街一样，张家口至今犹存日升昌票号所建的日升昌巷。所以，中国银行业的产生和发展，与世界银行业的产生和发展，既有大体相同的过程，又有着自己的特点。但它也同样起源于钱币的兑换，则是毋庸置疑的。

这一时期的银行业，在其前期，纯粹是为了解决货币流通中的一些技术性问题而产生和发展起来的；后期，随着货币贮藏、支付等职能产生，银行的存款、放款、汇兑等业务也逐步经营和开展起来，银行由一个纯粹的服务性机构，变成一个专门经营货币资本的特殊的信用机关和企业。巴比伦的寺庙经营，是这一时期前期银行业的代表，中世纪的威尼斯银行和热那亚银行，当为这一时期后期银行业的典型代表。但整体来说，这一时期的银行业，还没有发现、发生和利用创造货币的能力。所以，这一时期的银行业及其各种业务，尚处于一个原始的、初级的阶段；而高利贷资本，则是这一时期生息资本运动的最主要的内容。

14～15 世纪的地理大发现，是推动封建社会解体和向资本主义过渡的一个重要因素。它使得西欧的商业，发生了革命性的变化。首先，它使得世界市场的领域骤然扩大了，进入世界贸易的商品种类和数量急剧地增

---

① 《忠惠公集》（别记补遗卷上）。
② 耐得翁：《都城纪胜·铺常》。
③ 《两浙金石记》。

加。其次，它引起了西欧商业中心的转移。从此之后，世界商路不再经地中海，而取道大西洋。所以，意大利各城市由于远离了世界商路，从而失去了独占东方贸易和欧洲商业中心的地位。"汉萨同盟"也从此衰落了，而处于世界新航路上的葡萄牙、西班牙、荷兰、英国等，则逐渐繁荣起来。随后，一些专制王权所采取的一系列鼓励商业、工业、航运业和殖民扩张事业的重商主义政策，也对资产阶级的兴起和发展，起了一定的保护和促进作用。16世纪，里斯本成了欧洲最大的商港之一；17世纪，荷兰成了西欧的经济中心，阿姆斯特丹是当时世界的商业中心和信贷中心；18世纪，英国又成为世界首屈一指的工业、商业和殖民帝国。19世纪60年代，在英国首先发生的工业革命，则是资本主义制度在世界范围内正式确立和走向普遍胜利的标志。这一时期大约有一百余年的历史。随着资本主义生产关系的发展，社会生产力得到了迅速的发展，商品生产和交换也达到了空前的程度。与此相适应，银行业也取得了长足的进步，达到了完全成熟的阶段。

与资本主义生产关系的发展一样，银行业的发展，也同样遇到了封建生产关系的种种束缚，资产阶级不得不与封建主阶级展开坚决的斗争，这种斗争具体表现为资产阶级反对高利贷的斗争。

在从封建社会向资本主义社会过渡的时期里，高利贷一方面加速了货币的集中和积累，促进了资本的原始积累；另一方面又促使大批的农民和手工业者破产并无产阶级化，因而，它既是资本主义前提条件形成的一个杠杆，又是资本主义生产关系形成的一种阻力。因为自给自足的自然经济才是高利贷者发财致富的基础。极高的利息，妨碍着资产阶级对它的利用，妨碍着蓬勃发展的资本主义生产对它的利用，它使得唯利是图的资产阶级无利可图。于是，一场反对高利贷的斗争就不可避免地产生了。这是一场要生息资本服从于产业资本的斗争，也是一场为社会生产力的发展解开桎梏的斗争。这种斗争最初表现为企图以法律来限制利息率。如英国，1945年通过法案，规定最高利息率为10%，以后又规定得更低，1624年为8%，1651年为6%，1714年为5%等。然而，当银行和信用事业依然为高利贷所垄断时，一切企图通过法律的手段加以限制的做法，都是不可能产生多少效果的。因为早期银行本身，正是高利贷资本运动的形式，所以，只有对反映这种高利贷资本运动形式的银行的否定，才能从根本上解决问题。

17世纪，适应资本主义生产的发展和资产阶级需要的银行业，终于通过两个渠道产生了。一是根据资本主义的原则所成立的完全新式的股份银行；二是旧的高利贷性质的银行业，不得不适应新条件而逐渐转变为新的银行业。在英国，最初是从经营高利贷与兑换业务的金匠业中逐渐独立出来的一些金匠业和银行家。他们因为有钱，可开展存款、放款以至发行银行券等业务。而在其银行券的发行与放款过程中，他们逐渐发现实际上不需要100%的准备金，从而开创了银行创造信用与货币先例，银行由此进入了一个新的阶段，但是，此类银行业的利息仍然很高，而且常因无法控制税收，拒绝对政府的放款。于是，1694年，在政府的支持下，集资创办了第一个大规模的股份银行——英格兰银行。它的正式贴现率一开始就定为4.5%～6%，并集资120万英镑，以8%的年利贷予政府，从而享有了无现金准备的发行权。1697年增资，并以6%的年利贷款予政府，而换得6人以下的私人银行不得发行银行券的特权。到1814年，具有相同性质的地方银行，在英国达到了940余家。在相互的竞争中，独资的私人银行逐渐减少，集资的股份银行不断增加。19世纪后半期，初步形成了以英格兰银行为中央银行辅之以商业银行等不同种类的专业信用机构的金融体系。在法国，1800年，以股份公司的形式组成了法兰西银行，它一开始就有着半国家的性质。在美国，1782年创立了北美洲银行（第一宾州银行的前身），1784年又创立了纽约银行和马萨诸塞银行。1781～1861年，先后建立的银行达到2500余家之多。日本在1868年明治维新后，效法西方，设立"国立银行"，1879年达到150余家。在中国，随着鸦片战争的失败，外国资本主义势力的侵入，随着19世纪60年代开始的洋务运动和六七十年代之交近代民族资本主义工业的产生，到1897年在我国诞生了第一家近代银行——中国通商银行，尽管它的股本大部分为封建官僚、买办阶级所有，而纯粹的商人投资不多，在组织管理上亦有着明显的封建性的买办性，但它毕竟与资本主义工业建立了密切的联系。随后，又有中国银行、交通银行以及民族资产阶级等创办的金城银行、大陆银行、浙江兴业银行等商业银行，也有部分钱庄、票号为适应形势改组成为银行。

就这样，高利贷资本的银行业，为借贷资本的银行业所否定。一个新的、完全反映和适应资本主义生产方式的资本主义银行业产生了。从此以后，借贷资本的运动成为生息资本运动的具体形式，即成为银行资本运动的具体形式，并在生产和流通中显示出了它的巨大作用。

19 世纪中叶，资本主义生产的迅猛发展，引起了生产和资本的集中，也引起了资本主义所固有的矛盾的最终激化。1871 年的巴黎公社起义和 1873 年空前深刻的经济危机，是这一时期资本主义政治和经济的矛盾的集中表现。空前的危机及其后的长期萧条，促使企业之间的竞争加剧生产和资本的迅速集中，以及垄断组织的广泛发展。从此，开始了由自由资本主义向垄断阶段的过渡。在其后的 30 年中，由于科学技术的进步和生产的发展，以及频繁的危机的不断震动，生产和资本的集中达到了一个新的水平，垄断组织终于在一切发达的资本主义国家中普遍发展起来，并成为其全部社会经济生活的基础。自由资本主义迈进了帝国主义阶段。

银行集中和垄断的形成。生产的集中，要求更大规模的信用，而更大规模的信用，只有更大规模的银行才能提供。于是，生产的集中，引起了银行的集中。银行的数目急剧减少，而银行的资本却大大增长；银行制度所支配的资本绝大部分都掌握在大银行的手中；大银行的分支机构迅速发展和扩大。英国在 1881 年有银行 120 家，到第二次世界大战前夕剩下了 15 家。而这 15 家银行所支配的资本比 1890 年的 104 家还多 5.5 倍。从股份银行中派生出来的巴莱克等 5 家银行，成了英国银行事业的垄断者。日本 1914 年有银行 2171 家，到 1931 年仅剩下 811 家。这种集中发展趋势的最终结果，就是银行垄断组织的形成。"垄断协定"（利害共同制）、银行托拉斯、银行康采恩等垄断组织形式相继出现。给人类带来巨大灾难的第一次世界大战和第二次世界大战，促使交战各国纷纷把本国的国民经济转入军事化的轨道，注意和加强国家对经济的干预，对财政金融的干预。在生产遭受巨大破坏的情况下，生产的集中和垄断，银行的集中和垄断，不但没有被停滞被消灭，反而进一步发展起来。国家政权进一步从属于垄断组织，在更大的程度上实现了国家政权与垄断组织的结合。银行垄断组织的实力进一步增长和加强，资产和存款猛增；银行合并继续发展，不仅大银行吞并中小银行，而且大银行之间也进行合并；金融机构呈现着多样化的趋势；对外扩张活动急剧加强，国外庞大的分支机构，形成了具有国际意义的跨国银行，进而由此发展出更为庞大的"银团银行"和"集团银行"，如"欧洲联合银行有限公司"、"欧洲银行国际公司"。前者拥有资产 1300 亿美元和 9000 多个分支机构，后者拥有资产 1100 亿美元和 1 万个分支机构。银行垄断在世界范围内变成了一种真正的可怕的势力。

银行的垄断，引起了银行信用的巨大变化：第一，信用集中于大银行。这一方面表现为小的私营银行信用业务的衰退；另一方面则表现为几家大银行垄断了工商业信贷。第二，信用规模扩大。借助于"银团银行"，往往一笔贷款就能达到上十亿美元。第三，由于资本有机构成的提高，引起信用期限的明显延长，企业中借入资本所占的比重不断增大，在有的国家甚至达到了80%以上。

由于银行信用的巨大变化及银行的垄断，银行的作用发生了根本的变化，银行由简单的中介人变成了万能的垄断者。一方面，银行与企业的联系固定了。离开了固定的银行，企业就很难取得所需要的信用。企业对银行的依存性增强了。因为借入资金在它的资金总额中占有着重要的甚至是主要的部分。离开了银行，企业就无法生活下去。加之银行控制了全国大部分的货币资本和有价证券的发行与买卖，从而影响和控制着全国生产资料的分配，更增强了这种依赖性。银行进一步监督与控制企业的必要性也加强了。因为在贷款规模大、期限长情况下，银行仅从保证其信贷资金安全和完整的角度，也有加强对企业监督与控制的必要。所以，银行不但能够通过信用活动了解、监督企业，并能决定企业的命运。另一方面，垄断的银行资本，通过购买工业企业的股票、发行与推销有价证券，参加创业活动等，积极参与工业企业的活动；而垄断的工业资本，也通过购买银行股票以及自己建立银行和投资公司等方式，积极参与银行金融活动。两者互相渗透，形成你中有我，我中有你的局面，从而在垄断的基础上融合起来，形成金融资本和金融寡头。一小撮金融寡头，以银行为中心，不仅控制着国家的经济命脉，而且主宰着全国的政治、文化和社会生活。银行变成了现代全部经济生活的中心，资本主义国民经济体系的神经中枢，万能的垄断者。

20世纪30年代的大危机，导致各国加强了对金融业的监管，为了维持金融体系的稳定性，政府通过"分业经营，分业管理"、利率限制、业务限制等手段限制金融业内的竞争。在效率与稳定的权衡中，优先考虑金融业的稳定。但由于市场的渗透性和资金的流动性，在强化银行业管制的同时，非银行金融机构得到迅速发展，特别是证券市场的融资规模不断膨胀，20世纪70年代金融创新风起云涌，资金运动出现"脱媒"现象。商业银行经营陷入困境。自20世纪80年代以来，政府开始放松金融管制，实行金融自由化政策。银行业之间的竞争更为激烈，兼并重组不断发生，银行规模越来越大，与之相伴的金融风险也不断增大，构成了对政府监管能力的巨大的挑战。

（四）中央银行制度变革

18 世纪后期到 19 世纪前期，"资产阶级在它的不到一百年的阶级统治中，所创造的生产力，比过去几十个世纪所创造的生产力还要多、还要大。自然力的征服机器的采用，化学在工业与农业上的应用，整个大陆的开垦，河川的通航"[1] 造成了社会生产力迅速发展和商品流通的迅速扩大，也带来了货币信用业务的迅速扩大。资本主义银行业也随着资本主义工业的发展迅速地建立了起来，在资本主义发展最早的英国，1776 年有银行 150 家，到 1814 年则发展到 940 家，增加 5 倍多。与此同时，私人银行限于资力，在竞争中不断地衰落改组，而股份银行却在一天天扩大。这种此消彼长的趋势，在 19 世纪初期随着工业发展和经济危机的刺激而迅速地发展，1827～1842 年，股份银行由 6 家发展到 118 家，私人银行从 1826 年的 554 家减少到 1842 年的 310 家。

股份制银行的增多，资本的扩大，小银行破产倒闭以及引起信用纠葛，给银行券的流通和金融市场带来了许多麻烦。出现了一系列新问题，其中最主要的问题有几方面。

1. 银行券发行问题

最初每个银行都有发行银行券的权力，保证所发银行券随时兑现。但事情的发展并不那么顺利，随着银行数的增多，生产与流通的发展，以及市场的扩大，银行券的流通一天比一天复杂化，明显地出现了两个问题，成为生产与流通的障碍：一方面，由于资本主义竞争的加剧，经济危机的震荡，破产银行无法保证自己所发银行券的兑现，诉讼不断，引起社会混乱；另一方面，一般银行限于资力、信用和分支机构等问题，所发银行券只能在当地和较近的地区流通，在较远的地区则信用未著，难以行使，给生产和流通造成困难，从而在客观上要求有一个资力雄厚的银行发行一种能在全国流通的货币，这只有一个有一定权威的银行机构才能办到。

2. 票据交换问题

随着银行业务的扩大，收授票据数量也一天天增加，各银行之间的债权债务关系复杂化了，由各行自行轧差当日清理已成了问题，不仅异地结

----

① 《马克思恩格斯选集》，人民出版社 1972 年版。

算矛盾突出，即便是同城结算也很困难，客观上要求有一个统一的票据交换和债务的清算机构。虽然当时在一些城市已经建立票据交换所，但多数被大银行把持，不能为小银行所利用。因此，建立全国统一的有权威的公正的清算中心，已成为金融事业的一个必然趋势。

3. 最后贷款人问题

随着资本主义生产和流通的扩大，对贷款的要求不仅是数量的扩大，而且期限延长。商业银行如果仅以自己吸收的存款进行放款，远远不能满足社会经济发展的需要，而自己的发行又受到地区和信用的限制，且存款用于贷款过多，还会发生偿付能力不足的问题。那么补充新的资金来源就显得很有必要。同业透支、拆借都只能解决小量的暂时困难，因此要适当集中各家银行的一部分现金准备，当某家银行发生支付困难时，给予贷款支持，以免其在信用危机中遭遇破产的厄运。

4. 金融管理问题

随着银行事业的发展，货币信用市场需要政府进行必要的管理。资产阶级政府对金融事业管理，不能不依靠专门机关进行，以便对全国的银行、货币、金融市场作必要管理和监督。中央银行就是在这样的历史条件下应运而生的。

但是，中央银行的产生，并非一下子就成为发行的银行、清算的银行、银行的银行、政府的银行。正如一个新生儿对社会一无所知一样，它是在不断的实践中逐渐成长起来的。

中央银行在1844年英国货币发行金准备的大争论中，悄悄地降临到英国的伦敦。人们不会忘记资本主义周期性经济危机最早是在英国的土地上发生的。1825年和1837年爆发了历史上两次最早的周期性经济危机，并冲击了整个英国的国民经济。这两次危机本质上是生产过剩危机，但危机爆发点却在货币信用领域。自拿破仑战争以后，英国的工业发展很快，1821～1825年棉纺织和冶金工业生产增长了50%，使信用跟着扩大。同时，英国对拉丁美洲的投资扩大，特别是矿业公司股票虚幻的看涨，促成了股票交易和投机狂热，这种没有生产基础的交易和投机的盲目增长，超过了市场容量，于1825年夏首先出现了证券交易所危机，股票行市下跌40%～70%，接着是支付手段的缺乏，货币不足，信用中断，存款逼提，贷款被迫冻结。在1825～1826年就有140家银行倒闭，并且发生了国际收支逆差，黄金外流，存款人和银行券持有者对银行失去了信心。事过之后，痛定思痛，资产阶级认为货币信用问题是危机的根源，便从货币信用方面寻求防止危机的办法，从而酿成了 19 世纪上半叶的一场关于银行券发行保证的大争论。1844 年英国首相比尔主持通过了《英格兰银行条例》（亦称《比尔条例》），认为英国货币最低限度的流通量应为 1400 万英镑，这一数额的银行券不会要求兑现，可用于政府借款保证，无需黄金准备，超过此数额银行券发行必须要有 100% 的黄金准备。当时全国有 200 多家银行享有发行权，《比尔条例》规定，新增银行和旧有银行改组合并，就失去了发行权，这些银行停止发行时，英格兰银行可以增发停发银行券，银行发行减少 2/3。随着资本主义竞争和银行集中化趋势的发展，地方私人银行逐渐被股份银行所吞并，丧失了银行券发行权，相反英格兰银行的发行数额却增加了。1844 年在英格兰银行之外尚有 279 家银行拥有发行权，可发行 800 万英镑，到 1910 年剩下 60 家银行只能发行 100 万英镑，而英格兰银行发行增加到 3000 万英镑。它就这样一步步垄断了全国货币发行权。

随着英格兰银行发行权的扩大，地位日益提高，许多商业银行便把自己的一部分现金准备存入发行银行，它们之间的债权债务关系，便通过英格兰银行来划拨冲销，而票据交换所的最后清偿也通过英格兰银行来进行了。在后来几次经济危机的打击下，英格兰银行居然能岿然不动，商业银行便围拢过来，犹如百鸟朝凤。英格兰银行取得清算银行的地位，开始于 1854 年，到 1876 年英格兰银行半数以上的存款就已经是各商业银行的活期存款账户上的存款了。早在 1825 年和 1837 年两次经济危机中，英格兰银行曾经对普通银行提供货款，在后来的 1847 年、1857 年、1866 年的周期性的经济危机中，国会不得不批准英格兰银行的货币发行暂时突破 1400 万英镑的限制，用它的银行券支持一般银行，充当了"最后贷款人"角色，在经济繁荣时期，商业银行更得大量直接或间接对工业家和商人们办理票据贴现，可是它们的资力毕竟是有限的，只能在其资本和所吸收的存款范围之内，向发行银行要求重贴现。英格兰银行作为"银行的银行"就这样确立了。

在英国，自 19 世纪后半期，随着科学技术进步，电报开始被使用，各地金融中心连成一体，英国的海外银行在伦敦设立分行，使英格兰银行不仅成为全英的金融中心，而且也成为世界金融的中心，伦敦就成了世界的黄金市场和国际贷款者，于是英格兰银行的资产及负债均迅速扩大。为了适应国内外负债的提存需要，英格兰银行经过长期的摸索，终于形成了有伸缩性的再贴现政策和公开市场活动等调节措施，这是近代中央银行理论和业务形成的基础。

在法国，中央银行的产生又有自己的情况。1789 年法国资产阶级革命强烈地刺激了法国资本主义的发展，为适应工业资本发展的需要，1800 年组成了法兰西银行并发行银行券，1808 年法案给了法兰西银行在全国开设分支行的权力，1848 年又有 9 个省的发行银行与之联合起来，从而整个银行券的发行就由它集中起来了。国家最初就给了这个银行 3000 万法郎的投资，后来增加到 18250 万法郎，总经理与副总经理由国家元首任命，从而使法兰西银行与政府的关系一开始就很密切。19 世纪 30 年代，它曾给君主政体的政府以帮助，1848 年二月革命它又站在反对革命的一边，力图使共和国失去威信和引起金融危机，不过后果却是打击了自己——银行券的大量挤兑、濒临破产。后来是小资产阶级的临时政府给了它帮助。1871 年巴黎公社革命，它又是反革命的金融支柱，供给凡尔赛反革命集团以 25800 万法郎的货币。在普法战争中，法兰西银行又成了向普鲁士投降的反动派的金融后盾。很明显，它一开始就在"政府的银行"方面迈出了较大的步伐。这是法国中央银行的特点。而作为"银行的银行"它比英格兰银行显然要慢得多。但在 19 世纪 70 年代以后开始起步了，这与股份银行成立较晚是有关系的。

美国中央银行走的是又一条道路。1782 年成立的北美洲银行是美国具有现代意义的第一家银行，到 1861 年美国的银行有 2500 家，然而都不很稳定。1791 年国会批准建立第一所国民银行——第一美洲银行，联邦政府掌握股权 20%，掌管政府存款，为全国各地转拨资金，并通过拒收过度发行钞票的州立银行的银行券或拿这些银行券去要求发行银行兑现黄金，借以管理州立银行，从而受到各州立银行的攻击，经过 20 年到 1811 年就短命夭亡了。1816 年政府批准第二美洲银行开业，亦落得同样的命运。1833 ~ 1863 年出现一段自由银行制度时期，货币流通和信用都很混乱。1861 ~ 1865 年的美国国内战争，给美国资本主义的发展以有力的刺激，从而也提出了对于货币信用的要求。1863 年美国国会通过了全国货币法案，建立国民银行制度，在财政部下设立"货币流通监理官"，监理国民银行的活动。要求发行规格统一的、安全可靠的银行券，凡在政府注册的国民银行，每发行 90 美元的银行券，就要在货币总监存入 100 美元的公债，如发行的银行倒闭，货币总监便将其公债出售，代偿银行券持有人。州立银行发行钞票，须交面值10%（年率）的税款，借以限制滥发，从此美国有了一种按面值流通的统一钞票。但是这个法案，并没有解决统一的清算问题，对于存款准备金也定得过死，货币供应量仍没有一个统一的调节机关。所以在1907年的经济危机中，在对国民银行普遍不满的情况下，才着手成立货币委员会，拟建立新的联邦储备制度，可是长期难产。

在日本，情况是另一个样子。1864年日本发生了资产阶级革命——明治维新，1870年日本派人专门考察了美国的货币银行制度，回国后颁布了《国立银行条例》。初期的国立银行仅4家，享有货币发行权，但限于资本不多，信用不佳，4年之后又作一些改革，学习英国金融经验，国立银行始得以继续发展，1879年末达到150家之多，1880年前政府利用银行发行不兑现纸币，造成通货膨胀，物价暴涨，贸易入超，硬币外流，于是1882年正式成立旨在整顿货币，调节金融的日本银行，其他国立银行一律于期满解散，或改为普通商业银行。日本银行就成为日本的中央银行了，到1899年独占全国货币发行权。

我国中央银行萌芽于20世纪初，由于当时钱币紊乱，银元、铜元、制钱、钱钞银票、私帖以及外国银元同时流通，平色折合十分繁杂。为整理币制，于光绪三十年（1904年）由户部奏准，于光绪三十一年设立户部银行，额定资本400万两，由国内各界认股。但认股者并不踊跃，结果由政府拨款20万两，先行开业。光绪三十四年（1908年），户部更名为度支部，户部银行改为大清银行，经理国库，发行纸币，但未能真正起到管理金融的作用。户部银行成立未几，邮传部借口户部银行管不了外汇，发生了镑亏（清末中国借外债很多，帝国主义国家在中国还债时，有意提高汇价，使中国吃亏甚大，因多数借款是英镑，故称镑亏），要求成立交通银行，经清政府批准于1907年3月4日开业，发行纸币，经理铁路、轮船、电报、邮政四个单位的一切款项收支，出现了两个"中央银行"。"国无二君"，两个银行实际都未成为真正的中央银行。

总之，这一时期的中央银行，多是因各国的不同情况和形势要求，意识到货币发行需要统一管理，而开始组设，但限于各国经济发展水平和金融业发达程度的高低，致使对于中央银行的认识和建立的目的都不太相同、差异较大，可以说中央银行在这个时期尚幼稚，作用也极为简单。

　　第一次世界大战中，实行金本位制度的国家大多停止了兑现，战后由于资本主义国家发生了恶性通货膨胀，一些国家在战后曾企图恢复金本位，但结果并不是成功的，银行券的稳定性从根本上动摇，从而给整个金融市场带来了不安定，各个受战争影响的国家，为了改善货币金融状况，在纷纷重建币制的同时，开始意识到应当加强作为发行银行券的中央银行的作用，因而出现了设立和改组中央银行的热潮。1920 年在布鲁塞尔举行的国际经济会议上，曾有一个倡议，要求未建立中央银行制度的各国，都应从速建立。尤其是在 1929～1933 年的世界性的资本主义经济危机和货币信用危机的打击下，未设立中央银行的国家纷纷设立中央银行，已经设有中央银行的国家也采取措施，加强其职能，强化其组织，力图使之成为唯一的稳定货币和信用供给的机构。1930 年在瑞士巴塞尔成立的国际清算银行，旨在谋求各国的中央银行作为本国金融机构的代表，加强国际合作，使中央银行的地位和作用又向前推进了一步。

　　20 世纪 30 年代的大危机，暴露了原有的中央银行体制的弊端，特别是中央银行不能有效地发挥货币政策的问题相对突出，于是通过改革，英、美、法等西方国家都强化了中央银行的权力，增加了中央银行调控货币政策的工具，使得中央银行在金融以至整个经济活动中的地位和作用都得到大大的加强。

　　第二次世界大战以后，中央银行获得了迅速发展。由于中央银行在战争中、在经济活动中做了大量有益于政府，又有益于经济发展的事情，人们对中央银行感情一天天加深了。更为重要的是，自从 1936 年凯恩斯（Keynes）的《就业、利息与货币通论》发表以后，凯恩斯学派风靡一时，政府干预经济，用赤字预算和通货膨胀来抵制经济危机成了西方国家管理经济的理论基础，而国家干预是通过中央银行来进行的，中央银行的作用又大大迈进了一步。首先是老的中央银行大多实行了资本国有化，新建的中央银行一开始就是由国家投资而设立的，各国大多通过立法，授权中央银行调节国民经济的任务，不但要稳定通货、调节金融，还要以充分就业、保持经济稳定增长和国际收支平衡为目标，为了达到这个目的，中央银行领导班子多由国家任命，对中央政府负责，成为国家机器的组成部分。中央银行既成了政府的经济顾问，又是国家金融货币政策的决策参谋和执行人。

　　20 世纪 80 年代以后的国际资本流动和经济全球化浪潮，使得跨国银行和国际金融业务不断扩展，金融市场的全球化趋势越来越明显，金融风暴的传播性加强，迫使各国中央银行在强化金融体系的国内监管的同时，必须寻求国际合作，以提高自身的监管水平，适应"疯狂的金钱"带来的金融创新和整合的力量超过独立国家管制者的挑战。

二、金融制度变迁与经济发展

从前面的分析中得出一个结论就是，金融制度与经济发展有着密切的关系。一方面，经济的发展会诱致金融制度追随经济的发展而进行相应的变革；另一方面，强制性的超前金融制度安排，如日本明治维新以后的金融超前发展和"二战"以后的政府主导的金融发展战略，也会提升经济的发展水平和速度。研究金融发展问题，必须从经济发展的角度来研究金融制度与经济发展的关系，这也是我们处理问题的根本出发点。

（一）金融与经济发展

1. 经济学"二分法"与货币面纱论

早期的经济学家在研究经济问题时，往往将商品交换相关的价值决定理论与货币理论截然分开。他们认为，商品的价格由商品的供求情况来决定，商品之间的比价关系即商品的相对价格决定着商品的生产、分配、交换等关系，而商品的绝对价格水平是由货币数量所决定的。这样一来，就将绝对价格水平和商品市场供求完全分开，将价值理论与价格理论或称为货币理论完全分开，经济理论界将这种研究方法称为"二分法"。

根据"二分法"，经济活动本身是不受货币因素影响的。货币由于饥不可食，寒不可衣，它在经济中的作用仅是媒介商品的流通，起商品交换媒介的作用。它既不对经济产生正面影响，也不产生负面影响，它是经济中的中立因素，是罩在实物经济运行上的一层"面纱"。货币数量的变化只能引起商品价格水平的成比例的变化，而不影响商品之间的比价关系。对此，古典政治经济学家约翰·穆勒（John Mill）写到，"货币只是便利交换的工具，对价值法则并无影响"，"单纯采用一种特殊方法来相互交换各种物品——先以物品交换货币，再以货币交换其他某种物品，不会影响交易的根本性质……总之，在社会经济中，货币从本质上来说是最无意义的；它的意义只是在于它具有节省时间和劳动的特性。它是一种使人办事迅速和方便的机械，没有它，要办的事仍可办到，只是较为缓慢，较为不便。它像其他许多机械一样，只是在发生故障时，才会发生它自己的显著而独特的影响"。

2. 马克思货币资金"第一推动力"和"持续推动力"

马克思在吸收和批判古典经济学理论的基础上，科学地分析和考察了货币的起源和本质问题，解开了"货币之谜"。他在分析货币的属性和职能的基础上，通过分析资本的循环和周转理论，阐明了他的货币资本的"第一推动力"和"持续的推动力"的理论。

马克思认为，商品生产以商品流通为前提，而商品流通又因商品表现为货币，以货币流通为前提。在服务于商品流通的过程中，一定条件下，货币就有可能转化为资本。货币转化为资本，以预付的形式出现，去购买生产商品所需要的劳动工具、对象和劳动力。商品生产，无论是社会考察，还是个别地考察，都要求以货币形式的资本或货币资本作为每一个新开办企业的前提条件，因此，马克思在此意义上，将货币资本称作"第一推动力"。

而且，就资本的循环过程来看，资本循环的公式为 $G—W—<_{Pm}^{A}\cdots P\cdots W'—G'$，它要求资本在货币资本、生产资本、商品资本三种形式上的空间上的并存性和时间上的继起性，也就是说，资本循环要正常进行必须使单个的产业资本同时处在三种形态上，同时，资本的每个不同的部分能够依次经过相继进行的各个循环阶段，从一个阶段转到另一阶段，从一种职能形式转到另一种职能形式。不断地从货币资本出发，通过生产过程和流通过程，最终以增值的形式，还原为货币资本形式，持续推动资本循环过程的正常进行，形成货币资本的"持续的推动力"。正是在上述两个方面，马克思强调了货币资本的作用，指出"它是每个单个资本登上舞台，作为资本开始它的过程的形式。因此，它表现为发动整个过程的第一推动力"。

3. 维克塞尔的"累积过程理论"

维克塞尔（Wicksell）作为瑞典学派的先驱，他在将货币发挥作用的领域由流通领域拓展向生产领域的累积过程中，分析了货币的价值尺度、贮藏手段、支付手段和交易媒介中的诸项职能，并分析了诸项职能在经济活动中的作用，将货币理论与经济理论联系起来，建立起统一的货币经济理论，摆脱了传统经济学"二分法"的影响，首创了"一分法"的经济分析方法。他在肯定货币数量论的基础上，指出货币不仅在流通中起作用，还在生产、储蓄、投资等活动中起作用。货币在这些领域中的作用，是不能当作"面纱"而撩起的，现实经济作为货币经济，是不能通过割裂货币而进行研究的。

维克塞尔通过对利率和物价及经济变动的关系的研究，提出了著名的累积过程理论。他通过分析货币利息率——借贷资本的利息以货币形式来表现的利息率，以及自然利息率——假定没有货币参加的实物经济中，借贷资本的储蓄与需要相一致时的利息率的背离与均衡变动，通过储蓄、投资的影响，决定价格的变动，提出"利率是价格的调节者的观点"。当货币利息率低于自然利息率时，由于企业扩大生产便引起生产要素价格和消费品价格上涨，而且这种上涨还不是一次性的，而是累积的发展，直到自然利息率与货币利息率相等。当货币利息率低于自然利息率，则会引起相反的累积过程。只有在自然利息率与货币利率息相一致时，物价水平才会保持稳定。

维克塞尔通过累积过程理论，提出了货币数量变动通过利率而对实际经济活动和价格的影响。他认为，由于"在实际的经济情况中，一切交换、投资或资本转移在事实上都是通过货币而实现的"，因此，"货币的使用——或滥用——可在实际上积极地影响着实物交换和资本交易。滥用货币（如政府纸币）……可破坏大量的实物资本并使社会的整体经济生活陷入绝望的混乱。但通过货币的合理利用，在实际上又可能积极地促进实物资本的累积和一般生产的增加"。

4. 熊彼特和希克斯的金融作用理论

熊彼特和希克斯（John Hicks）认为，金融发展是经济增长和发展中关键的和不可缺少的部分。金融在适应经济发展要求的同时，又利用其自身的优势和特殊的功能，对经济发展发挥其特别的作用，从而极大地促进和推动了经济的发展。熊彼特（Joseph A. Schumpeter）将经济发展的根本现象表述为"新组合"带来的产业突变，而信用在新组合的产出中起着十分重要的作用。他认为，没有信用，现代工业的结构就不可能创立；信用使得个人能够在某种程度上不依靠继承的财产而独立行事；经济生活中的才智之士（包括他所谓的企业家）能够"跨上负债而取得成功"。银行作为资本主义社会的资本家，通过信用和信用创造，把生产手段从循环流转中抽出来，并将其分配给新的组合，使得企业家能够实现创新，所以，信用对于新的组合是首要的，同时它正是从新的组合夺路进入循环流转的。信贷在本质上乃是为了授予企业家以购买力而进行的对购买力的创造，但并不单纯是现有的购买力的转移。凭借信贷实现了将商品和生产要素托付给企业家，并满足企业家实现新组合创新的需要。只有这样，才有可能从完全均衡状态的简单循环流转中出现经济的发展，这样各种为"创新"目的而提供的信贷，就是给企业家提供的信贷，并且构成经济发展的一种要素，同时这种功能也构成了现代信贷结构的基石。约翰·希克斯认为工业革命正是在固定资金进入或开始进入中心地位时发生的。18世纪后期的工业革命带来了新的情况，用于生产而不是用于商业的固定资本货物的种类，开始显著地增长，它不仅是资本积累的增长，而且是体现投资的固定资本货物的种类和花色的增长。他认为这才是考察工业革命变化的经济学上的正确定义。而为什么能够采取固定资本投资的形式，可以在金融发展中找到答案。由于英国在18世纪前半叶已经出现了金融市场，各种债券可以很容易地在市场上出售，最关键的流动资金可以更容易地取得，促进了固定资本的投资。当时的英国（荷兰甚至法国也是如此）满足这一条件，促进了工业革命的产生。所以，他认为由于金融体系的完善，为固定资产投资的大型项目资本融通提供便利，从而在促进英国的工业化过程中起到了关键性作用。

5. 凯恩斯的流动偏好理论

凯恩斯（Keynes）在吸收维克塞尔货币理论的基础上，发展和提出了自己的货币理论。凯恩斯不同意传统经济学关于利息是储蓄和等待的报酬的说法。他认为储蓄是指收入中未用于消费的部分，它可以以银行存款方式持有，也可以是居民手中持有的现金形式。但以现金方式持有的储蓄并不能给其持有者带来利息收入，只有不以现金方式持有的储蓄方有利息收入。因此，利息是放弃流动性的报酬，是不贮钱的报酬，而不是储蓄的报酬。这样，通过区分储蓄和贮钱的两种不同的概念，凯恩斯创立了自己的利率决定理论。他认为利率作为一种尺度，它可能衡量货币持有者不愿意放弃流动偏好的程度，而流动偏好是指公众愿意用货币形式持有收入和财富的欲望和心理，它由交易动机、谨慎动机和投机动机构成。出于交易动机和谨慎动机的货币需求，主要取决于经济活动水平所引致的收入状况，对利率变动不太敏感。而出于投机动机的货币需求，对利率非常敏感，受利率的影响。包括投机动机的货币需求函数是凯恩斯货币需求理论的一大创新。

在提出货币需求理论的同时，凯恩斯认为，货币供给由中央银行决定，可以当作外在变量来对待，货币供求的均衡决定利率水平。中央银行通过调控货币供应量来调控利率，而利率的变化又会影响到投资水平，进而影响到有效需求。这样，就可以熨平投资的不规则波动，实现经济的稳定运行和充分就业状况。

凯恩斯流动偏好理论认为，货币当局应当采取有管理的货币政策，增加货币供给来降低利率，刺激投资。但是在萧条时期，货币政策的作用是有限的，其一是由于公众对未来预期而形成的"流动性陷阱"，即货币当局无论增加多少货币，都会被公众强大的流动性偏好吸纳，货币需求趋于无穷大，利率因此不再下降；其二是由于萧条时期使得投资前景变得十分暗淡，在利率下降的同时，预期的资本边际效率也在下降，投资便仍然不会增加。因此，仅靠货币政策不足以刺激有效需求，消除失业和萧条，最重要的还是财政政策。通过利用财政的直接投资，启动有效需求，从而达到摆脱萧条实现充分就业的目的。

6. 弗里德曼的现代货币数量论

弗里德曼1956年发表的论文《货币数量论——一个重新表述》，重新复活了传统的货币数量论。弗里德曼在他的文章中将货币数量学说解释为货币需求学说。指出货币数量论不是产出学说，也不是货币收入学说或价格水平学说。从货币需求角度进行分析，说明弗里德曼的现代货币数量论不仅受到传统货币数量论的启发，而且还受到凯恩斯对货币的流动性分析的影响。

现代货币数量论把货币看作一种资产，认为货币仅是人们保持财富的一种方式。因此，货币需求基本上可以看作受总财富和各种不同形式财富报酬的影响的函数。弗里德曼通过引入永久性收入的概念，利用实证分析得出结论，货币需求是少数几个可以观察到的变量的稳定函数，在这些变量中，永久收入最重要，利率没有被看作货币需求的重要的决定因素。这样得到货币需求受收入决定的传统货币数量论的观点，从而复活了传统的货币数量论。

在论证了货币需求函数具有稳定性的基础上，弗里德曼进一步指出货币的供给是外在地由货币当局决定的。由于经济运行本身具有内在的稳定性，据此他认为，经济的波动往往都是由于货币当局过于"弄巧"的货币波动的结果。货币最重要，所以货币政策应该防止货币本身成为经济动乱的主要来源。要求通过制定货币供给的"单一规则"，以固定的事先确定的比率供给货币，来防止联邦储备银行成为干扰经济的来源，并以此为经济的发展提供一个稳定的环境。这些货币的稳定的增长率，将为企业基本力量的有效运行提供一个有利的货币气候，通过这些基本力量、独创性、发明、勤奋工作和节俭，真正地促进经济的稳定增长。

7. 金融深化论

至 20 世纪 60 年代以前，传统的金融理论的研究对象，多是以发达国家的金融状况为标的的，而且在分析中所采用的方法是货币分析方法，即他们的金融理论只局限于货币理论，他们的金融机构理论也只局限于银行理论。这种金融理论研究现状，远远不能适应经济金融发展的要求。第一，随着经济的发展，金融业得到迅速发展。金融资产日益呈现出多样化的趋势，各种非银行金融机构在金融体系中的地位和作用也日益增强，金融创新更加推进了这一趋势。这样，就迫切要求发展一种包含货币理论的金融理论和一种包含银行理论的金融机构理论，即要求建立一种广义的金融理论和金融机构理论。第二，随着殖民地国家的独立，发展中国家的经济发展受到经济学界越来越多的重视。发展经济学的产生为针对发展中国家的金融问题的研究创造了条件。在这样的背景下，美国经济学家罗纳德·麦金农和爱德华·肖（Edward Shaw）同时在 1973 年分别出版了《经济发展中的货币与资本》和《经济发展中的金融深化》两部著作，两人都以发展中国家的货币金融问题作为研究对象，分别从"金融抑制"和"金融深化"的不同角度，对发展中国家金融发展与经济增长的辩证关系进行了开拓性的研究，在反思传统金融理论的基础上，详细地分析了发展中国家货币金融的特殊性，提出了发展中国家实行金融深化战略的政策主张，人们将他们两人的理论称作"金融深化"论。

麦金农（Mckinon）和肖（Shaw）认为传统的金融理论以发达国家的经济为基础，它是建立在特定条件之上的，这些条件一是有健全的市场机制并能正常运行，市场化程度高；二是投资具有不变的规模报酬，即投资不论其规模大小均有收益，技术革新和投资是可以分割和渐进的，投入和产出也是完全可分的；三是投资主要依赖外源型融资，即依靠金融机构放款或在资本市场发行证券来筹集所需资本。但在发展中国家，这些条件很难满足。发展中国家的普遍情况是：市场机制不完善，金融市场特别是资本市场非常落后，经济处于割裂状态，致使实物资本和金融资产的收益率不同。投资主要是采取内源融资的方式进行，而且受到投资规模的制约。

因此，货币积累成了投资的先决条件。而且发展中国家的金融状况更多地表现为一种"金融抑制"，其特征为，货币化程度低，经济尚未彻底摆脱"自然经济"和"物物交换"的影响，金融制度呈现二元结构，即现代化金融机构与传统金融机构并存；金融市场均落后；政府对金融实行严格管制，缺乏竞争，汇率高估，利率偏低等。这样使得金融不发达，金融机构难以有效地吸收社会闲置资金，并有效地将其分配到投资领域。低储蓄—低投资—低产出—低收入—低储蓄，形成发展中国家的"贫困陷阱"。因此，摆脱贫困，促使经济发展的合理选择是金融深化。

实行金融深化的政策主张，一是要使发展中国家在不完全的市场环境中，扩大金融活动的广度和深度，挖掘国内闲置资金，提高国内金融资本的存量，用现代金融机构取代资金黑市；二是充分利用市场机制发挥金融中介的作用，让利率发挥吸引储蓄，优化资金配置的功能，促使储蓄的投资转化的规模和效率。因此，金融深化就是要取消金融的各种管理、放开利率，实行利率市场化为主的金融自由化。

8. 金融约束

20世纪90年代中期以来，理论界在反思金融抑制、金融深化以及金融自由化的过程中，特别重视研究日本以及东南亚新兴市场经济国家的经济发展与金融的关系，他们认为，对发展中经济或转型经济而言，金融抑制将导致经济发展的停滞和落后，而推行金融自由化和金融深化，由于受到客观条件制约，很难收到预期效果，甚至导致金融动荡，因此有必要走出另一条道路，这便是由赫尔曼（Herman）、穆尔多克（Milldoc）和斯蒂格利茨（Stiglitz）等提出的金融约束理论。

从日本和东南亚新兴市场经济国家来看，这些国家都有一段时期对其金融进行管制，如对利率进行管制，将存贷款利率都控制在较低的水准；对银行准入进行控制，对银行设立实行审批制；限制证券市场等。这些措施表面看来，仿佛是"金融抑制"的体现，但却在一定时期内，成为政府利用金融手段，促进本国经济发展的有效手段。

针对这一现象，赫尔曼等区别了金融抑制与金融约束。以利率指标为例，金融抑制不仅表现为利率偏低，而且表现为实际利率偏低，特别是在通货膨胀时期，这样使得经济整体上的储蓄率就会降低，而且负的存款利率属于从民间部门向政府部门的财富转移，即低的利率所形成的租金由政府部门攫取，并随意分配。金融约束虽然也表现为较低利率，但一般要保证实际利率为正，这形成金融抑制与金融约束在实际利率量上的区别。而且，在金融约束下，低于市场均衡利率所产生的租金，政府并不占有，而是在金融部门和生产部门之间根据政府制定的规则而进行分割，而金融部门内部、生产部门内部微观主体对租金的占有则是市场机制，竞争获得。

这样，在金融约束的情况下，政府可以在不损害微观经济主体市场化行为的前提下，通过设租形式，诱使微观主体采取符合政府意愿的行为。在保证微观效率的同时，进行政府干预。同时，利用租金，有利于保证存款的安全性和中介机构效率的提高，并解决市场失灵问题。诚如青木昌彦等总结的：如果实行有管制的利率，与由市场来进行自由调节相比，的确也会出现福利上的社会损失。但是，在资金供给并不是那么具有利率弹性的情况下，适度的金融约束，与其扭曲市场的欠缺相比，通过租金机制而提高金融中介效率的好处显得更多更大。

所以，对发展中国家来说，金融约束可以成为国家在保证市场效率前提下，干预经济的手段。而且与过度金融自由化所带来的消极影响相比较，金融约束可能是与金融渐进改革相适应的。是摆脱金融抑制，走向金融深化的必要阶段和必由之路。

（二）双刃剑

虽然金融与经济的关系，理论界存在着诸多的争论，但只要对照历史和实践进行分析，就可以看出，旧货币数量论只是在极端假设基础上，考虑货币和金融的媒介作用的前提下的结论。而熊彼特、希克斯以及斯蒂格利茨等的观点却反映了历史的真实。

事实上，金融体系可以对现代经济发挥强有力的作用。运用一个稳定的、被广泛接受的交易媒介，可减少商品交易费用，扩大市场规模。利用交易媒介扩大市场的同时，促进了生产的专业化分工，提高了生产的效率。在收益流动性和风险性方面具有吸引力的金融资产，可以促进运用金融资产进行储蓄，消除实物资产储蓄的低效性，提高资金的积累能力。金融中介机构通过评价可供选择的投资方案和监督借款人的活动，可以提高资金的使用效率。利用金融活动和信用创造，可以有效地促进经济创新。采用各种不同的金融手段，能使经济主体分担、计算和交换风险，提高整个社会承受风险的能力，解决未来的不确定性，扩大投资的机会和规模。据此，西方学者将金融与经济增长的相互作用过程描述为：由于市场存在各种信息成本和交易成本，为解决这些市场摩擦，金融市场和金融中介机构得以产生和发展，金融体系通过发挥动员储蓄、配置资源、改善风险管理、便利于商品劳务交易以及联合控制等作用，影响资本积累能力和技术创新能力，最后影响到经济增长。所有这些与金融相关的活动构成了一国经济持续增长的基础。

当然，金融对经济发展的巨大作用，不仅表现在金融对经济发展的促进作用方面，它也表现在金融不协调所形成的金融风险和金融风潮等对经济发展的阻滞作用方面。货币的产生，将物物交换分隔成买和卖的两个独立的行为。每个生产者出卖自己的产品以后，可以不马上购买，一些生产者不买，就会引起另一些生产者的商品不能出售，形成买卖脱节，这样就已经隐含着经济危机的可能性。信用和信用创造的介入，使得社会商品购买力与社会商品可供量的关系复杂化，信用的膨胀和萎缩与经济行为主体的预期相结合，也便成为经济周期波动的一个原因。股市崩盘而引发的20世纪30年代的大危机和金融投机资本发难而掀起的20世纪90年代后期的亚洲金融风暴是金融不协调而阻碍经济发展的经典案例。因此，有人将金融比作现代经济运行的"血液"，也有人将金融比作经济的"大脑"。当金融体系运作良好时，经济就能保持强劲的增长；而一旦金融体系出故障，或者金融体系运作低效，便会影响到经济的发展，甚至爆发金融和经济危机。

（三）金融创新和金融风险

维持一个健全而良性运行的金融体系，关键问题是在促进金融创新的同时，有效地防范随之而来的金融风险。研究金融创新与金融风险的关系，是实现探讨金融发展的前提。

1. 市场经济必然不断地内生出金融创新，金融创新是金融市场化发展中的必然趋势，是商品经济发展的必然要求

创新是熊彼特在研究经济发展和经济周期理论时所定义的一个概念。他认为创新是指新的生产函数的建立，也就是企业家对生产要素实行新的组合。它包括五种情形：①新产品出现；②新生产方法或技术的采用；③新市场的开拓；④新原材料供应来源的发现；⑤新企业管理方法或组织形式的推行。按照熊彼特的创新概念来定义金融创新的概念，我们认为应该分为两个层次来界定。一是我们通常说的从微观层次上给的狭义的概念，它是指金融企业在金融工具、金融方式、金融技术等方面的一些变革。它反映了20世纪60年代后期产生的、活跃于20世纪70年代的金融

创新浪潮。这些创新活动，提高了微观金融交易的效率。二是从组织制度等方面所给的广义的金融创新的概念，它反映着金融业的组织机构、市场状况、管理方式等方面的变迁，有人将这一概念同金融史上的重大历史变革和制度变迁相等同，从而认为整个金融业的发展史就是一部金融不断创新的历史。我们对金融创新的分析，同时包含这两个方面的含义。

第一，分析微观层面的金融创新。20 世纪六七十年代的金融创新，实际上就是金融企业在逐利动机的驱使下，顺应当时经济、金融形势的要求而产生的变革。其首要的动机便是当时金融业激烈竞争的压力。当时为了吸收存款，银行机构与非银行金融机构，甚至于非金融机构之间展开激烈竞争，从而引入了各种新的金融工具，拉开了金融创新（微观含义的）的序幕。而且此后的创新也多是围绕竞争能力而展开的。第二，金融创新是为了规避法规的约束，获取利润而引起的。由于 20 世纪 30 年代大危机之后所采取的限制金融业竞争的各项制度，实质上是隐含的税收，它限制了金融机构的业务活动范围，也就等于限制了金融机构从事盈利性活动的能力，所以在利益驱动下，金融机构便利用各种手段，逃避管制，寻求管制以外的利润机会。第三，金融创新是金融机构在 20 世纪六七十年代，为了规避利率、汇率的剧烈波动所带来的风险而进行的。由于通货膨胀的影响，市场利率波动幅度增大，固定汇率制度崩溃，使金融机构面临的风险增大，远远超过自己的承受能力。为了防范风险和加强对风险的管理，金融机构利用创新手段，创造了许多复杂的金融工具来管理和分散风险。第四，科学技术的发展，特别是计算机的使用，降低了金融业的成本，促进了金融创新的发展。应该说，竞争、逐利、保证安全性、控制风险都是市场经济情况下金融企业的内在要求，具有这种要求的金融企业自然会在利润最大化行为的驱动下，利用各种有利条件，进行金融创新。特别是随着人们收入水平提高，财富积累增多，创造了较多的金融产品的需求，更加促进了金融创新的产生。所以，金融创新是微观金融企业在市场经济条件下的必然要求。

而且，在市场经济条件下，广义制度变迁性质的金融创新也会自发地产生。在市场经济情况下，随着市场范围的扩大，一些顺应市场经济共性要求的制度，必须逐步建立和完善。市场的无限渗透力，会迫使金融制度的差异缩小，并趋向于适合市场经济发展要求的金融制度，同时，国际竞争也会促使金融制度本身创新和发展，这一点已为金融史的变迁所证实。

货币的产生、信用货币的出现、商业银行的诞生、中央银行的分设、支票制度的推广等都是在市场经济的不断发展过程中而形成的，它们都构成了历史上最重要的金融创新。当然由于制度变迁的路径依赖及制度供求的内在要求，金融制度变迁并非千篇一律，而是各有千秋，在不同时间和不同区域表现出不同的特征，但只要实行市场经济制度，一些共性的基本的金融制度是会通过不断创新而最终产生的。

2. 金融创新是双刃剑

金融创新必然带来金融发展，金融发展中不可避免地会隐含有金融风险，不能有效防范金融风险，就可能酿成金融动荡。

关于金融发展，早期的经济学家只是对货币金融及银行体系对经济发展的促进作用进行了描述性的分析，并没有深入金融的内部进行分析。真正的对金融发展与经济发展之间关系的研究出现在第二次世界大战之后。格利（Gerley）和肖（Shaw）曾将金融发展定义为各类金融资产的增多和各种金融机构的设立，并且认为，经济发展是金融发展的前提和基础，而金融发展则是推动经济发展的动力和手段。他们针对发展中国家普遍存在的金融抑制现象，提出了依靠金融深化政策促进发展中国家的金融发展的政策主张。戈德史密斯则将金融发展定义为金融结构的变化，他认为金融理论研究的职责就在于找出决定一国金融结构、金融工具存量和金融交易流量的主要经济因素，并阐明这些因素怎样通过相互作用而促进金融发展。他主要通过金融相关比率，金融资产总额中金融机构所占的比重，金融工具之间的关系，以及它们相对于国民财富或国民产值的规模，金融机构资产总额在银行、保险公司和其他金融机构之间的分布等指标来对金融发展进行衡量。总结他们的观点，可以将金融发展定义为金融资产增加、金融品种增多、金融机构多样化以及金融对经济的促进作用，以及金融结构变化过程，这种变化不仅包括了数量上的扩张，而且包括了层次上的提高和质态的转变。

金融创新通过对金融业务要素的重新组合，在金融工具、金融业务、金融品种、金融组织和金融机构以及金融制度等方面带来创造性的变革。这种在竞争机制和价值规律等市场机制驱动下的金融业务创新，金融组织机构创新和金融制度的创新，通过深化分工、开拓市场、降低成本等手段，提高了金融服务的效率，并且改变了原有的金融结构，促使金融体制发生变化，最终推动金融发展。拿最近的金融创新项目——金融衍生工具来说，虽然许多人认为它对金融危机的产生负有责任，但不可否认的是，它也对金融发展做出了贡献。其一，衍生金融工具的存在，具有明显的避险功能。通过衍生金融工具的交易，可以使不愿意承担利率、汇率波动风险的经济主体，将风险转嫁出去，从而达到优化风险分配的目的，有利于促进投资项目和经济活动开展。其二，衍生金融工具的存在有利于价格的稳定。由于各种期货、期权交易的存在，市场可以发挥其价格发现功能和价格平抑功能。根据美国学者对洋葱、小麦、活牛、大豆等市场的研究，证实了套期保值的期货交易机制有利于市场参加者正确估计供求状况，并合理调整自己的储存结构，从而减缓价格的波动性，提高市场效率。其三，衍生金融工具的存在，提高了金融市场的流动性，并能够以较低的成本迅速转移市场风险，提高了金融市场的效率。有人以美国为例的研究表明，1976~1993 年，股票市场流动性高的年份 GDP 的增长率是 3.2%，而低的年份是 1.8%。金融深化程度不同的国家 GDP 增长率的差异更大，金融深化的国家增长率可达 3.2%，而金融抑制国家的 GDP 增长率仅为 1.4%。所以，金融创新促进了金融的发展，提高了金融的效率，并促进了经济的发展。

但也应该看到，金融创新在促进金融发展和经济发展的同时，也带来了金融风险。货币产生所导致的买卖活动的分离，金融活动所形成的资金运动与实物运动之间的分离，给金融体系带来一定内在的脆弱性。这些内在的脆弱性，在金融创新的冲击下，容易诱发较大的金融风险。第一，金融创新加剧了金融业之间的竞争程度，特别是金融创新的可模仿性和不可逆性，更加剧了竞争的激烈程度。第二，金融创新中的表外业务项目的增加，加大了银行经营活动中所面临的风险，各种复杂金融业务的开展，要求银行经营管理素质提高，这犹如高速公路对车辆及驾驶员的要求一般。如果这一要求不能满足，高速公路则更容易形成追尾事故。第三，金融创新推动了金融业的同质化、自由化和国际化进程，金融业之间的相互依赖性增强，加大了金融风险传播的可能性。第四，金融创新创造出避险功能的同时，也为一些投机者通过承担过多的风险进行投机提供了可能。利用金融创新的高杠杆比率进行投机行为的投机风险加大。特别是在金融创新对金融当局货币控制能力构成影响和金融监管能力较为有限的情况下，金融风险的可能性更大。如果这些金融风险不能有效地加以控制和消化，那么，在一定情况下，就会演变为金融动荡，给宏观经济带来诸多不良后果，影响到经济的增长。

3. 金融创新引导着金融企业业务制度和金融宏观管理制度的变迁，推动了金融制度的演进和发展

金融越创新越发展，越需要对金融的规范。

根据新制度经济学理论，制度作为一种行为规则，它是为经济提供服务的。这些制度可以是用于降低交易费用的制度，可以是影响生产要素所有者之间配置风险的制度，也可以是用于提供职能组织与个人收入流之间联系的制度等。就金融制度来说，由于经济生活中存在着交易费用，所以产生了降低交易费用的货币、支付清算系统、银行制度、期货市场等制度。由于需要转让和配置金融风险产生了证券市场、期货市场、保险、金融衍生工具交易等制度。当然，金融制度变迁在受到交易费用、风险配置要求的影响之外，更多的是同金融主体的动机行为存在着联系。应当说，所有的金融制度都是当时的经济主体根据利益原则进行选择和创新的结果。金融企业根据当时的市场竞争状况、技术状况、创新业务的需求等因素进行金融创新，而创新突破了原有制度和管制约束，迫使监管制度创新，而在新的监管制度下形成新的创新，从而构成管制—创新—再管制—再创新的循环。这样便引导和推动了金融制度的变迁，因此有人认为，金融业的每一项重大发展，都可以视为金融创新活动的结果。

从静态角度来看，每一项金融创新都是对原有金融制度的突破，反映了当时阶段上的金融发展。但从动态过程来看，已完成的金融创新，由于功能分化，功能异化、技术进步，以及环境变化等因素，都会在新的制度框架上表现出协调与否的问题。如果协调运行，则会进一步促进金融发展。如果不协调运行，则会制约金融和经济的进一步发展，甚至于带来较大的金融混乱和金融动荡。

下面以主要的金融制度创新为例，进行分析：

（1）对一种有效的交换媒介的追求逐渐地导致了贵金属的货币化，贵金属从商品中独立出来充当货币，便以其自身的属性方便了交换和贸易，提高了交换的效率，为扩大再生产创造了前提。铸币的产生更进一步简化了支付制度，但也为政府解决财政问题而减轻铸币重量或铸造劣币创造了可能。这样就形成货币的支付功能与利用货币筹集财政资金的冲突，这种冲突一直延续到银行券流通和信用货币的情况下，而如何处理这一冲突，则成为货币能否正常流通的一个主要问题。

（2）银行的产生有利于储蓄向投资的转化，从而发挥信用媒介的功能，但在支票结算制度和部分准备金制度的情况下，银行又获得了信用创造的功能。信用媒介和信用创造的冲突，也成为银行稳健经营控制风险的关键问题。

（3）解决银行券流通混乱问题，作为商业银行最后贷款人，解决票据清算和金融业管理问题的中央银行的产生，是银行制度变迁中的里程碑。它有力地促进了金融体系的稳定和金融业正常运行。但随着中央银行货币发行权的垄断地位的取得和中央银行作为政府银行地位的确定，它在支持政府干预金融甚至于管制金融方面同金融市场化的发展产生冲突。

（4）金融衍生工具的产生，在提供规避风险、进行套期保值的同时，也产生了投机因素。投机因素的存在，极大地影响了金融市场的稳定。

（5）随着经济全球化程度的不断加深，出现了金融自由化、信息技术电子化、融资证券化等金融创新的金融全球化趋势，金融全球化使得资本流动、货币体系、金融市场、金融管理、金融机构等都表现出全球化趋势。这种金融全球化趋势有利于资金的合理配置和生产能力在全球的合理分布，但同时也带来了金融霸权的威胁，以及金融安全、金融主权的忧虑，并加大了金融动荡在国与国之间的相互感染的可能性。

所以，就金融发展的每一进程来看，金融创新往往包含着新的矛盾和冲突。只有规范创新行为，协调金融发展中的各种关系，才能真正保证金融的稳定和发展。

4. 防范金融风险呼唤金融理论的创新

金融监管和金融制度的有效性，取决于金融理论的科学性。从协调的角度出发，研究金融问题的金融协调理论，是金融健康稳定和持续发展的保证。

回顾金融发展历程可以看出，金融顺利发展时期往往是金融创新和金融协调的时期。而一旦金融出现问题，一般也是金融创新和金融协调方面出了问题。金融创新的不协调，会在内外因素冲击之下，使金融和经济运行受到影响，从而表现为金融风险增大，金融效率降低和经济发展受阻。此时，往往需要金融制度的创新来加以协调解决。但就我国金融体系的特性而言，由于国有金融机构占主体，并且垄断程度较高，所以制度变迁推动力量中的需求诱致型的制度创新就会受到制约，而选择供给主导型的制度创新的可能性较大。在供给主导型的制度创新过程中，由于政府主体在政治力量和资源配置权力上处于优势地位，权力中心提供新的制度安排的能力和意愿就成为决定金融制度创新的主要因素，所以，政府做出的金融制度安排的正确性成为制度创新成功的关键，而制度安排的正确性和有效性，有赖于金融理论的正确性和科学性。

应该说，当代金融理论取得了很大的成果，但也不可否认，其中仍然存在着诸多的争论，特别是在经济全球化和经济金融化的过程中，金融实践对传统的金融理论带来很大的冲击，用传统的金融理论来解释现代的金融实践和金融现象，表现出许多的不适用性。这种不适用性不仅是全面的，而且是一种基础性的，其主要表现在：第一，由于金融创新而广泛出现的金融衍生品交易，已经突破了原有资金融通的范畴，用传统的资金融通的金融概念已很难解释现有的金融交易现象，金融活动已经演化出新的职能和作用，这就要求我们重新思考金融的内涵、金融的功能以及金融存在和发展的决定因素等基本的内容。第二，经济金融化过程中出现的一个现象是金融资产存量及其交易量都远远地超过了国民生产总值以及实物贸易量，这说明金融依附于经济的传统的金融运行机制理论已经遇到了很大挑战，而要求运用新的金融运行机制理论，如金融资产论等来解释这种新的经济金融化的现象。第三，经济全球化进程中的国际资本流动，特别是短期资本和投机资本的流动，已经对地区经济以及全球经济的稳定发展带来较大的影响。东亚经济危机之后，理论界开始重新反思金融与经济之间的关系，提出了金融主权问题，以及金融霸权对发展中国家经济的影响等问题，从而将经济与金融关系问题的讨论带入一个更广阔的研究视野之中。这说明金融与经济的关系既不是简单的决定与反作用关系所能说明的，也不是利用传统的金融外在经济的工具论所能够完全说明的。必须从动态的角度，以发展的观点来重新思考经济与金融之间的关系。第四，就金融自身的发展来说，在研究金融量的发展的同时，必须研究金融质性的发展。质性金融发展将是金融理论研究的一个全新的领域。总结这些新的挑战，可以看出，由于金融存在广泛渗透性、金融创新的不可逆性、金融创新多样性、金融创新度的要求等特性，所以，从协调的角度和发展的角度研究金融是当前形势下金融理论创新的要求。

三、金融协调理论概要

（一）金融协调理论现实基础

1. 传统金融理论是传统经济下的产物，与 20 世纪工业经济时代相适应，其研究对象是经济运行环境相对稳定下的资源配置问题

21 世纪的经济是经济金融化、经济全球化的经济，是高科技迅速发展的知识经济，高科技和新金融成为支持和拉动现代经济发展的两个轮子。由于知识积累、专业分化、经济不确定性因素增大，所以这种经济所面临的首要问题便是协调问题。其研究对象是在经济协调基础上动态资源的有效配置。经济金融协调成为资源有效配置的前提条件。

什么样的时代、什么样的社会经济实际，就会产生什么样的经济理论。在农业经济时代，货币是流通手段和支付手段，信用（借贷）是为了获取货币，而不是资本，货币就是购买和支付。后来在 15～18 世纪发生了一场商业革命，以意大利文艺复兴为代表的欧洲经济革命后，货币不仅是购买手段，而且在金融中介作用下，开始向资本转化。英国发明蒸汽机以后，在欧洲发生了一场工业革命，在欧美国家和经济发达地区形成了工业经济时代。这一时期，货币不仅是支付手段、流通手段，而且转化为资本，同时银行业开始了货币的派生存款创新，资本在国际大范围内流动。到 20 世纪 80 年代以后，经济全球化、经济金融化伴随高科技的发展，高科技与新金融珠联璧合，引导和调节着经济与社会的发展。

现代经济有两大特征：一是高新技术迅猛发展，技术更新换代速度加快；二是金融渗透到经济生活的各个层面，金融对经济的作用越来越显著。二者共同构成新经济发展的支柱。如果高科技没有新金融的配合，创业资本很难筹集，创业风险很难承担和分散，生产力不会那么迅速启动与发展，人类创造出来的新技术就会白白闲置，成为无用之物。但新金融如果没有效率，起不到优化资源配置和促进高新技术发展的作用，不能转化成为现实生产力，新金融的发展和创新则是无本之木，必将伴生金融泡沫，影响经济健康发展。

经济全球化下，市场一体化已经使工业文明时代的贸易市场一体化向金融市场一体化转变。市场一体化的这种转向，意味着社会经济结构、资产结构和经济增长方式、资源组织方式正在发生深刻的变化。由于金融化的资产比重上升，再加上金融市场一体化趋势，现代金融正在以前所未有

的力量影响甚至改变着世界经济格局及其运行状况。例如风险投资制度的发展、二板市场的出现等正在催育着先锋产业的成长。这种大规模、高智能、高价值的高科技产业迅速发展与大规模、高流动性、高脆弱性的金融业的个性发展，必须加强各方面的经济协调，不仅有金融内部的协调，还有金融与经济，金融与社会的协调，才能保证和实现动态资源的有效配置。

2. 由于现代经济中信用关系的普及、债务关系的相互依存，金融资产规模膨胀，并成为联结现在和未来的动态资产配置的主要因素，现代经济协调首要问题便是金融协调问题

现代金融已经成为了国民经济的核心，可以说，20 世纪 90 年代以来，各个国家纷纷进行金融制度改革、创新，或者是出于对全球化竞争的需要，或者是出于受金融危机的压力。这些改革都紧扣着两个要点：金融的效率和安全。金融改革也是金融创新，它促进了金融的高度发展，在金融深化论、金融压抑论"两论"的影响下，各国都加速金融自由化的发展，使现代经济注入了更多的金融因素，金融资产规模和金融交易规模由此而迅速膨胀，加上社会生产的资源配置在时间和空间上的变化，成为连接现在和未来的动态资源配置的主要因素。一个高效有序的金融制度，必须保证金融体系内部（包括各种金融机构、金融市场与金融管理当局）的协调、金融与经济活动（包括微观经济主体、宏观经济调控、区域和国际经济联系）的协调，以及金融与社会各个方面（包括政治与文化建设、公平效率、稳定与就业）的协调。这种协调的核心问题是金融，因为金融关系、货币、资本、信用活动已经渗透到社会经济生活的任何角落了。没有金融的参与，现代社会经济生活几乎无法正常运行。

金融运行中的问题，包括金融风险和金融动荡等问题，与其说是金融监管和金融制度问题，倒不如说是金融理论问题。正确的金融理论，可以准确把握和认识金融存在的问题，有利于金融协调。金融协调则有利于促进经济发展，而经济发展受阻，往往是由于金融运行和发展的不协调造成的。特别是在经济全球化和经济金融化进程加速的情况下，必然进一步带来金融业务金融制度创新的新浪潮，这种发展趋势必然呼吁金融理论的创新，而金融协调理论研究的开展，则是这方面的有益尝试。

（二）金融协调理论经济学基础

经济理论是在对经济实践抽象分析的基础上形成的，这种抽象经常以

舍弃一些不太重要的因素为代价，但经济活动变迁也会使原来不太重要的因素变成经济活动的主要因素和决定因素，这时就要求对原有的经济理论进行扬弃，实现经济理论的创新。传统的经济理论将研究的重点放在稀缺资源的有效配置上，其理论基础是瓦尔拉斯一般均衡理论，其研究方法是边际分析方法，其研究目的是要论证依靠市场机制的作用，经济可以达到帕累托最优状态。这样在研究中就忽视了经济的演化和变迁问题，当然在经济发展速度较慢，经济结构和经济运行环境相对稳定的情况下，这种舍弃有其一定的合理性。但在经济发展速度加快，经济活动越来越复杂的情况下，传统经济理论就很难回答现实经济生活提出的问题，特别是与经济发展、经济变迁相关的动态问题。为了解决这些问题便产生了以分析经济变迁为主要内容的演化经济学的复活，并从古典经济学著作中找到它的理论渊源。如亚当·斯密《国富论》中对市场范围与分工的分析所体现的财富创造的分析。杨格（Young）对报酬递增问题的研究更对瓦尔拉斯一般均衡理论的基石构成致命打击。现代经济学就在吸收与利用这些理论核心的基础上，开始了经济学的新的扬弃，主要表现在：第一，现代经济时空的改变，导致经济交往中信息交易量增加，交易速度加快，从而信息的不对称性和不确定性增加，这加剧了经济的波动性，这是我们金融协调的认识基础。信息经济学和与之相联系并共同发展的博弈论为解决经济活动中的不确定性和经济活动的动态分析问题提供了一定的分析方法。第二，新制度经济学将制度和交易费用作为其研究重点，突破了传统经济理论在制度不变条件下的研究资源配置的局限性。研究制度，必然研究制度的路径依赖制度变迁、制度效益等问题。从而使这一研究成为动态的和相互关联因素的研究，这为从制度变迁中研究协调问题提供了便利条件。而且，由于经济活动不是无摩擦运行的，随着分工扩大，交易费用成指数级扩大，这为我们用协调来减少交易费用提出了理论启发。第三，新兴古典经济，重点研究市场、分工和经济发展关系，它突破了传统经济学以报酬不变为基础的瓦尔拉斯一般均衡理论和静态分析方法，强调了报酬递增原理，即由于分工引致规模扩大，从而在进一步引起分工的经济演化进程中，专业化的分工所导致的报酬增加的情况。并在研究方法上突破了边际分析方法，而使用了超边际分析方法的序贯均衡分析方法。从而把人们遗忘了的亚当·斯密提出的分工理论又重新作了论证和解释。由于分工与市场相互促进并形成递增报酬，为了经济的增长，我们必须充分地去协调分工以取得最大的经济发展，这为我们研究协调理论指出了新的思路。第四，中国的综合平衡理论，最早可追溯到 1950 年 3 月。那时提出的是"三平"[1]，改革开放后又加上了外汇收支，统称为"四平"。在这一理论领域黄达教授著有《财政信贷综合平衡导论》。该理论在计划经济时期曾是指导我们编制国民经济计划的依据，也是中国计划经济时期有关国民经济协调最早的思想表现。

（三）金融协调理论的内容和思想框架

1. 金融协调理论

金融协调理论是在充分把握经济发展变迁中普遍存在的互补性和报酬递增的现实条件下，以金融效率为中心，运用系统分析和动态分析的方法，研究金融及其构成要素的发展变化规律，以及它们的收益、成本、风险状态和运动规律，并研究由此决定的内部效应与溢出效应，揭示金融内部构成要素之间、金融与经济增长、金融与社会协调发展的一般规律，从而构造金融协调运行的政策调控体系，以促进金融与经济高效、有序、稳定、健康发展。

下面就上面的表述做几点说明：

（1）关于经济中的互补性问题。这里所说的"互补性"，与外部性的概念基本相似，但又有些差异，它不仅强调金钱的外部性，更强调技术的外部性和市场的相互依赖性，它是指经济发展中的一个一般规律，由经济发展中分工的不断发展而形成的企业与企业、产业与产业之间的相互联系、相互促进的关系。由于迂回经济所构成的生产过程的分解和扩张而形成的分工，使得一个企业或产业的发展，更多地受到其相关的一系列企业和产业的发展状况的影响。单一企业和产业的成本，更多与相关企业和产业数量相关，从而形成企业整体的相关关系。

经济发展史中，我们可以看出经济越发展，经济活动的互补性和外部性也越普遍。外部性的普遍存在，严重影响了"看不见的手"的市场机制作用的有效发挥，"看不见的手"范式的悖论越来越多，从而也就在更大程度上要求从协调的角度来处理和解决经济问题。

（2）关于报酬递增问题。经济发展中的报酬递增，是指在社会分工下引致的市场规模扩大，从而进一步引起新的分工的经济演化进程中，专

---

① 当时提出的是"三统一"，后改为"三平"。原文是："而那时提出了'三统一'：统一财政收支，统一现金收入，统一物资调度。"以后发展为"三平"。

业化分工所导致的报酬增加的情况。报酬递增突破了新古典学派以报酬不变为基础的瓦尔拉斯一般均衡模式，并把动态的、非均衡的经济进化思想引入经济学分析之中。由于有市场扩大分工深化条件下的报酬递增，我们才能了解金融活动、金融制度在减少不确定性和风险、扩大投资和扩大市场中的作用，这可能是我们真正把握金融在现代经济中作用的一条新的途径。

（3）关于金融效率。这里我们提出以金融效率为中心，是在把握金融运行机制的基础上，围绕金融活动的效果，从宏观的系统的观点和动态的长期的观点来研究金融和经济的关系，特别是研究金融对经济发展的经济演进所产生的促进作用。在这里，我们一方面强调金融效率在整个金融理论中的特殊地位，这是传统金融理论研究中忽视的一个问题，而这一问题正是我们正确认识金融与经济、正确处理金融问题的关键；另一方面，我们强调金融效率的宏观性和动态性，这与单一关注金融的微观盈利性和静态盈利状况是不同的。

（4）关于金融溢出效应。金融溢出效应是指金融各构成要素或作为一个整体的产业，其私人成本和社会成本、私人收益和社会收益不相一致的外部性的关系。金融的这种溢出性或者说外部性的表现，必须运用协调的思想和方法，才能转化为促进经济发展的力量，实现其激励和约束的相容作用。

（5）关于协调和均衡。我们认为，金融协调并不是一种静态的均衡状态，也不仅是一个动态的过程。从动态均衡来讲，这种动态均衡是在发展中的均衡，那么就可能出现整个均衡与局部不均衡并存，或长期均衡与短期不均衡并存。金融资源在内部的流动，包括各层次上或相关要素之间的博弈，推动长期和整体的均衡，使金融与经济不断向前发展。当外部规则发生变化时，会产生新的博弈，这又将会推出新的均衡。所以，均衡更多的是一个量及量与量之间的关系问题。协调不仅包含均衡所研究的量的问题，同时还要包括复杂的社会经济活动中无法用量及均衡来分析和反映的许多社会、经济、金融要素及其关系问题。

（6）关于国际金融协调。金融协调当然包括国际金融的协调。在国际金融协调方面，西方学者和东方学者也都做了很多研究。

美联储前主席保罗·沃尔克（Paul Walker）在其与日本金融专家合作的《时运变迁》一书中写道："简单地说，协调就是一个国家的政府在国际磋商的基础上采取行动，而不是按一方之见行事，要预测其他国家可能做出的决定。而决定的时间、程度和实质，会受到其他国家行为的影响，反之亦然。基本理论在于如果各国的行动相互补充，最终所有国家的国内、国际目标相对而言更容易达到。举例来说，如果为维护美元的稳定，各国采取相互协调的货币政策，那么美国也不能违背其他国家的意愿单独去提高或降低贴现率。其他国家采取的创新就可以减少将会发生的或已经存在的与国内需求的矛盾。"他又说："学术界的人会解释说，参与开放的世界经济本身就意味着一部分自主权的丧失，而且，随着国际贸易和投资的增长，外界对政策的影响也越来越大。从理论上讲，这当然毋庸置疑。但无论怎么说，在现实世界中，对于那些对决策负政治性责任的人而言，协调的观点是侵扰了极其敏感的政治领域。"这位曾经在普林斯顿大学工作，又在政府工作过的资深专家肯定了十国集团等国际组织，"直接推动了经济大国的协商与合作"，"布雷顿森林体系对国际协调还是起了一定的推动作用"，"但这些组织在活动中都没能突破国际合作成规下的种种活动，而进入更为雄心勃勃的协调领域中。我认为，国际协调意味着，在国际协议和相互理解的基础上制定和改变国内政策，而这种理解也对其他国家的政策产生影响"。

亚洲金融危机的爆发，更加显示出现代金融的脆弱性和金融协调的重要性，对此，国内有学者指出："而当市场实现全球一体化后，各国政府独立干预市场的能力与效果会受到极大的削弱，只有各国政府采取相互一致的行动，方能避免全球金融大危机。""全球性的通力合作或协调一致……必将使金融市场更为稳定，并且使金融投机者极大地丧失套汇、套利的机会，结果不仅会出现市场的理性化，而且同时还实现了政府行为的理性化，国际金融趋向理性金融。"

所有这些都说明了在现代经济活动中，金融协调的极端重要性。

2. 金融协调的原则和方法

就金融协调的原则来讲，主要是坚持三个统一。一是数量发展和质量发展的统一。即在注重金融相关比率、金融资产规模、金融机构扩张等数量型金融发展指标的同时，更要关注金融对经济发展起促进作用的金融各项功能的有效发挥，注重金融的功能效应及其发展。二是要坚持宏观效率与微观效率的统一。由于现代经济所普遍存在的互补性关系，研究金融时就不能只研究其微观效率，而必须同时关注金融的宏观效率，及宏观效率及微观效率的统一问题。三是要坚持金融动态效率与静态效率的统一。金融作为现期货币购买力与远期货币购买力的交易，是一项包括时间过程的经济活动，本身就要求考虑未来的各项因素，而成为动态决策过程。而金融协调作为一个动态过程，就是要在动态的变化中追求其效率，它是一种协调中的效率。

金融协调的方式包括市场机制协调、计划和行政制度协调以及网络协调。市场机制协调主要指以经济运行为主体并根据市场的价格信息（资本市场中的利率），依照利润最大化原则，在相互竞争的市场中形成的一种协调发展。它也可以称为"看不见的手"的协调。计划和行政制度协调作为市场机制协调的替代，它包括企业内部的各层组织机构的协调和政府计划手段的协调，这种协调主要依靠行政权威来进行。它可以称为"看得见的手"的协调。而网络协调是指经济网络组织理论所强调的介于市场和企业或政府之间的中间力量的协调。它是既不依靠市场机制力量，也不依靠行政权威力量的经济主体间形成的其他特殊关系和制度安排。这种协调中的习惯与道德调节被厉以宁教授称为第三种协调。而国外网络组织学者拉森（Piker Larsson）则将网络协调称为"看不见的手"与"看得见的手"的握手，是网络组织间的协调。这种协调将在金融协调中起到越来越重要的作用。

3. 金融协调的层次和内容

（1）金融协调的层次：金融内部协调，包括金融组织、金融市场、金融监管当局、金融工具、金融制度等；金融与经济（宏观经济各要素、微观金融要素或全体）的协调；金融与社会的协调。

（2）金融协调的内容非常广泛，在宏观方面包括总量协调、结构协调、区域协调、内外协调、货币政策、金融监管、金融机构间的协调、金融监管与金融创新、直接金融与间接金融、货币供应量与货币创造、金融衍生工具与金融风险控制等问题。在微观方面包括证券业与银行业的协调、资产结构、银企关系、收益与风险等问题。其研究的重点是在分析金融构成要素运行机制的基础上，解决金融的所有权结构协调、金融与技术效率协调、外部性（溢出）协调、跨企业资金配置协调、跨行业资金配置协调、金融与社会环境制度协调、金融宏观效率和微观效率协调、动态效率和静态效率的协调等问题。从而形成比较完整的金融协调政策调控体系。

（四）金融协调理论的意义

金融协调理论认为，金融协调运行是以市场经济运行规则为基础，以金融制度为保障，以金融商品为载体，以货币、资本为核心形成的金融要素之间的协调，是金融运行与经济运行的协调，是金融运行与社会发展的协调。

1. 协调性是社会、经济、金融正常运行的关键

社会、经济、金融资源要素之间的关联性构成了一个复杂的动力学巨系统，它们之间复杂的效应功能传导与逆转机制，必然导致不同资源要素的效应功能提升或降低，这种效应功能传导与逆转机制的效率，只有在符合"帕累托效率"的前提下，通过"纳什均衡"的选择规则来实现。这一实现过程就是"金融、经济、社会资源要素的协调运行"。协调性是金融、经济、社会资源效应功能传导与逆转机制产生效率或相互提升效率的基本标志。

金融协调理论认为协调性原则是金融资源合理开发和协调配置的基本原则，但是，我们并不承认我们已经经历了的过去和正在经历的现在，金融资源、经济资源与社会资源之间的开发、配置已经存在协调运行的机制或已经具有了协调性，应该说，这种协调性是人类在其存续的社会领域试图追求的一种理想状态。

金融协调理论把社会资源的协调运行作为一个基本前提提出，与自由主义经济理论强调的经济和谐是有本质区别的，在这里金融协调理论主张政府的适度干预——通过政府的适度干预来矫正或控制社会资源自由配置中的资源效应功能逆转现象，从而实现社会资源效应功能的相互提升目标。同时，金融协调理论揭示了社会制度的资源属性，承认社会制度是重要的功能性社会资源。揭示并充分论证了制度资源开发配置的效应功能及其逆转机制。通过制度资源开发、配置机制的分析，揭示了制度资源开发、配置推动其他社会资源开发、配置之间的协调运行的基本条件与必要性。同时，强调制度资源开发、配置在社会资源、经济资源及其金融资源开发、配置以及相互之间功能效应提升中的特殊地位和作用。制度资源开发、配置的效应功能传导与逆转机制的调整是政府干预社会、经济、金融资源开发、配置的核心所在。

2. 社会、经济、金融资源开发配置协调性是金融协调理论的系统观

建立在"金融、经济、社会"从局部到整体的系统观基础之上的金

融、经济、社会资源开发、配置的协调机制，形成的是"以金融资源要素的协调运行推动经济的协调运行，进而实现整个社会协调发展目标"的金融资源协调运行理论和决策机制。另外，建立在"社会、经济、金融"从整体到局部的系统观基础之上的金融、经济、社会资源开发、配置的协调机制说明，社会资源要素协调运行是经济资源要素协调运行的基础，经济资源要素的协调运行是金融资源要素协调运行的基本保证。

正确认识金融协调理论确立的两个系统观，才可能准确把握社会、经济、金融资源开发、配置的关联性以及由此而产生的资源开发配置的效应功能区，才可能正确发挥金融资源开发、配置推动经济发展和社会进步的正效应，才可能在社会、经济资源要素的协调运行中真正找到金融资源要素协调运行的基本定位。

3. 社会、经济、金融系统的复杂性

社会、经济、金融相互作用组成的复合巨系统的复杂性，已经为许多学者所认同，人类存续几千年来不断探索和追寻的东西正是这种复杂性背后所潜藏的那个效率机制。如果说无论"自然成长型经济模式"中的"耐心等待"主张付出的巨大的"时间成本"，还是"人为再造型经济模式"中的"急功近利"倾向付出的巨大"危机成本"，都是对不同初始条件的国家追寻发展道路的一种尝试的话，东南亚诸国则是出现了战略选择失误一类问题。东南亚金融危机的教训告诫我们，在借鉴西方和日本两种经济发展模式的时候，需要明确两点：其一，不同的国家社会经济发展的初始条件不同，任何一种别人依据他们国家的初始条件创造的模式都不可能完全适合自己国家的客观实际，借鉴只是为了创造自己的模式；其二，任何一个国家社会经济发展及其依据的初始条件都是一个复杂的巨系统，不同国家的这种复杂性、复杂程度、复杂内容等方面，都是千差万别的，一种好的模式只能解决一种初始条件下的复杂巨系统运行问题。总结世界各国历史的经验，任何一个国家的社会经济发展模式都是不同的。这种不同也正是各国社会经济发展巨系统的复杂性决定了的。

4. 就金融理论本身来说，通过金融协调理论的研究，我们能够重新认识金融运行中存在的问题的实质，并加以解决

如根据金融协调理论分析，可以看出，我国目前银行体系存在的金融风险问题，实质上是国民收入分配格局同投资体制不协调，现代企业制度与资本市场发育不协调，商品市场化改革与银行体制改革不协调形成的商

品生产活动中风险向银行体系过渡转嫁的问题；经济运行中的投资不足则是国有部门与民营部门不协调，融资渠道不协调而导致的投资萎缩问题；经济运行中的泡沫问题则主要是商品市场与金融市场不协调，货币市场与资本市场不协调，中央银行货币供应遗漏证券市场的影响而超量供给货币的问题等。

四、金融协调理论运用（Ⅰ）：两个现实问题

金融协调理论从协调问题出发研究金融，从而使得金融成为与时间变迁相联系的有历史阶段性的金融，使金融成为处于经济生活中而又内生于经济系统中的金融，这样也就更接近于金融的本来面目。这种研究问题的方法和角度的转移，必然带来金融理论的变革，但现在从整体上对这一变革做出总结的评判，还为时尚早。在此我们只能选择其中的一些问题来反映金融协调理论所带来的金融理论的突破。

（一）金融市场与商品市场的联通和联动：泡沫经济的根源之一

现实中的货币不仅服务于商品市场，也服务于金融市场的交易。随着经济金融化进程的加快，金融市场越来越脱离了商品市场的制约，交易规模不断扩大，呈现出自身的特有规律，这种趋势也带来货币流通及经济运行态势的显著变化。

金融市场的功能主要在于提供作为激励机制的信息和投资资源配置相关的信息。但若是金融市场的投机因素过大，就会妨碍其功能的发挥，带来一些负面影响。经济理论已经表明，金融市场由于受到预期的影响，只要预期形成，它本身可以在某一区域内的任何一点达到供求均衡，而没有一个具有帕累托效率的供求均衡点。当人们预期价格上涨时，市场便会吸引大量的资金，抬升价格，并强化原有的预期，直到人们的预期发生改变。而在投机性的金融市场上，非理性的投机者增多，他们对资产价格走势的判断，逐步脱离经济基本面，此时金融市场就成为凯恩斯（Keynes）所比喻的"选美比赛"。这种选美比赛中的问题不在于预测谁最漂亮，而在于猜测裁判认为谁最漂亮。即股市中的中坚力量的预期将成为股市中的决定因素。由于金融市场中参与者构成变化，市场结构发生变化，此时，在金融市场中起主要作用的就是利用资金实力对市场进行操纵。拥有雄厚资金实力者，可以通过造市，诱导别人的预期，并利用散户的"从众"心理，以其预期来获得盈利，这样，资金实力成为投机性金融市场中的竞

争优势，正因为这一点，索罗斯才可以被称为"走在曲线前面的人"。所以，投机性金融市场的特点是对资金的追求，从而使其成为多余资金的"吸纳源"。

当经济持续发展时，就导致金融市场上价格上涨预期的形成。此时，商品市场和金融市场成为一个连通器，资金由商品市场流向金融市场，促使金融市场价格上升。而商品市场出现资金短缺，银行体系便向其注入资金，维持商品市场购销两旺、价格平稳的局面。中央银行通过监测 M2 和控制商品物价水平，并没有发现超量货币供应的迹象。随着金融市场价格的进一步上涨，资金转移更为加深，甚至于资金会溢出金融市场而进入房地产市场等投机性领域，经济出现一派繁荣景象。但金融市场的资产价格不能无限地偏离其基本价值的支持。当偏离越来越大时，预期反转的可能性也越来越大，几乎任何信息都可能使泡沫崩溃。当泡沫崩溃的一天真的来临时，价格便会急剧下跌，金融市场发生动荡。个别获利了结的庄家大户抽款撤资，而多数客户被高位套牢，资金联通受阻，债务链发生危机，银根紧缩，信心受挫，市场低迷，经济陷入困境。

从这个过程中我们可以看出，投机者对资金的过量需求会成为商品市场的冲击源，如果中央银行割裂金融市场与商品市场的资金联动关系，只盯着商品市场的物价水平，并将其作为调控货币供给量的标志，就很难控制泡沫经济的形成与崩溃。所以，协调金融市场与商品市场的关系，将股票市场的价格纳入中央银行的监控指标，才有可能防范泡沫经济的发生。运用金融协调理论就可以正确地看出商品市场与金融市场之间的这种联通与联动关系，摆脱现行中央银行货币政策操作中的误区。

（二）需求不足与金融协调问题

金融往往同需求有着密切的关系，而需求的扩张和萎缩就会带来经济的波动。

改革开放以来，中国所经历的经济周期，都可以看到金融政策发挥作用的痕迹。有的学者曾运用 1979～1997 年的实际投资增长与 GNP 实际增长作相关分析，从中发现，其相关系数高达 79.5%，即 GNP 实际增长的波动的 79.5% 可以通过投资来解释。名义投资与名义 GNP 更是高度相关，相关系数达 99%，这说明在 1979～1997 年，投资是引起国民生产总值波动的主要因素，二者波动幅度基本一致，呈现出非常强的正相关性。而且由于投资处于"饥渴"状态，投资需求非常巨大，所以投资便只受到资金可得量的制约。金融放松控制，资金可供量增加，投资便增加，GNP增长速度加快。反之，实施紧缩银根政策，控制金融，投资便会减少，GNP增长速度便会回落。所以利用金融政策，通过控制国有部门的投资，带动非国有部门投资的变化，比较顺利地实现了经济政策的调控目的。

但是，1998年的宏观经济政策的作用机制发生了改变。由于受东南亚金融危机影响，出口需求下降，为实现经济增长8%的目标，政府改变了适度从紧的货币政策，降低利率、改变存款准备金制度，放松商业银行存贷款比例控制等措施，但是并没有带来投资的扩张，甚至国有部门的投资扩张也不明显。1998年下半年，政府通过启动扩张性财政政策，才使国有部门的投资大幅增加，但非国有部门投资并未跟进，最终1998年中国国内生产总值增加7.8%，1999年GNP仍保持回落势头。

对于1998年以来经济运行态势，其主要问题可概括为有效需求不足与通货紧缩问题，对此理论界已经给了很多探讨，其中不乏许多真知灼见，而在此，我们主要研究金融协调与经济运行的关系。第一，就经济与金融的关系来说，虽然金融对经济具有极大的促进作用。但我们认为，金融并不是外在于经济的一个工具。在一定程度上，它是内生于经济的，这也就决定了金融并不是无所不能的。实际上，西方经济学界已经有人指出，货币政策可以有效地控制经济过热和通货膨胀，但它对摆脱萧条作用有限，因为经济的复苏不仅靠资金的供给，更需要对未来预期和信心的恢复。看到金融的局限性有利于我们正确地利用金融服务于经济。1998年以来，经济的持续滑坡，可以从另一个角度说明我国经济正处于一个转变时期，即由原来粗放的投资拉动型的经济转向效益型、需求拉动型的经济。在经济结构转变过程中，经济增长速度的回落应该是一种正常现象。第二，1998年经济运行中的主要特点是民间部门投资不再跟随国有部门投资变化，融资渠道的制约可能是其中的一个主要原因。非国有部门以30%的信贷资金，支撑了GNP增长的70%以上，国有企业拥有70%以上的信贷资金，却只有GNP增长贡献的30%，这被理论界称为非国有经济发展的不对称性。但是更深层次的问题，则在于非国有部门利用其制度优势，在经济活动中以各种方式获得了国有部门没有有效利用的信贷资金，这样才支撑了非国有经济的发展。不完善的市场交易是这种看不见的资金转移的主要渠道。所以非国有经济的发展部分地是建立在国有经济的低效率的基础之上的。国有经济部门的低效率性，非国有经济部门提供盈利机会、投资机会以及资金来源。当要求国有经济部门"三年脱困"，并加强控制后，就会对非国有经济的发展构成影响。加之，银行经营风险加大，不对国有部门放款，同时对非国有经济部门的融资渠道没有建立，这样，就进一步导致了非国有部门投资形成能力下降。这是融资渠道、融资割据与经济发展不相协调的反映，因此要促进非国有部门投资增加，必须构造与其相适应的融资渠道。第三，非国有经济部门或称民间部门投资没有跟随财政投资而增加的另一个原因，是民间部门的机会缺乏。就市场竞争能力来说，由于有制度优势，民营经济具有灵活的经营机制和适应市场能力，它比国有经济有更强的竞争能力。当国有经济部门出现"软预算约束"时，其开支处于无度状态，民营经济所面对的市场机遇较多，在较高的回报率的刺激下，投资进入成本较低。而当国有部门在改革的压力下，减少制度漏洞，无效开支减少时，民营经济的投资机会减少，市场前景影响投资，从而陷入投资减少—市场机会减少—投资减少的恶性循环中。加上这次财政支出主要集中于大型基本建设项目，无法有效地扩大民营经济的投资机会和市场预期，使得经济迟迟不能得到恢复。这同1992年邓小平南方谈话后，协调了各个方面的市场预期的投资状况，刺激其后的经济繁荣形成鲜明对比。所以，与其说它是一个有效需求不足问题，不如说是一个产业结构转型问题和供给问题。如果能够实现产业结构升级换代，带动整个产业或主导产业间的同时扩张，经济很容易摆脱衰退和萧条，而走向繁荣。而这正是融资政策和产业政策相互发挥作用的领域。第四，这次经济滑坡同消费需求不足有很大关系，而其中的大部分消费不足是由未来支出不确定性增大和缺乏消费信贷的流动性短缺而造成的。金融机构扩大服务领域，积极开展消费信贷，是解决经济主体，特别是消费者收入与支出不协调的主要途径。协调这种金融业务是经济保持良性循环的内在要求。

五、金融协调理论运用（Ⅱ）：金融协调战略研究

（一）金融与经济协调发展战略

正如我们分析所表明的，金融与经济的关系是相辅相成、相互制约和相互促进的。一国金融发展的总体战略，要受制于一国的经济发展阶段与政治体制，并服从于一国一定时期的经济发展总体战略。但金融发展也有自身发展的独立性，并对经济发展施加影响。从历史和现实的不同金融发

展道路中，可以大体归纳出三种金融发展总体战略模式：①金融体系自然形成和逐步建立的常规型模式；②人为抑制金融体系形成和建立的压制型模式；③强行推进金融体系形成和建立的超前型模式。

第一种模式：常规发展型模式。一般实行于先发展起来的市场经济发达国家。这些国家最早完成工业化和现代化，最早开始形成和发展市场经济。伴随着商品经济和货币信用制度的发展，金融体系也自然而然地形成并逐步建立起这些国家较为发达的资本市场，商业银行在长期融资中扮演次要角色。这些国家政府当局长期信奉亚当·斯密（Adam Smith）"看不见的手"原则，甘当经济"守夜人"，很少干预金融体系的形成和建立。一般说来，常规型模式的金融发展与经济发展表现出巨大的相关性，经济发展决定着金融发展，金融发展也适应着经济发展。

实行常规型金融发展战略模式的国家以英国最为典型。表现在：①英国金融体系中的银行与非银行金融机构都是自然逐渐形成的，它们在激烈的竞争与无数次危机中不断消失、再生和重组，终于形成目前较为稳定而成熟的金融体系；②即使是英格兰银行，也是由普通的私人商业银行逐渐地演变成为现代中央银行的；③由于商品货币信用关系发达，从而较早形成了股票、债券市场，服务于企业的长期投资，而商业银行等金融机构一度只热衷于以票据贴现为主要形式的短期商业性贷款，而不像日、德式全能银行那样承担为经济发展提供长期融资的义务。

常规发展型国家的金融体系经过长期磨合、演变，最为全面和成熟，市场化程度也最高，金融运行更具理性与效率。应该承认，其金融体系结构正成为大多数后进国家的目标模式。

第二种模式：压制发展型模式。主要实行于苏联等集中计划经济体制国家。这些国家信奉"计划万能"，试图通过强制计划集中资源以赶超西方发达资本主义国家。因此，这些国家从本质上排斥金融的资源配置的功能，以财政机制代替金融机制，以计划手段代替市场手段，货币沦落为简单的计价工具，金融机构退化为财政的出纳机关。这种模式的主要特征是：①高度集中的巨大的国家银行垄断几乎一切银行业务；②信用形式单一化——只允许银行信用存在；③银行体系仅仅是国家分配资金的一个辅助"钱口袋"——经济社会的资本形成机制总体上是财政主导型的；④银行贷款的方向与规模统一计划管理，并服从于国家和实物分配计划。

第三种模式：超前发展型模式。实行于经济后进国家。其本质上是一种经济赶超战略，即经济后进国家充分利用金融对经济的相对独立性和巨大作用，想以金融的超前发展，带动整体经济的快速发展，从而实现赶超先进国家的战略目标。后进国家往往一方面自身商品经济不发达，资本原始积累程度低，经济技术力量薄弱；另一方面又面临来自先进国家的巨大的"经济征服"威胁，客观上不允许其像先进国家那样经过一个自然演进的逐步发展过程——也没有必要，因为后进国家具有后发优势，它们可以直接学习先进国家的经验并吸取其发展教训。后进赶超先进的最大障碍在于其原始积累不足，并且储蓄投资转化的效率低下，只有优先发展金融，才能有效地动员和集中现有的储蓄资源或利用国外储蓄，并将之分配到最具有战略意义的经济部门，以期最大限度地利用有限资源最快速实现赶超。而金融业自身不可能自发实现超前发展，这需要政府担当经济导向角色，人为扶植和促进金融体系的形成和建立。因此，在这种模式下，政府往往鼓励甚至直接插手建立起庞大的银行体系，以支持企业长期融资，政府、银行、企业三者之间往往有着全面而紧密的联系。日本与德国是这种模式的典型代表。德国从俾斯麦时期、日本从明治维新时期开始，两国金融体系在政府扶植、推动下迅速形成和建立，金融相关系数一直高速增长，并成功实现了经济赶超目标。

常规发展型战略模式的最大好处是它充分尊重市场规律在金融与经济发展中的决定作用，排斥人为的干扰与破坏，从而可以在逐步建立与完善中形成适应经济发展要求的多功能、高效率、协调运行的金融体系。这种模式的金融发展质量胜于数量，内涵胜于外延。并且从长远来看，充分自主而理性的微观市场主体是经济与金融发展的持久动力，因而这种模式先天的生命力最强。然而，这种模式也有其缺陷：①市场失灵的存在使得金融体系和金融监管的完善往往以次金融风暴甚至危机为代价，这在金融发展的早期阶段尤其明显；②在这种模式下的金融发展过程必然是漫长的，这与后进国家强烈的赶超愿望显然是背道而驰的；③当一个发展中国家面对来自发达国家的经济威胁进而面对其政治威胁时，因循守旧地固守这种模式只能自取灭亡。

压制型金融发展模式是计划经济体制的必然要求，如果说这种模式及其所依附的经济体制曾经有过辉煌的话，也那仅仅是在经过长期战争掳掠和列强欺压后民族、国家、人民重建家园和振兴祖国的热情空前高涨，社会责任感和民族凝聚力异常强烈的短暂时期里。计划经济体制本质上的低效率内在地规定了依附于它的压制型金融发展低效率。在压制型金融发展模式下，金融对经济的能动作用荡然无存，因而其本质是扼杀金融而不是发展金融。因此，任何一个市场经济国家或以建立市场经济体制为改革目标的国家，都不应该选择这种模式。

超前发展型战略充分利用金融发展对经济发展的相对独立性与促进作用，能够发挥后发优势和集中有限资源，对实现经济赶超当然具有重要意义，也不乏成功先例。但不可否认，这种模式也具有天然的缺陷。集中表现为：①政府干预必然扭曲市场原则，很容易造成官商勾结、信用约束软化、关系贷款泛滥、风险意识淡薄和竞争不足等不良后果，从而容易产生大量不良贷款甚至酿成金融危机；②这种模式不可避免地偏重数量扩张而忽视增长质量，以外延的增长掩饰内涵的不增长，以虚假的繁荣掩盖潜在的危机。

究竟何种模式为好，不能一概而论。一国应当从自身所处的经济发展阶段出发，选择适合自己的金融发展战略。

常规型模式是处于领先阶段经济所应具备的模式——可称之为"领先模式"。这种经济自身处于先进地位，无先例可循，也不存在赶超压力，理应主要通过市场机制自然推动金融发展。当然，常规发展并不意味着政府无所作为，相反，积极而严格的政府管制始终是必要的。政府管制的目的在于促进公平竞争、维护市场机制和确保经济安全。

对后进国家而言，一方面，在飞速发展的世界经济中，必须奋起直追，迎头赶上，才不致落伍，甚至遭人欺凌。另一方面，先进国家的成熟经验也提供了可借鉴的榜样。因此，后进国家具有实现赶超的强烈必要性与现实可能性。这时采取常规发展型模式，既不适合，也无必要。显然，超前型金融发展模式正好适合了后进国家的赶超战略——可称之为"赶超模式"。当然，从亚洲金融危机的教训中我们应该认识到，后进国家在实施超前型金融发展战略时必须注意以下几个问题：①政府干预要适度。即要深入研究和准确把握政府干预的作用边界和方式方法。如对主银行制度，是强制推行好，还是倡议、诱导好。②政府干预不可取代市场机制。政府可鼓励发展金融甚至直接投资于金融，但并不意味着政府必须控制银行体系，更不能压制民营金融机构的发展。③金融监管要兼顾效率与安全。特别是在政府干预的金融发展中，更需要有效的监管。④金融自由化必须考虑监管能力。缺乏监管的自由化是盲目冒进，只会损害效率而无助于效率的提高。⑤金融发展不能单兵突进，更不可取代一切。相反，金融超前战略要求政府体制、政府行政管理体制和企业制度等相应甚至提前改革。⑥要避免形成政府主导的路径依赖。这要求提前安排并适时逐步推进超前型战略向常规型战略的转移。

（二）金融监管与金融效率协调战略

金融在现代经济运行中有着特殊的作用。作为储蓄的收集者和资源的分配者，金融提供了经济活动的直接的流动性，成为经济循环运动的推动力。它也构成支付系统的主体，服务于商品劳务的贸易流通。特别是金融机构的资产负债的构成，具有限期上的天然的不一致性，加上银行经营中的专业化而形成的透明度低，使得金融业特别容易受到系统性风险的冲击和存款人的挤兑压力。所以，稳健的银行具有了一种准公共产品的特征，从而要求对金融业施加监管。

1. 金融监管有可能损害金融效率

（1）许多监管措施的直接效果都是促进了金融机构的安全。这常常为金融机构的冒险经营提供了隐性担保，从而助长了道德风险。这方面的典型事例是存款保险制度。前面提到，由于信息不完全与部分准备金制度等原因，当一家金融机构因经营失败而破产倒闭时，往往引发其他经营良好的金融机构的挤兑风潮，使经营良好的金融机构也因挤兑而倒闭，从而损害到整个金融体系。为了防止此类挤兑产生的灾难性后果，西方国家普遍建立起了存款保险制度，以保护中小存款人的存款不因银行倒闭而损失。非常不幸的是，由此产生了道德风险：一方面，广大存款人由于受到保护，在选择银行时放弃了必要的谨慎；另一方面，由于不必担心挤兑风险，存款机构会采取更冒险的行动以增加盈利。显然，道德风险的存在破坏了金融市场收益与风险的对应、平衡，鼓励了机会主义的冒险倾向，损害了金融效率。

（2）对金融机构与金融业务的人为分隔和限制，固然缩小了市场失灵的作用范围，降低了其破坏程度，但同时也限制了竞争。当各类金融业务都只能由各类专门的机构经营的时候，人们的选择范围很窄——活期存款只能由商业银行经营、储蓄银行只能吸收储蓄存款并发放不动产抵押贷款，保险公司、证券公司、信托机构等也都有专门化的业务分工。显然，这种监管体制为各类金融机构提供了一把保护伞，以抵御不受欢迎的竞争。事实上，由于货币资金本身是同质的，各类金融工具之间并无本质区别，所以金融市场本质上也是一个统一相通的市场。所以，对这一市场的人为分隔限制了竞争，从而损失了效率。

（3）限制了市场主体的主动性与创造性。各类监管措施的实施几乎都对金融市场主体的趋利动机形成了一定程度的限制。否则，便无监管的必要。所以，金融监管常常压抑了市场主体的主动性与创造性，使市场主体的个别理性不能得到最充分的发挥，这无疑也是对市场效率的一种损伤。

2. 金融监管措施

正因为金融监管带来的种种效率损失与其初衷相违背，客观上又需要相应的金融监管以维护金融体系的高效、稳健运行。所以需要权衡利弊得失，制订出合理的金融监管战略，以促进和维护金融发展。

（1）金融监管应适应不断变化的经济金融形势，调整原有法规。依法监管是金融监管的基本原则，非此不足以保证金融监管的权威性与公正性。因此，金融监管的前提是有一整套法令和行政性规章。然而，法律与法规往往跟不上迅速发展着的金融现实。一定的法规总是对某一特定历史时期金融状况的反映，它适合于相应历史时期的金融机构与市场发育程度。但随着时间推移，金融结构、交易方式、金融工具不断发生变革与创新，原有的法规便有所不适应。这时，应从变化了的实际出发，对原有的金融法规做出修改。这方面的典型案例是美国的分业监管制度的实施与放松。美国1933年通过《格拉斯—斯蒂格尔法案》（The Glass - Steagall Act），把商业银行业务与投资银行业务分离开来，不准商业银行染指证券市场，以减少商业银行的经营风险，维护金融体系的稳定。应该说，该法案适合当时美国的金融市场现实，因为当时信息处理手段落后、信息透明度低及信息成本高等因素使商业银行经营投资银行业务时面临由于信息不对称带来的巨大风险，而且商业银行在整个金融体系中的特殊重要性使这种风险极具破坏性。然而，随着时间的推移和知识的进展，金融市场的信息处理能力大大提高，商业银行内险评估模型广泛建立，各种规避风险的金融工具大量涌现，极大地降低了相关的交易成本，信息披露制度也日益完善，使商业银行能更稳健地在证券市场上运行，证券市场日益成熟。同时，各种新型金融工具的出现使金融业务分工日渐模糊，金融市场日益呈现出统一性的特征。这时，传统法律就成为限制金融竞争、妨害市场效率的过时产品。这种金融发展的现状促使美国金融监管当局不断放松依据

《格拉斯—斯蒂格尔法案》的分业管制，并最终于 1999 年颁布了《金融服务现代化法案》，取消了传统法规对金融机构的分业限制，以适应变化了的现实，促进金融业的竞争与效率。而在此之前，美国国会就曾通过对《格拉斯—斯蒂格尔法案》的重新解释，允许商业银行以专门附属公司的形式从事投资银行业务。

（2）处理好金融创新与金融监管的关系，实行新的监管措施。金融创新源于金融体系提高自身效率的内在要求。金融创新改变了原有的金融结构、金融工具、金融业务，而使既有的金融监管措施失灵。因此，应不断研究金融创新的各种可能影响，并制订相应监管措施。

1）金融创新会使原有货币政策失灵。主要表现为：①旧的货币的定义与计量失灵。新型金融工具不断涌现，并且流动性越来越强，货币替代性越来越强，使原有的货币范围确定与层次划分不能准确反映货币供求实际。因而，应研究各类新型金融工具的特征，重新定义货币和划分货币层次。②由于金融工具之间的替代性不断增强，传统的只有商业银行才能吸收活期存款并创造信用货币的理论已经不合时宜，金融监管当局应把监管对象扩大到商业银行以外的各类金融机构，如储蓄银行、投资银行等。

2）金融创新，尤其金融衍生工具的大量涌现，使管理金融风险的难度加大。新技术、新产品、新业务不断涌现，为贷款者、投资者以及投机者进行各种交易提供了一个更为高效的机制。然而，不断创新的金融市场也能同样高效地在世界范围内传递震荡或带来大范围金融混乱。金融衍生工具带来的风险管理的复杂性主要表现在以下两方面：①金融衍生工具本身只是为了转移风险，而不是消灭风险，通过建立金融衍生市场，把原生金融工具的风险集中转移给有意愿的风险承担者。问题并不在于风险转移本身，而在于这样的一个风险批发市场——金融衍生市场——的存在及其保证金要求的不断降低，会激发起更多的人从事更大范围、更大数量的投机活动，从而创造出数倍于原生金融市场的风险。金融衍生市场的风险发生常常极具破坏性：有着数百年历史的英国老牌商人银行巴林银行，仅仅因为一个远在新加坡的交易员的一次未经授权的交易而破产倒闭，国际投机者在远期外汇市场上的兴风作浪使素以外汇储备雄厚著称的东南亚国家突然陷入危机，实在令人触目惊心。②金融衍生工具带来的风险管理难度加大，不在于衍生交易风险的类型与传统交易不同，而在于衍生交易风险的迅速转变与转变过程的复杂性。这导致了与主要金融机构变化迅速而且复杂的风险调整相关的透明度的降低。正如纽约联邦储蓄银行行长威廉·麦克唐纳所言："以前，当你看到金融机构的资产负债表时，就能够对其风险及暴露程度迅速做出判断。今天，资产负债表的信息显然达不到这一目的，当今市场经营活动的迅速变化使得金融报表几乎在它们被编报出来之前就过时了。"同时，其风险转换的复杂性也使得市场波动在不同市场与机构之间的扩散变得模糊起来，从而使对金融运行中单个公司及整个系统风险特征与分布的评价变得极其复杂。这些都要求金融监管当局在深入研究各种衍生工具风险特征的基础上，运用现代高科技手段建立起迅速灵敏的信息披露体系，以保证金融运行的透明，潜在金融风险能及时被发现并防范其发生。

（3）对金融机构监管要协调监管当局、市场约束以及金融机构内部控制三者之间的关系，充分调动各利益主体的积极性。

1）外部监管。金融监管作为一种旨在纠正市场失灵，促进社会整体效率提高的公共产品，其提供者当然首选金融监管当局。当局作为非市场的力量，从公共利益角度出发，制定相应法律、法规，对金融机构的市场进入、日常经营活动及破产清算等设立相应规范，以创造公正、合理、有序的市场竞争环境，纠正市场失灵或限制市场失灵发生作用的范围与程度。其中，为金融机构制定资本充足率的最低标准并监督执行，已成为当局实施监管的首要内容。资本是对债权人的最终保证，是债务人经营损失的缓冲。监管应从本国金融机构的经营实际出发，计算出本国金融机构与某段时间内可能发生损失的最大比例，并相应建立资本充足率标准。

1988 年 7 月，巴塞尔银行监管委员会为防止不公平竞争，降低国际银行业经营风险，制定、颁布了《统一资本计量与资本标准的国际协议》（通常被人们简称为《巴塞尔协议》），把 8% 作为国际银行业资本充足率（资本/风险资产加权总和）的最低标准。此后，各国监管当局也往往把 8% 作为资本充足率的最低标准，要求本国银行业遵守。1999 年，巴塞尔银行监管委员会提出一个关于修改《巴塞尔协议》的征求意见稿，仍将资本充足率作为银行监管的三大支柱之一[①]。

2）金融机构内部风险控制机制。虽然金融监管主要是一种公共产品，但提高效率、控制风险的要求无疑也切合金融机构自身的利益。同

---

① 三大支柱分别：资本充足率、监管当局监管、市场约束。

时，金融机构作为金融市场主体，是否具有完善的内部风险控制机制，往往是外部监管成败的关键。如果被监管者不切实改善自身的风险状况，外部监管效果无疑将大打折扣。具体说来，金融机构内部风险控制的重要性主要表现在以下几方面：①信息不对称。如果监管者所依据的信息是从那些不可信赖的金融机构获得的，或者监管者无法以合理的成本获取信息，监管不可能达到预期效果。②经验不对称。被监管者在它们的业务范围内比监管者有更多的经验，这些机构的管理者更知道怎样以最低成本达到监管当局的目标。但在传统监管体制下，监管当局并没有给被监管者以降低监管成本的机会。③监管"一刀切"。过于复杂的监管方案难以执行，因而往往会出现监管方针与措施"一刀切"的情况——对某些被监管机构过于严格、负担过重，而对另一些机构则太轻，最终难以达到监管目标。

以上三者的存在客观上要求完善的金融监管必须把金融机构内部风险管理机制与外部监管有机结合起来，把被监管者管理自身风险的主动性纳入外部监管之中，以选择成本最低的监管方法，解决"一刀切"并激励金融机构自身不断完善风险管理技术。国际银行监管领域也已经适应了这一需求，不断改革原有的监管方法——这突出体现在银行合理资本要求的确立方法上。1995年4月，巴塞尔银行监管委员会公布了《关于市场风险资本要求的内部模型法》，允许各银行采用自己设计的风险评价模型以计算其金融资产组合的市场风险，金融监管当局则以其计量的风险为基础确定资本要求。

3）市场约束。特定的政府有自己的利益偏好，从而在对金融机构监管时不一定采取最有效的措施。如对某届政府来说，任期内发生银行倒闭事件可能会影响政绩，影响选举，或政府可能出于税收等原因而对问题银行采取姑息态度。总之，政府的特殊利益偏好导致的"监管失灵"使市场自身的约束机制显得十分重要。存款人总是希望把钱存入经营稳健的银行，而贷款人也要详细审查借款人的资信与项目，从而能够约束债务人不负责任的低效率或高风险行为。

市场约束功能的充分发挥以以下几个方面的制度建设为必要前提：①透明的信息报露制度。建立公开，透明的信用披露制度，使借款人的财务状况与经营成果得以全面、准确、连续地反映出来，可以有效消除信息不对称，降低信息成本，为广大债权人与投资者的市场监督提供条件。在信息透明的情况下，经营不善的金融机构将不得不支付风险溢价，而经营稳健的金融机构则可以获得大量低成本的资金。这样一种基于信息公开的市场奖惩机制必然能有效抑制金融机构的机会主义冒险动机，促使其稳健经营。②完善的中介机构体系。中介机构体系由律师事务所、会计师事务所、审计师事务所等中介服务机构构成。当代金融业务的专业复杂性，使广大存款人或投资者一般并不具备专业的知识，也不具备足够的时间和精力去研读有关金融机构的会计报表等公开信息。所以，需要建立完善的专业中介机构体系，由它们对各种已公开信息进行分析，以揭示企业经营的真实状况，为广大存款人和投资者提供信息咨询服务，使其根据披露信息做出理性反应，发挥市场监督作用。同时，某些中介机构对企业所作的资信评级本身就是市场监督的重要组成部分，直接影响到它们在货币市场与资本市场上的筹资成本。③最大限度地减少政府担保，为市场监督提供激励机制。在政府为金融机构的经营失败或债权人与投资人利益提供各种明确或隐含担保的情况下，市场主体不必担心所投资机构因经营失败而破产，也不必担心自己的财产会因自己决策失误而损失，缺乏审慎监督有关经济主体实际经营状况的激励，从而使市场约束作用消失。为此，必须最大限度地减少政府的各种显性、隐性担保，鼓励必要的市场约束。

（三）金融国际协调发展战略

全球金融一体化是不可阻挡的历史潮流，一国应积极参与、享受金融国际化带给本国的资本流入、金融结构优化等好处，但同时也应看到金融国际化潜藏的巨大风险，因而必须稳健推进国际化。

1. 金融国际化要与国内金融改革相配套

一个按市场规律运作的成熟、高效的国内金融市场是金融国际化的前提。否则，便缺乏抵御国际金融冲击的能力。对广大发展中国家而言，首先要改革本国金融体系，减少政府对金融机构的人为干预，培育市场化的金融市场主体，放开利率管制，使本国金融机构在市场竞争中改善金融服务质量，提高抵抗风险能力。因此，应先改革后开放。如果在本国金融改革尚未完成、金融体系极不成熟的情况下实行国际化，国际资源虽能流入，但得不到合理有效的利用与控制，而且很容易造成金融危机。

2. 金融国际化要与本国金融宏观调控能力和金融监管能力相适应

如前所述，金融国际化、资本自由流动必然对本国货币政策与金融监管的有效性提出挑战。在全球金融一体化过程中，资本流动速度越来越快，借助于各种日益复杂的金融衍生工具，投机资本的力量越来越大。如果一国制定和执行货币政策，实施金融监管的能力跟不上金融国际化步伐，就会严重威胁到本国的经济金融安全。这是开放经济下造成金融危机频发的主要原因。发展中国家的金融宏观调控能力与金融监管能力本不如发达国家，市场化的监管能力与手段更是缺乏，因此，不能不顾自己的控制能力而贸然开放。

3. 实行分层次、逐步开放的金融国际化战略

金融国际化的收益与风险并存。一国应当趋利避害，分层次逐步推进国际化，避免开放过快、过早。具体来讲：

（1）先开放金融经营，后开放金融投资。金融经营与金融投资不同，前者是指允许外国金融机构（如德国银行）经营本国金融业务。与直接投资相似，外国金融机构进入本国金融市场看重的是本国金融市场的长期利益，具有相对稳定性。因而开放金融经营不会带来投机风险，而且有利于本国金融结构的优化与完善。开放金融投资则指允许以各种投资基金、对冲基金为代表的金融资本进入本国市场。这种资本主要看重一国金融市场的短期利益，根据经济形势的变化，不断调整其全球资产组合，流动性极强，常常大进大出于一国货币、证券市场，对金融稳定构成威胁。开放金融投资虽然在一定时期能够为本国提供充足的外资流入，但也常常助长泡沫经济，并会因其迅速撤离造成金融危机。因此，对金融投资开放需要高明的监管技术，而且统计表明，开放短期资本账户对一国长期经济增长并无明显的推动作用。发展中国家在宏观调控与监管能力未成熟之前，不应该也没必要开放金融投资，而应先开放利益明显、稳定性较强的金融经营。

（2）合理确定外资结构，限制短期资本活动。一国吸引的外资当中，直接投资受长期因素影响具有相对稳定性，也没有固定的偿债负担，又可改善本国的生产技术水平与出口能力，利益最大而破坏性最小。证券投资则取决于利率、汇率等短期因素，角逐金融市场短期利益，流动性极强，大进大出，极具破坏性。其他外资，如国际贷款，也有短期、中期、长期之分，其中，中长期贷款较为稳定，但有固定的偿债负担，容易造成还债压力；而短期贷款，也如证券投资般流动性极强。因此，综合利用外资的利与弊，一国吸引外资应当以对本国经济发展利益最大、稳定性最强、冲击最小的直接投资为主；对国际贷款则应该从本国偿债能力出发合理控制规模，并以中长期贷款为主；同时，必须限制对一国经济长期发展利益不

明显而投机性、危险性最强的证券投资与短期贷款。

（3）先开放外币市场，后开放本币市场。一国金融市场可形成本币市场与外币市场两个部分。封闭式的利率金融市场可以将外币市场与本币市场隔离开来，提供了在本币尚未达到可兑换条件下一国金融市场实行开放与走向国际化的途径与方式。先外币市场后本币市场的局部金融开放战略，符合审慎而积极的金融国际化战略，是发展中国家向金融全面国际化发展的重要可选途径。

（4）选择合理的汇率制度。一国可选择富有弹性的管理浮动汇率制，也可选择相对固定的钉住汇率制。这种选择应与本国货币政策的自主性以及金融国际化进程相适应。充分的金融国际化要求放开资本项目管制，允许短期资本自由流动，而当今世界日益无序的国际资本流动必然对一国汇率稳定构成冲击。所谓无序，是指这种资本流动的方向与规模超出了经济调整的合理需要——最突出的表现是，目前全球每年的国际贸易总额达到4万亿美元左右，但资金的流动都在100万亿美元左右，大量资金游离出生产领域，寻求套汇套利、套期保值。在资本大规模无序自由流动情况下，要维持固定汇率几乎是不可能的。因此，如果一国金融国际化，要求放松资本管制，允许资本自由流动，就必须放弃相对固定的汇率制度。从这个意义说，东南亚国家在快速推进金融国际化的同时，维持钉住汇率制是自相矛盾的，是自己引发了汇率危机。

从货币政策独立性的角度看，固定汇率制意味着丧失政策独立性。在这种制度安排下，一国为维持汇率稳定必须被动增加或减少基础货币供应，从而威胁到国内宏观经济均衡。在金融国际化条件下尤其如此，因为金融国际化必然意味着本国汇率更易受到冲击，从而货币政策的压力就更大。因此，一国货币当局，尤其是大国货币当局，如果不愿意使货币政策受制于人、独立性受到损害，就不可能维持固定汇率制度。显然，有弹性的管理浮动汇率制是大多数国家的明智选择。

六、结　语

从历史变迁的角度研究金融问题，并不是一项就史论史的简单的历史事件的描述，而是运用大历史的观点，在经济、社会、文化大的背景下，研究金融制度变迁的内在规律，研究金融与经济发展的相互关系。这是一种动态的、演进的、比较的研究金融的方法，可以避免静态的、均衡的、以普遍主义为理念研究金融问题的局限性。

通过研究我们认为，金融是伴随着经济发展而发生制度变革的，不同的历史阶段，金融对经济的作用并不相同。它由早期的服务于商品交易媒介的自发性追随经济发展的作用，演变到服务于贸易融资和为工业生产融资的作用，进而发展到分散、转移和交易风险，促进投资的作用，成为现代经济的核心。金融发展便是协调提高金融效率和维持金融稳定，协调金融微观主体利益和金融社会效益，协调金融创新和金融监管，控制金融风险的过程。只要金融协调发展，经济就会顺利发展。特别是在现代经济情况、经济环境变动不断，经济中的不确定性因素增大，经济部门间相互联系增强，外部性普遍存在的情况下，金融协调更成为经济持续发展的首要问题，因而也就成为研究金融问题最根本的出发点。

将金融协调作为分析金融问题的出发点，不仅是实现金融稳定发展的政策途径问题，而且是把握金融的更深刻的理论视角问题。它既符合经济学理论整体的发展趋势，又是金融理论创新的有益尝试。

总之，金融协调理论是适应 21 世纪知识经济时代科技高速发展、经济高速变化和波动性加剧的要求，研究金融宏观效率和微观效率相统一的金融理论，是对传统金融理论的"扬弃"和发展。

金融史上的效率与安全

背景说明

本文是 2003 年 9 月 2 日在成都中国金融论坛上的发言提纲。文章认为自古以来政府都干预经济，不是从凯恩斯开始的，金融效率与安全始终是金融运行的永恒主题，什么时候经济社会稳定发展，什么时候金融经济社会就是协调发展的，金融协调是以中庸哲学、信息经济学、系统论、制度经济学为方法论，以金融效率为中心，构建的金融制度和运用的理论框架。金融制度创新必须与经济、社会制度创新相结合，就金融论金融的改革思路是行不通的。

从行政岗位上退下来以后，越来越对金融发展史有兴趣。当前很多金融问题，理论上讲起来有道理，用起来解决不了实际问题。好像这些理论一是运用传统的理论与中国当前的实际不一致。二是套过来的西方理论与中国实际又不完全一致。是传统理论过时，还是西方理论水土不服？

我发现回顾和总结历史，常常能够得到某种启示，提供某些新的思路。今天的现实，实际是昨天历史的延续。

以史为鉴，鉴古知今。

弄清了中国金融的昨天、今天，就知道中国金融的明天。但是必须是世界视角的中国金融的昨天和今天，因为我们已经"入世"了。

我赞成中国金融中的问题通过金融制度的创新来解决。

一部金融史就是一部金融创新史。

一、自古以来政府都干预经济，不是从凯恩斯开始的

政府干预经济不是从凯恩斯开始的，自古以来就有，只是程度不同、方法不同而已。

政府的干预常常通过货币信用活动来进行。在中国，从秦始皇，汉代的文、景、武、昭、宣，到唐朝的武则天，清朝的慈禧太后；在外国，古巴比伦第六王朝的汉谟拉比，都是如此。

二、自古以来金融效率与金融安全始终是金融运行的永恒主题

金融效率包括金融企业微观效率和社会宏观效率，金融安全包括金融企业安全和社会金融稳定，这些都是金融业与社会共同关心的问题。

三、自古以来什么时候经济社会稳定发展，
什么时候金融经济社会就是协调发展的

什么时候金融经济社会不协调，什么时候金融效率与金融安全就很难统一。

不是微观效率好，社会效率低，就是社会效率好，微观效率低。

不是效率好、风险大，就是没有风险、没有效率。

金融问题必须与经济问题、社会问题相协调。

四、什么是金融协调

金融协调是以中庸哲学、信息经济学、系统论、制度经济学为方法论，以金融效率为中心，构建金融制度和运用的理论框架。

金融协调的路径是金融经济社会协调发展的制度创新。

金融制度创新必须与经济制度、社会制度创新相结合。就金融论金融的理论与改革思路是行不通的。

现在金融发展的问题，不完全是金融问题，在很大程度上是经济、政治体制改革滞后。三者发展不同步、不协调，当然也有金融内部（银行业、证券业、保险业）不协调的因素。

金融协调的若干理论问题

背景说明

本文是国家社会科学基金项目"百年金融制度变迁与金融协调研究"的阶段性成果，原载《经济学动态》2003 年第 10 期。文章认为金融协调是金融制度变迁中的一条主线，金融协调发展与经济发展存在互补性，金融协调是引导报酬递增的一条途径，金融协调可以统一金融的效率与安全，金融协调能够在金融溢出效应中趋利避害等。文章还讨论了金融协调与政府行为的金融边界等问题。

考察百年金融制度变迁的轨迹，透视 1997 年亚洲金融危机以来经济金融的实践对传统金融理论提出的挑战，我们发现，金融的安全与效率，金融对经济的作用的大小，取决于金融协调。虽然金融创新与金融监管对金融协调至关重要，但是决定金融协调运行的关键却是与经济、社会制度相联系的金融制度。本文试图从金融协调的内涵和外延的研究角度出发，谈谈金融协调的有关理论问题。

一、金融协调是金融制度变迁中的一条主线

在研究百年金融制度变迁的轨迹中，我们发现金融协调是金融制度变迁中的一条主线。同时，不仅金融协调问题在金融制度变迁中是如此重要，而且从经济增长机制的角度来研究金融对经济的作用，还发现超越金融制度范畴的制度问题在经济金融发展中更显重要。在这里，想借图 1 来

表明在金融协调理论问题的研究中，各种制度及其之间的相互关系是一条重要的研究主线。

在金融协调的研究中，我认为制度分析是关键。这里的所说的制度分析主要包括两方面的内容。

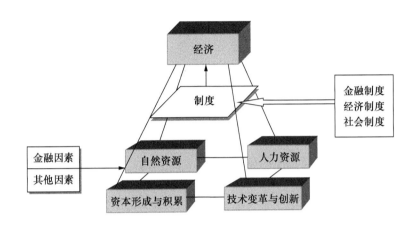

图 1　金融协调的制度关系

第一，这里所指的制度从横向上分为金融制度、经济制度和社会制度三个层次，强调这三个层次的制度之间的协调性和兼容性，才能从根本上提高金融制度的效率。

第二，由于制度本身是不能独立形成和存在的，而必须具有实际承载体和供给主体，如政府、市场或企业组织等，因此金融制度、经济制度和社会制度之间的协调和兼容问题，最终就表现为如何处理政府和市场（包括企业组织）之间的关系。

由上可以概括说，金融协调是在市场规则基础上，各个金融行为主体以金融安全与效率为中心，通过金融组织创新、金融产品创新和金融制度创新，实现金融与经济、社会协调发展的过程。它是金融发展的推动力，也是金融发展的保证。

二、金融协调研究涵盖着广泛的理论问题

金融协调的研究是多层次的（见图 2），包括金融内部协调、金融与经济的协调以及金融与社会的协调等，同时，它的内容也是极其丰富的。需要说明的是，这并不表明金融协调理论是对传统金融理论的简单重复和

加总。恰恰相反，图中大三角和小三角的研究层次表明，金融协调是从一种系统的、动态的和开放的角度，以制度变迁作为连贯主线，跳出单一的金融系统，而从整个社会、经济和金融系统的视角来研究金融问题，形成多层次的理论体系。因此，金融协调研究涵盖了广泛的理论问题，如经济中的互补性、报酬递增、金融效率、金融溢出效应、协调和均衡、国际金融关系协调等。

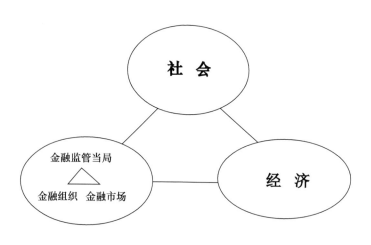

图2　金融协调的层次

（一）金融的创新与发展和经济、社会发展存在明显的互补性

关于经济中的互补性问题，首先是经济发展中的一个一般规律，是由经济发展中分工的不断发展而形成的企业与企业、产业与产业之间的相互联系、相互促进或相互制约的关系。互补性指出了分工经济最本质的方面，即强调市场的相互依赖性和技术的外部性。20世纪50年代日本产业结构合理化之初的产业间相互关系充分表明了由于迂回经济所构成的生产过程的分解和扩张——增加了间接生产链条的长度——而形成的分工，使得一个企业或产业的发展，更多地受到与其相关的一系列企业或产业所形成的整体网络的发展状况的影响和约束。经济中的互补性问题不仅体现在企业或产业之间，在金融业的发展过程中也很明显。20世纪60年代以来在金融工具和金融市场等方面的金融创新，如NOW账户、信用卡、ATM和全球金融市场等，很大程度上得到了现代信息和通信技术发展的物质支持。

（二）金融协调是引导报酬递增的一条途径

关于报酬递增问题的研究最早可以追溯到亚当·斯密的《国富论》。斯密从分工的角度说明了报酬递增产生的过程，并提出了"分工受市场范围的限制"的定理，即分工和专业化是财富增长的主要原因，而分工和专业化又取决于市场范围的扩大。斯密在报酬递增问题上的研究体现在两个层次：一是微观层次的分工。"劳动生产力上最大的增进，以及运用劳动时所表现的更大的熟练、技巧和判断力，似乎都是分工的结果"[①]。其中技术变迁以分工加速知识积累的形成，成为报酬递增永不枯竭的源泉。二是宏观层次的分工因果累积。分工既是经济进步的原因又是其结果，这个因果累积的过程所体现出的就是报酬递增机制。在斯密之后，马歇尔在研究报酬递增问题时，提出了外部经济这个关键性概念，即"可把因任何一种产品的生产规模之扩大而发生的经济分为两类，第一类取决于产业的一般发展"[②]，并指出外部经济的自然增长是报酬递增的唯一源泉。杨格在斯密的劳动分工思想的基础上提出了迂回生产和社会收益递增概念。杨格认为最重要的分工形式是生产迂回程度的加强及新行业的出现。产业间分工和专业化使得迂回生产链加长，也使得市场规模扩大，而扩大的市场会促使分工和专业化进一步扩大。这是市场规模与迂回生产、产业间分工和专业化相互作用、自我演进的报酬递增机制。这种报酬递增的来源有两种。其一，对于某一厂商而言进行专业化生产导致的生产费用的节约而实现的报酬递增；其二，产业间分工呈现出社会分工的网络效应，加之供求的交互作用使产业间分工扩大时报酬互补，从而使整个经济呈现报酬递增，因此产业的分工和专业化是报酬递增的基本组成部分。现代经济理论主要是沿着两条思路对报酬递增问题进行研究。一条沿袭马歇尔的外部经济思想，试图将不完全竞争和外部性结合起来，将报酬递增纳入一般均衡框架，可以称之为以外部性为分析基础的新古典思路；另一条沿袭杨格的"有保证的收益递增依赖于劳动分工的演进"思想，从因果累积和路径依赖的角度研究报酬递增，可以称之为以路径为分析基点的结构主义思路。对于前一条思路，在某种程度上与前面所说的互补性问题相同。

经济发展中的报酬递增，概括为在社会分工的网络效应引致市场规模

---

① 亚当·斯密：《国民财富的性质与原因的研究》，商务印书馆1972年版。
② 马歇尔：《经济学原理》，商务印书馆1982年版。

扩大，从而进一步引起新的分工的经济动态演化进程中，专业化分工所导致的报酬增加的情况。报酬递增突破了新古典学派以报酬不变为基础的瓦尔拉斯一般均衡模式，并把动态的、非均衡的经济进化思想引入经济学分析之中。

对报酬递增问题的分析表明，无论哪一种研究思路，分工都是导致报酬递增的一个重要源泉。在分工深化和市场扩大的过程中，交易费用的产生和不确定性的增大都是影响报酬递增的负效应因素。通过金融制度的协调安排和金融活动的有效运行，可以提高基于金融因素角度的分工深化和市场扩大过程中的交易效率并减少不确定性，引致经济报酬的递增。这是我们真正把握金融在现代经济中作用的一条新的途径。

（三）金融协调理论可以统一金融效率和金融安全

金融效率是金融协调理论研究的中心问题。因为金融协调理论的研究，是在把握金融运行机制的基础上，围绕金融活动的效果，从宏观的系统的观点和动态的长期的观点来研究金融和经济的关系，特别是研究金融对经济发展所产生的促进作用。它一方面强调金融效率在整个金融理论中的特殊地位，这是传统金融理论研究中被忽视的一个问题，而正是这一问题构成了我们正确认识金融与经济关系、正确处理金融问题的关键；另一方面，我们强调金融效率的宏观性和动态性，这与单一关注金融的微观盈利性和静态盈利状况是不同的。

在金融协调理论中将金融效率置于中心地位，这就在研究范畴上涵盖了在现代金融社会中普遍存在的金融安全问题。金融安全可以说是与金融活动在现实中所表现出来的脆弱性相关联的，即金融脆弱性。金融脆弱性的基本内涵是强调脆弱是金融业的本性——由高负债经营的行业特点所决定，这是狭义上的金融脆弱性，有时也称之为金融内在脆弱性。广义上的金融脆弱性是指一种趋于高风险的金融状态，泛指一切融资领域中的风险积聚，包括债务融资和股权融资。随着金融的不断发展，金融脆弱性也由过去狭义上的内在脆弱性转为广义上的脆弱性。与金融脆弱性相对应的就是金融安全。在金融脆弱性伴随着金融和经济发展而频繁演化为金融危机的背景下，强调金融安全并把它提升到事关国家安全的战略高度，也就成为金融经济下社会的重要问题。由于金融效率强调其宏观性、动态性、系统性和长期性特征，因此这也就避免了传统金融理论在研究效率和安全问题时的不必要的片面性。

（四）金融协调能够在金融溢出效应中趋利避害

金融溢出效应是指金融系统包括各构成要素在内作为一个整体产业，其在私人成本和社会成本、私人收益和社会收益方面不相一致的外部性的关系。金融的这种溢出效应的根源在于金融活动作为一种公共产品而产生的外部性问题；而且也根源于金融活动是在市场中运行的，市场是没有边界的。金融溢出效应的特征可以列举如下：①货币所具有的价值尺度与支付手段的职能，使得货币供给者可以获取潜在的铸币税收益，但由此引发的后果却由全社会承担，这是金融活动中因供给货币存在"溢出效应"而具有的第一个外部性。②供给货币因存在"溢出效应"而最终导致由国家垄断货币发行权，但与货币发行机构的货币供给过程相联系的商业银行，也由提供信用职能派生出了存款创造与资本分配功能，这就使商业银行提供信用的服务具有了外部性。③金融活动的第三个外部性来源于金融业的高财务杠杆率所造成的潜在风险，即金融脆弱性。以上所说的金融活动的三种外部性既有正效应也有负效应。因此，对于金融的这种溢出性或者说外部性，就必须运用协调的思想和方法，才能将负效应最大限度地转化为促进经济发展的正效应，实现其激励和约束相容，趋利避害。

（五）协调理论推动均衡理论的发展

协调作为一种系统的和动态的发展观，不等同于均衡，它在均衡理论基础上更多地关注了质的方面和动态发展。均衡理论研究的是一个量及量与量之间的关系问题，而协调不仅包含均衡所研究的量的问题，同时还包括复杂的社会经济活动中无法用量及均衡来分析和反映的许多社会、经济、金融要素及其关系问题。由此也就决定了金融协调不是一种静态的均衡状态，而是一个动态的过程，其中可能同时包含整体均衡与局部不均衡、长期均衡与短期不均衡的并存状况。

（六）国内金融协调与国际金融协调都要重视金融与经济社会各方面的联系

国际金融的一体化趋势在增加金融潜在收益的同时，也增强了金融脆弱性和金融风险，这就成为进行国际金融协调的一个原因。但是国际金融协调的发展事实上直接影响着一个国家经济决策的独立性。基于社会、经济和金融三个相互联系的视角而提出的金融协调理论，更加强调社会和经济对金融的影响和作用，这完全符合国际金融协调在社会和经济方面的多样性和差异性背景。所以，国内金融协调与国际金融协调都要重视金融与经济社会各方面的联系。

至此，我们可以这样来概括金融协调的理论意义：金融协调不仅是金融的应用理论，从更深层的角度看，它是金融的基础理论。

三、遵循系统的观点是金融协调研究的根本原则

金融协调的原则，不仅要考虑数量发展和质量发展的统一、宏观效率与微观效率的统一、动态效率与静态效率的统一，还要考虑以金融系统为中心的包括社会系统、经济系统和金融系统在内的综合系统。从系统方法论的角度出发，金融协调的原则还包括以下几点。

（一）整体性和综合性原则

在广义金融系统中，金融要素与经济社会各要素之间存在着的相互作用和相互联系，要求在研究金融系统时必须从金融经济总体发展的角度出发，通过分析和综合的有机结合，从整体上综合处理和解决金融系统问题。

（二）结构性原则

由于不同金融系统结构的差异是金融发展过程中由量变引起质变的重要表现形式，所以金融系统结构常常影响和决定着金融系统的功能，它不仅是金融演进的承载体，也是协调金融安全和效率的关键。

（三）动态性原则

从纵向上看，金融协调是一个动态的历史发展过程，在协调的目标和方法上又具有阶段性特征。

（四）协同—竞争原则

在系统中，协同与竞争是相互依存而又相互排斥的，二者的辩证对立统一关系形成了系统有序化的内在机制。这就要求协调处理金融系统的子系统之间因竞争与协同而对独立性和能动性产生的正负两种潜在效应，或者说正确处理竞争与合作的关系。

四、金融协调的方法与政府行为的金融协调边界

金融协调方法，总的说来无非是市场协调、政府协调与第三种协调①。具体说，从协调的组织类型看，存在政府组织与非政府组织、市场

---

① 指市场与政府以外的第三种协调，即经济手段与行政手段以外的手段，如道德、社会习惯等。

组织与非市场组织。政府是最大而非唯一的非市场组织，除政府之外，还有其他非市场组织；同样，在经济体系中，除市场组织之外，还存在其他非政府组织，如企业。从协调组织的目标看，市场组织和企业组织必须以经济价值为核心，或者说主要以经济价值为核心目标；政府不能以经济价值为核心目标，或者说不能以经济价值作为最重要的目标。因此，金融协调方法的构成要素就包括市场协调（市场组织协调和企业组织协调）、政府协调和第三种协调。

沿着以上分析的思路，一个不可避免并合乎逻辑的问题就是在金融发展过程中如何处理政府与市场的关系，即政府行为的金融协调边界。在经济学关于政府与市场关系的研究和争论中，存在着二元论，即政府作用于经济的方式包括两种平行对立的观点。一是市场亲善论，即市场是唯一和最适的资源配置机制，政府的作用是为市场交易提供法律基础设施和提供极端市场失灵情况下所缺失的产品（包括执行稳定的宏观经济政策，即新古典经济学的政府调控论）。二是国家推动发展论，即政府应该规制市场，政府可以作为市场的替代，通过政府干预来弥补市场失灵。这种有关政府与市场关系的二元论研究视角的基本特点是：对政府与市场采取一种本质主义和非历史的态度，把它们作为完全平行的、对立对等的和非此即彼的两个极端。在回答政府和市场应在经济体系中承担何种职能、发挥怎样作用的问题时，"要么是在相对完善的政府和不完善或不充分的市场间进行选择，要么是在相对完善的市场和不完善的或不充分的政府之间进行选择"[1]，把政府或市场分别作为理想的、优于另一方的资源配置机制。当一方出现所谓失灵、失败现象时，不合逻辑地认定另一方即是弥补该缺陷的合适选择；"忽视政府制度、市场制度的历史演进，对政府与市场的关系进行纯逻辑的分析和故事性的经验总结；把特定类型的政府或市场在特定的经济发展阶段之中和特定经济情境之中的具体职能或特定政策，理解为它们的本质规定性。"[2]

经济制度的演变过程表明，与这种二元论相反，政府与市场二者之间并不是一种并列平行的关系，而是一种共生关系。"政府与市场之间的共生关系，首先是一个事实，其次才是一种观念。"[3] 在此基础上需要进一

---

① 查尔斯·沃尔夫：《市场或政府——权衡两种不完善的选择/兰德公司的一项研究》，中国发展出版社1994年版。

②③张群群：《超越二元论：对政府与市场关系的反思》，《当代经济科学》2000年第6期。

步指出的是，由于政府与市场所涉及的具体社会领域是不完全相同的，并且政府与市场有各自明确的运作原则和作用范围，因此政府与市场之间的共生关系形态不应当是亲密无间的，而应该保持距离，即一种有距离的共生关系。政府与市场之间的这种距离还体现在，二者虽可借用对方的某些机制和手段，但它们不能以自身的意愿、宗旨和原则，全面地设计和改造另一方。

超越了二元论，也就提出了政府作用于经济的第三种方式，即市场增进论。市场增进论认为，政府最积极的作用在于增强和发展每个人的意志行使能力和经济活动能力，并以一种更具竞争力、有序的方式协调其分散的决策，而不是被动地加以指导或使之无序竞争，从而增强民间部门解决市场失灵的问题的能力。市场增进论强调政府在企业与市场间的协调作用，即创造条件，促使有可能无法实现的有效经济结果得以实现。

需要指出的是，以上对二元论的批判并不意味着否定了市场亲善论和国家推动发展论的合理内涵。而是根据金融发展的初始条件和内外部约束条件，在市场亲善论、国家推动发展论和市场增进论之间进行相机决定，这也符合协调的动态性和历史性的要求。

政府行为的金融协调边界可以概括为三种情况：

第一种情况强调在金融协调中政府的干预行为。这是政府与市场的第一种协调组合。市场失灵为政府干预金融提供了依据，但是政府对金融的干预并不能因代表国家权力而超越市场经济原则不受限制，应该存在着某种行为边界。政府干预金融是市场失灵条件下的必然选择，这就决定了政府干预金融的范围是产生外部性的金融公共领域与信息问题引起的市场失灵。

第二种情况强调政府替代非政府组织进行金融市场协调时应采取阶段性和渐退式的政策，即政府协调对市场协调的替代式促进。政府介入的领域是市场交易规则，而不是市场交易过程；介入的程度是一个由深及浅、由广及窄的过程。

第三种情况强调在金融协调中政府的制度供给和创新行为。金融的制度安排、制度结构、制度框架、制度环境和制度创新决定了金融的经济绩效。在制度规则的约束下，一方面，可以有效降低环境的不确定性，提供收益和成本预期的根据，从而提高经济主体对环境的认识和计算能力——针对人的有限理性假定；另一方面，制度规则提供了惩罚和鼓励的准则，为经济主体在追求利益过程中进行收益、成本计算提供了依据，可以减少人的"偷懒"或"搭便车"及其他损人利己的行为和倾向——针对人的机会主义倾向假定。二者都使交易费用得到降低，以此提高经济效益。而政府是制度供给和制度创新的一个主体。这样，在金融协调过程中，"强制执行难以'自我实施'的契约和承诺"就是政府行为的最适选择。协调既可以是通过颁布政策提供租金协调，如金融约束政策，又可以是制度协调，还可以有一定的组织协调。

这样，也就解决了关于政府协调的机制、内容与范围等方面的问题，即政府应与市场合作以发展金融基础设施——"包括规则和体制在内的一个基本框架，居民和企业在此框架内进行规划、谈判和实施金融交易"①。它包括法律和监管结构、监管资源及其操作、信息结构（如会计与审计规则及其实践、信贷管理、评级机构、公共登记机构等）、流动性便利、支付和证券清算系统，以及交易系统（如证券支易和持牌上市服务、交易规则、通信和信息平台）等。

综上所述，金融协调理论是在金融的单一结构以及金融、经济和社会之间的系统结构不断深化和复杂的环境下，从系统的、动态的和开放的角度对金融理论和实际问题的一个尝试性研究。在金融协调理论还无法充分涉及传统金融理论的每一个分支层面的情况下，金融协调理论更强调它所包含的协调思想。这一思想是否正确，期待着经济理论界朋友们的评判。

---

① 世界银行报告小组：《金融与增长——动荡条件下的政策选择》，经济科学出版社 2001 年版。

金融协调的经济学分析

背景说明

　　本文是 2003 年 2 月为中国金融学会年会提交的论文。文章从经济学的角度，对金融协调在金融作用于经济中的制度安排、政府与市场、互补性、报酬递增、效率与安全、溢出效应、协调与均衡等方面进行了分析，认为金融协调发展取决于金融、经济和社会制度的安排，需要政府在遵循市场规律基础上的调控，金融协调的经济意义在于扩大金融作用于经济的正效应，兼容金融效率与金融安全，并试图对金融协调的理论作进一步的阐述。

　　在已经作过的金融协调理论研究中，我们主要是沿着考察金融制度变迁的轨迹和透视 1997 年亚洲金融危机对传统金融理论提出的挑战，以中庸哲学、信息经济学、博弈论、新制度经济学理论为基础，以金融效益为中心，以系统科学为方法论，提出了金融协调理论的内容和思想框架，其范围涵盖了金融协调的理论基础、方法论以及在各个层面上的基本思路[①]。这里试图从经济学的角度对金融协调作进一步的讨论。

一、金融能否协调发展取决于金融、经济和社会制度的安排

　　在既往的金融协调研究中，我们把金融制度变迁的轨迹作为一条背景主线，从中揭示金融协调的规律性和核心内涵。事实上，不仅在金融协调

---

① 孔祥毅等：《百年金融制度变迁与金融协调》，中国社会科学出版社 2002 年版。

研究的领域内制度问题是如此重要，若从经济增长机制的角度来研究金融对经济的作用，超越金融制度范畴的制度问题更显重要。图1可以表明，在金融协调发展和经济稳定增长中，各种制度及其之间的相互关系是贯穿其始终的一条主线。

在金融协调的研究中，我们强调要以制度分析为关键，这里的制度分析主要包括两方面的内容。

首先，在金融作用于经济的过程中，必须通过金融制度、经济制度和社会制度的层面，这三个方面的制度及其之间的协调性和兼容性，能够从根本上提高金融制度的效率，从而提高金融效率及金融对经济作用的效率。

其次，在金融对经济作用的过程中，制度本身是不能独立形成和存在的，它取决于当时的自然资源、人力资源、资本的形成与积累、技术变革与创新以及政府对这些资源的认识、管理和决策等，简单说是政府与市场，包括企业组织在内，是制度的实际承载体和供给主体。因此，金融协调所依赖的金融制度、经济制度和社会制度之间的协调和兼容问题最终表现为如何处理政府和市场关系。

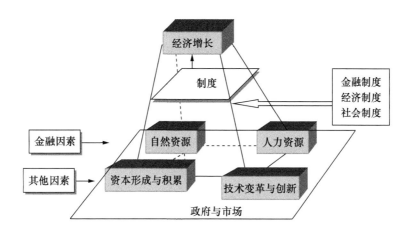

图1　金融协调的制度关系

二、金融协调中的政府与市场

在最初提出金融协调问题时，曾经指出金融协调的方式包括市场机制协调、计划和行政机制协调以及网络协调。经济发展的复杂性，决定了在宏观经济问题上，完全依靠市场调节常常出现市场失灵，完全依靠政府调节也常常出现政府失灵，理想的办法是二者的结合。但是，一个不可避免并合乎逻辑的问题就是在金融发展过程中如何处理政府与市场的关系，即政府行为的金融协调边界问题。

在经济学关于政府与市场关系的研究和争论中，存在着二元论，即政府作用于经济的方式包括两种平行对立的观点。一是市场亲善论，即市场是唯一和最适的资源配置机制，政府的作用是为市场交易提供法律基础设施和提供极端市场失灵情况下所缺失的产品。二是国家推动发展论，即政府应该规制市场，政府可以作为市场的替代，通过政府干预来解决市场运行中问题。这种有关政府与市场关系的二元论研究视角，往往把它们作为完全平行的、对立的和非此即彼的两个极端，"要么是在相对完善的政府和不完善或不充分的市场间进行选择，要么是在相对完善的市场和不完善的或不充分的政府之间进行选择"①，把政府或市场分别作为理想的、优于另一方的资源配置机制，当一方出现所谓失灵、失败现象时，不合逻辑地认定另一方即是弥补该缺陷的合适选择。"忽视政府制度、市场制度的历史演进，对政府与市场的关系进行纯逻辑的分析和故事性的经验总结；把特定类型的政府或市场在特定的经济发展阶段之中和特定经济情境之中的具体职能或特定政策，理解为它们的本质规定性。"②

经济制度的演变过程表明，与这种二元论相反，政府与市场二者之间并不是一种并列平行的关系，而是一种共生关系。"政府与市场之间的共生关系，首先是一个事实，其次才是一种观念。"③在此基础上需要进一步指出的是，由于政府与市场所涉及的具体社会领域是不完全相同的，并且政府与市场有各自明确的运作原则和作用范围，因此政府与市场之间的共生关系形态不应当是亲密无间的，而应该保持距离，即一种有距离的共生关系。政府与市场之间的这种距离，还体现在二者虽可借用对方的某些机制和手段，但它们不能以自身的意愿、宗旨和原则，全面地设计和改造另一方。

超越了二元论，也就提出了政府作用于经济的第三种方式，即市场增进论。市场增进论认为，政府最积极的作用在于增强每个人的积极性和经

---

①③　查尔斯·沃尔夫：《市场或政府——权衡两种不完善的选择/兰德公司的一项研究》，中国发展出版社 1994 年版。

②　张群群：《超越二元论：对政府与市场关系的反思》，《当代经济科学》2000 年第 6 期。

济活力，以竞争有序的方式协调市场中的分散决策，而不是被动地指导或者使之无序竞争，市场增进论强调政府在企业与市场间的协调作用。这种"协调"，就是创造条件，促使有可能无法实现的有效经济结果得以实现，并通过它的强制权力保证其实施。这里无意批判否定市场亲善论和国家推动发展论的合理内涵，而是强调金融协调核心含义在于根据金融发展的初始条件和内外部约束条件，在市场亲善论、国家推动发展论和市场增进论之间进行相机决定，这也符合协调的动态性和历史性的要求。

金融协调中的政府行为的边界，可以概括为三种情况：第一种情况强调在金融协调中政府的干预行为。这是政府与市场的第一种协调组合。市场失灵为政府干预金融提供了依据，但是政府对金融的干预并不能因代表国家权力而超越市场经济原则不受限制，应该存在着某种行为边界。这种边界决定了政府干预金融的范围是产生外部性的金融公共领域与信息问题引起的市场失灵。第二种情况强调政府替代非政府组织进行金融市场协调时应采取阶段性和渐退式的政策，即政府协调对市场协调的替代式促进。政府介入的领域是市场交易规则，而不是市场交易过程；介入的程度是一个由深及浅、由广及窄的过程。第三种情况强调在金融协调中政府的制度供给和创新行为。金融的制度安排、制度结构、制度框架、制度环境和制度创新决定了金融的经济绩效。在制度规则的约束下，一方面，可以有效降低环境的不确定性，提供收益和成本预期的根据，从而提高经济主体对环境的认识和计算能力——针对人的有限理性假定；另一方面，制度规则提供了惩罚和鼓励的准则，为经济主体在追求利益过程中进行收益、成本计算提供了依据，可以减少人的"偷懒"或"搭便车"及其他损人利己的行为和倾向——针对人的机会主义倾向假定。二者都使交易费用得到降低，以此提高经济效率。而政府是制度供给和制度创新的一个主体。这样，在金融协调过程中，强制执行市场难以自然实施的合约和承诺就是政府行为的主要关注点。政府协调既可以是通过颁布政策提供租金协调（如金融约束政策），又可以是制度协调，还可以有一定的组织协调。

因此，这也就解决了关于政府协调的机制、内容与范围等方面的问题，即政府应与市场合作以发展"金融基础设施"。这里的"金融基础设施"是指"包括规则和体制在内的一个基本框架，居民和企业在此框架内进行规划、谈判和实施金融交易"。① 其中主要是法律和监管结构（包括规则与合同的履行机制）、监管资源及其操作、信息结构（如会计与审计规则及其实践、信贷管理、评级机构、公共登记机构等）、流动性便利、支付和证券清算系统，以及交易系统（如证券交易和持牌上市服务、交易规则、通信和信息平台）等。

三、金融协调中的经济学问题

由于金融协调讨论的是金融发展、金融效率、金融安全和金融对经济的作用，所以金融协调包含了广泛的经济学理论问题，如经济中的互补性、报酬递增、效率与安全、溢出效应、协调与均衡、国际协调等。

（一）金融协调包含金融与经济社会发展之间的互补性

经济中的互补性问题，是经济发展中的一个一般规律，是由经济发展中分工的不断发展而形成的企业与企业、产业与产业之间的相互联系、相互促进或相互制约的关系。互补性指出了分工经济最本质的方面，即强调市场的相互依赖性和技术的外部性。20 世纪 50 年代日本产业结构合理化之初的产业间相互关系充分表明了由于生产过程的分解和扩张——增加了间接生产链条的长度——而形成的分工，使得一个企业或产业的发展，更多地受到与其相关的一系列企业或产业所形成的整体网络的发展状况的影响和约束。经济中的互补性问题不仅体现在一般企业或产业之间，在金融业的发展过程中也很明显。金融业的产生本身就是从企业生产经营活动中分离出来的，是企业财务的延长，金融业的独立发展和不断创新，不断地节省着流通费用，降低着全社会的交易成本。20 世纪 60 年代以来在金融工具和金融市场等方面的金融创新，如 NOW 账户、信用卡、ATM 和全球金融市场等，在很大程度上得到了现代信息和通信技术发展的物质支持。金融业与非金融产业有着明显的互补性。

（二）金融协调是引导报酬递增的一条途径

关于报酬递增问题的研究最早可以追溯到亚当·斯密的《国富论》。斯密从分工的角度说明了报酬递增产生的过程，并提出了"分工受市场范围的限制"的定理，即分工和专业化是财富增长的主要原因，而分工和专业化又取决于市场范围的扩大。斯密在报酬递增问题上的研究体现在

---

① 世界银行报告小组：《金融与增长——动荡条件下的政策选择》，经济科学出版社 2001 年版。

两个层次：其一是微观层次的分工。"劳动生产力上最大的增进，以及运用劳动时所表现的更大的熟练、技巧和判断力，似乎都是分工的结果"①。其中技术变迁以分工加速知识积累的形成，成为报酬递增永不枯竭的源泉。其二是宏观层次的分工因果累积。分工既是经济进步的原因又是其结果，这个因果累积的过程所体现出的就是报酬递增机制。在斯密的劳动分工思想的基础上，杨格提出了迂回生产和社会收益递增概念，认为最重要的分工形式是生产迂回程度的加强及新行业的出现使产业链延长，也使得市场规模扩大，而扩大的市场会促使分工和专业化进一步扩大。这是市场规模与迂回生产、产业间分工和专业化相互作用、自我演进的报酬递增机制。这种报酬递增的来源有两种，一是对于某一厂商而言进行专业化生产导致的生产费用的节约而实现的报酬递增；二是产业间分工呈现出社会分工的网络效应，加之供求的交互作用使产业间分工扩大时报酬互补，从而使整个经济呈现报酬递增，因此产业的分工和专业化是报酬递增的基本组成部分。

经济发展中的报酬递增，突破了新古典学派以报酬不变为基础的一般均衡模式，并把动态的、非均衡的经济进化思想引入经济学分析之中。对报酬递增问题的分析表明，分工是导致报酬递增的一个重要源泉。在分工深化和市场扩大的过程中，交易费用的产生和不确定性的增大，都是影响报酬递增的负效应因素。通过金融运行环境的制度安排，金融工具、金融业务和金融制度的科学设计，促进金融活动的协调运行，提高基于金融因素的分工深化和市场扩大过程中的交易效率和减少不确定性，从而导致经济报酬的递增，这可能是我们真正把握金融在现代经济中作用的一条新的途径。

（三）金融协调可以统一金融效率和金融安全

金融效率是金融协调的中心问题。它要求在协调金融运行机制的基础上，不仅把握金融活动的直接效应，也要把握金融运行的溢出效应，从宏观的系统的角度和动态的长期的观点，保证金融作用于经济的尽可能大的正效应，强调金融效率的宏观性和动态性，避免只重视金融活动的微观盈利和静态效率的观念。

在金融协调中将金融效率置于中心地位，这就在研究范畴上涵盖了在

---

① 亚当·斯密：《国民财富的性质与原因的研究》，商务印书馆 1972 年版。

现代金融中普遍存在的金融安全问题。金融安全可以说是与金融活动在现实中所表现出来的脆弱性相关联的。金融脆弱性是由金融业的高负债经营的行业特点所决定的，这也是金融业的本性，是金融内在的脆弱性，可以称为狭义上的金融脆弱性。随着金融的不断发展，金融领域中可能出现风险积聚，以至趋于高风险的金融状态，于是金融脆弱性也就会由过去狭义上的内在脆弱性转为广义上的脆弱性。与金融脆弱性相对应的就是金融安全。在金融脆弱性伴随着金融和经济发展而频繁演化为金融危机的背景下，强调金融安全并把它提升到事关国家安全的战略高度，也就成为金融经济社会的突出问题。

在实践中，强调金融效率，常常容易忽视金融风险，以致产生风险积累效应，影响金融安全；强调控制金融风险，常常容易影响金融业的经营效益，导致金融效率降低。而金融协调的根本目的、手段以及协调的过程，正在于提高金融效率，降低风险，保证金融安全。可见金融协调兼容了金融效率和金融安全两个方面。

（四）金融溢出效应直接或间接影响经济和社会

金融活动的溢出效应比其他经济活动的溢出效应更为突出。金融溢出效应是金融系统包括各构成要素在内作为一个整体产业，其私人成本和社会成本、私人收益和社会收益方面不相一致的外部性的关系，根源在于金融活动是一种公共产品，而且也根源于金融活动是在市场中运行的，市场是没有边界的。金融溢出效应的特征可以列举如下：①货币所具有的价值尺度与支付手段的职能，使得货币供给者可以获取潜在的铸币税收益，但由此引发的后果却由全社会承担，这是金融活动中因供给货币存在的外部性，亦即溢出效应。②供给货币因存在溢出效应而最终导致由国家垄断货币发行权，但与货币发行机构的货币供给过程相联系的商业银行，也由提供信用职能派生出了存款创造与资本分配功能，这就使商业银行提供信用的服务具有了外部性。③金融业在金融活动中的高财务杠杆率，对经济发展有好处，但是也造成潜在的金融风险，使金融业带有脆弱性。

以上所说的三种金融溢出效应，既有正效应，也有负效应。对于金融效应的这种溢出性，只有运用协调的思想和方法，才能将负效应最大限度地转化为促进经济发展的正效应，实现其正效应激励与负效应约束的相容。

（五）金融协调实践推动均衡经济的发展

协调作为一种系统的和动态的发展观，不等同于均衡，它在均衡理论基础上更多地关注了质的方面和动态发展。均衡理论主要研究的是量，是量与量之间的关系问题；而协调所研究的不仅包含均衡所研究的量的问题，同时还要研究复杂的社会经济活动中无法用量及均衡来分析和反映的许多社会、经济、金融要素及其关系问题。比如，金融资源的流动与配置，包括在各个层次上或相关要素之间的博弈，会推动长期和整体的均衡，使金融与经济不断向前发展。当外部规则发生变化时，会产生新的博弈，这又将推出新的均衡，由此也就决定了金融协调不是一种静态的均衡状态，而是一个动态的过程，其中可能同时包含着整体均衡与局部不均衡、长期均衡与短期不均衡的并存状况。在金融协调理论研究与实践中，相信会不断地推动均衡理论和均衡经济的发展。

（六）金融协调包括国际金融协调发展

世界金融的全球化、一体化趋势，在增加金融潜在收益的同时也增强了金融脆弱性和金融风险，这是金融溢出效应在国际交往中的反映。国内经济金融活动可以影响外国，外国经济金融活动也会影响本国。这是进行国际金融协调的主要原因。美联储前主席保罗·沃尔克在其与日本金融专家合作的《时运变迁》一书在谈到国际金融协调时写道：简单地说，协调就是一个国家的政府在国际磋商的基础上采取行动，而不是按一方之见行事，要预测其他国家可能做出的决定。而决定的时间、程度和实质，会受到其他国家行为的影响，反之亦然。如果各国的行动相互补充，最终所有国家的国内、国际目标相对而言更容易达到。

国际金融协调最大的现实障碍在于各国政治、经济、文化、宗教等方面的巨大差异。反过来说，国际金融协调的发展事实上直接影响着一个国家经济决策的独立性。国际协调意味着，在国际协议和相互理解的基础上制定和改变国内政策，而这种理解也对其他国家的政策产生影响。只有各国政府采取相互一致的行动，方能避免全球性金融危机。全球性的通力合作或协调一致，必将使金融市场更为稳定，并且使金融投机者极大地丧失套汇、套利的机会，结果不仅会促进市场的理性化，而且同时也会促进政府行为的理性化。

金融协调是从金融、经济和社会是相互联系的三个系统的大系统视角而提出的理论问题，它强调社会和经济对金融的影响和作用，这完全符合国际金融协调在社会和经济方面的多样化和差异性背景。所以，国内金融协调与国际金融协调都要重视金融与经济社会各方面的联系。

总之，金融协调理论是在金融本身以及金融、经济和社会之间的关系不断深化和复杂的环境下，从系统的、动态的和开放的角度对金融理论和实际问题的一个尝试性研究，还很不成熟，希望得到各方面的批评。

协调·金融协调·宏观金融协调

背景说明

本文是 2004 年 5 月 30 日在南京审计学院主办的"中国金融改革与经济发展研讨会"上的演讲稿。应山西金融学院的要求曾在该院《山西金融学院学报》2004 年第 10 期刊发。

在各种不同的矛盾和利益组合的冲击下，协调问题越来越成为人们谈论的热点问题，特别是十六届三中全会以后，上至中央政府，下至平民百姓，都在谈论自己所理解的协调问题。本文试图从协调、金融协调到宏观金融调控协调谈一些看法。

一、协调·社会经济协调

在事物的复杂关系中，各有关方面处于既能表现自己，又能容忍对方的合作承受过程，并且得到最佳效率，可以称之为协调。其内涵可以包括三个方面的统一：一是某事物与周围相关事物存在的某种关系；二是某事物与周围相关事物相互承受的过程；三是经济社会效率最佳。这就是说，协调是各种事物的对立统一，取中正的立场，避免忽左忽右两个极端。在经济社会博弈中，矛盾的双方处在统一体中，无时无处不在，这就是协调存在的前提。协调的办法是中庸之道。毛泽东说："孔子的中庸观念……是孔子的一大发现，一大功绩，是哲学的重要范畴，值得很好地解释一番。"① 协调所需要的中庸思想，表现为三点：第一是"过犹不及"，"过"与"不及"都是不好的，不左不右才是中正的。中正的标准是均衡思想，不是折中主义。第二是"和而不同"，矛盾对立面的和谐是"和"，取消矛盾对立面是"同"。孔子说："君子和而不同，小人同而不和。"② 坚持有原则的和睦相处，反对无原则的同意。第三是"时中"与权变，协调需要认同中庸哲学的"时中"，随着时间和条件的变化而变化，审时度势，灵活权变，即动态调整。

在社会学中谈到社会协调的时候，有一种观点很值得我们重视，这就是社会资本，指的是社会组织的特征，例如信任、规范和网络，它们能够通过推动协调的行动来提高社会的效率。③ 在一个社会系统中，各要素之间或子系统之间，当有关各方进行交往并相互行动时，能够在统一的目标引导下，使各方面的功能得到充分的发挥，并促成统一目标的最优化的实现，这就是社会协调。

在经济学中，厉以宁教授提出在市场调节和政府调节之外，还要有第三种调节，即道德力量在经济中的调节作用④。他认为社会的协调、人际关系的协调、人对社会的适应，对效率的增长有着十分重要的意义。不协调、不适应带来效率损失，协调、适应产生效率。效率始终伴随着协调与适应。在社会变动过程中，只有不断协调，不断适应，效率才会不断提高。协调，就是要坚持适应性原则。在经济学研究中，人们注意到了竞争与合作的关系，虽然存在激烈的竞争，但是随着理性意识的提高，在竞争中的合作倾向越来越强烈。⑤ 如果将市场竞争看作一种人们经济活动的协调方式，合作和协作就可以看作一种高效率的协调方式。

从制度经济学角度看，"制度的一个功能就是使复杂的人际交往过程变得更易理解和更可预见，从而不同个人之间的协调也就更易于发生。""在一个信用制度保障了币值稳定的国家里，公民对储蓄和投资于货币资产以及为经济发展所必需的资本储备提供资金，都会很有信心。"⑥

当然，与交易需要成本一样，协调也是需要成本的，但协调成本更多

① 《毛泽东书信选集》，中央文献出版社 2003 年版。
② 《论语·子路》。
③ 李惠斌、杨雪冬：《社会资本与社会发展》，社会科学文献出版社 2000 年版。
④ 厉以宁：《超越市场与超越政府》，经济科学出版社 1999 年版。
⑤ 黄少安：《经济学研究重心的转移与合作经济学构想》，《经济研究》2002 年第 5 期。
⑥ 柯武刚、史漫正：《制度经济学》，商务印书馆 2000 年版。

地涉及信息特征，包括信息的收集、沟通及交易的一些费用，例如发达国家中的服务部门迅速增加，这与不断趋于复杂化的生产和交易网络有关，在很大程度上构成了协调成本。近20多年来，东亚经济之所以能够取得较快的发展，一方面是充分发挥了市场在资源配置方面的有效作用，另一方面是由于政府针对市场失灵问题，对经济采取了合理的干预措施。市场的一个主要功能就是协调，成千上万的企业在做出生产决定时，都要通过价格和市场这一机制来进行彼此间的经济协调。但是当市场不健全或不存在时，这种信息传递将无法有效地进行，政府的协调就非常必要。[1] 从发展经济学看，规模经济、相互依赖的投资、外部效应都会引起协调问题。东亚各国政府通过直接建立协调机构、鼓励中介机构发挥作用、进行协调指导和建立相应的制度等方式来加以解决，其效果非常明显。[2] 因为在经济生活中，仅靠市场或代表自身利益的经济当事人之间的合作或不合作谈判，常常可能维持不了有效的经济结果。由于存在互补性、信息不对称或缺乏可信的承诺等，可能导致多种经济均衡可能性的出现，此时，政府创造条件，促使有可能无法实现的有效经济结果得以实现，并通过它的强制权力保证其实施，这种行为就是一种经济协调。

经济活动中协调的必要性可以概括为四点：第一，经济环境的快速变化，对未来的预测比较困难，未经成熟市场洗礼的企业更需要较多的协调，以减少未来不确定性对自己的影响。第二，在企业融资中，银行为了减少贷款风险，对信贷项目的有效性进行评估和严格筛选，在信贷配给存在的条件下，协调是断不可少的。第三，规模经济与资本市场规模可能存在的不适应，需要在筹资者、投资者、资本市场、市场规模之间进行宏观上的协调。第四，相互依存的互补性的投资形成的外部效应，也要求进行相应的协调。

二、金融协调

金融是经济社会大系统中的一个子系统，它的发展受到经济社会发展规律的影响和制约。从金融制度变迁的历史，特别是近百年的金融史，我们清楚地看到，金融学研究的货币、信用与资本，常常不能局限于实物资本、金融资本等概念，社会也同样影响着资本的形成与积累，影响着资本

① 世界银行政策调研报告：《东亚奇迹》，中国财政经济出版社1995年版。

② 青木昌彦等：《政府在东亚经济发展中的作用》，中国经济出版社1998年版。

的循环与周转。看不到社会资本的存在，不给社会资本一定的研究地位，金融研究是不全面的，金融发展就可能是更脆弱的。1997 年亚洲金融危机对世界经济的巨大影响，使我们不得不反思，就金融论金融有局限性。金融的高效健康运行，不仅需要金融内部的协调，而且需要金融与经济、社会协调。从另外一个角度看，金融协调与其说是一个政策手段问题，不如说是一个更深刻的认识金融本质问题，金融自身的一些属性有一定的公共性。金融协调理论是在充分把握经济发展变迁中普遍存在的互补性和报酬递增的现实条件下，以金融效率为中心，运用系统分析和动态分析的方法，研究金融及其构成要素的发展变化规律，以及它们的收益、成本、风险状态和运动规律，并研究由此决定的内部效应与溢出效应，揭示金融内部构成要素之间、金融与经济增长、金融与社会协调发展的一般规律，从而构造金融协调运行的政策调控体系，以促进金融与经济高效、有序、稳定、健康发展。因为，金融的创新与发展和经济、社会发展存在明显的互补性；金融协调是引导报酬递增的途径之一；金融协调可以统一金融效率和金融安全；金融协调能够在金融溢出效应中趋利避害；金融协调推动着均衡理论的发展[1]。简单一点说，金融协调是在市场规则基础上，各金融行为主体以金融安全与效率为中心，通过金融组织创新、金融产品创新和金融制度创新，实现金融与经济、社会协调发展过程。它是金融发展的推动力，也是金融发展的保证[2]。一部金融发展史就是一部金融协调史，贯穿于世界金融发展史中的一条主线就是金融制度的变迁，即金融自身发展及金融推动经济社会发展的过程与经济社会决定影响制约金融发展是一个互动的过程，也是金融内部结构及金融与经济社会之间的协调过程。

传统的金融理论是与 20 世纪的经济环境相适应的，其研究对象是经济运行环境相对稳定情况下的资金运动问题。在现代经济中，由于信用关系的普及，债权债务关系的相互依存，金融资产规模不断膨胀，虚拟资本迅速扩大，并成为影响实体经济运行的主要因素，不确定性增大，变化速度加快，使得金融协调越来越成为经济活动中的突出问题。

中共中央在 2003 年提出了"坚持以人为本，树立全面、协调、可持续的发展观，促进经济社会和人的全面发展"的新发展观，2003 年底对 2004 年经济工作提出了按照稳定政策、适度调整，深化改革、扩大开放，

---

[1] 孔祥毅：《金融协调：一个新的理论视角》，《金融时报》2000 年 2 月 10 日。
[2] 孔祥毅：《关于金融协调的若干理论问题》，《经济学动态》2003 年第 10 期。

把握全局、解决矛盾，统筹兼顾、协调发展的思路，实现国民经济持续快速协调健康发展和社会全面进步，表明全面协调可持续的发展观，已成为我国经济金融发展的新航标。

三、宏观金融协调

金融协调的层次，有宏观金融协调与微观金融协调。宏观金融协调包括宏观金融自身以及与外部各经济社会政策间的协调。比如宏观金融结构的协调、金融监管机构的协调（央行、外管局、银监会、保监会、证监会、财政与发改委）、内资与外资的协调、虚拟资本与实体经济的协调、货币政策与其他宏观政策的协调、货币政策的国际协调等。但是货币政策对宏观经济的调控及其相关问题的协调则是宏观金融协调的重点。

（一）货币政策目标的适应性变迁

目前，国内外对于货币政策中介目标的选择问题讨论热烈，有的说应保持货币供应量，有的说应关注利率，还有的说应扩大范围，关注通货膨胀率或者将金融资产价格指数纳入监控范围等。其实，说到底，就是一个关于金融环境变迁与货币政策目标能否兼容、彼此之间能否协调、步调能否一致的预测和影响金融与经济的问题。在这里，主要是商品市场和金融市场的联通和联动的特性对货币政策目标的影响。

现实中的货币不仅服务于商品市场，也服务于金融市场的交易。随着经济金融化进程的加快，金融市场越来越脱离了商品市场的制约，交易规模不断扩大，呈现出自身的特有规律，这种趋势也带来货币流通及经济运行态势的显著变化。

金融市场的功能之一在于提供投资与资源配置相关信息。但若是金融市场的投机因素过大，就会妨碍其功能的发挥，带来一些负面影响。当人们预期价格上涨时，市场便会吸引大量的资金，抬升价格，并强化原有的预期，直到人们的预期发生改变。股市中的中坚力量的预期将成为股市中的决定因素，利用资金实力对市场进行操纵，或者通过造市诱导别人的预期，并利用散户的"从众"心理，获得盈利。这样，资金实力成为投机性金融市场中的竞争优势，使其成为多余资金的"吸纳源"。此时，商品市场和金融市场之间客观存在的货币连通器，会方便地使资金由商品市场流向金融市场，促使金融市场价格上升。而商品市场出现资金短缺，银行体系便向其注入资金，以维持商品市场购销两旺、价格平稳的局面。中央银行通过监测 M2 和控制商品物价水平，并没有发现超量货币供应的迹象。随着金融市场价格的进一步上涨，资金转移更为加深，甚至通过房地产金融等助长投机性经济扩张，经济出现虚假繁荣。但金融市场的资产价格不能无限地偏离其基本价值的支持。当这种偏离越来越大时，预期反转的可能性也越来越大，几乎任何信息都可能使泡沫崩溃。当泡沫崩溃的一天真的来临时，价格便会急剧下跌，金融市场发生动荡。个别获利了结的庄家大户抽款撤资，而多数客户则被高位套牢，资金联通受阻，债务链发生危机，银根紧缩，信心受挫，市场低迷，经济陷入困境。

从中可以看出，投机者对资金的过量需求，会成为商品市场的冲击源，如果中央银行割裂金融市场与商品市场的资金联动关系，只盯着商品市场的物价水平，并将其作为调控货币供给量的标志，就很难控制泡沫经济的形成与崩溃。所以，协调金融市场与商品市场的关系，需要将证券市场的价格纳入中央银行的监控指标，才有可能防范泡沫经济的发生。因而，应建立一个金融资产价格指数，虽然这里的价格有很大的人为因素和泡沫在其中，但我们可以根据各类不同的金融资产的泡沫程度估计出相应的权数，进行一个加权平均后，估计出一个较为合理的金融资产价格指数，即使它带有一定的主观性，也仍然是有意义的。

（二）货币政策工具的协调机制

由于经济运行的复杂性，无法想象采取单一的货币政策工具就能实现各项宏观经济目标，同一时期各个国家采取的政策工具是不尽相同的，而且同一国家在不同的历史时期和不同的经济条件下，也会采取不同的货币政策工具抑或是几者的结合，这就需要协调各种工具的功能，以发挥各自最大效用以及综合效用。

存款准备金作为一项货币政策工具，快速而有力，而且能够强化中央银行的资金实力，为其他货币政策工具发挥作用提供条件，但也确实如一些人比喻的那样像外科医生使用斧头做手术，欠缺灵活性，还易受到商业银行的反对，不仅有"准备金比例税"之虞，而且频繁变动会给银行带来流动性管理的难度。这种现象被称作是法定存款准备金政策操作上的"不对称性"，从而影响它作为货币政策工具的效力。2004 年 4 月人民银行推出的差别存款准备金制度，在一定程度上提高了它的灵活性，是宏观金融协调的一项新的创新。再贴现政策在当前我国商业银行利率敏感性较弱的情况下，其作用受到了很大程度的限制，并且具有顺周期性特征，当经济处于扩张阶段，贷款需求增大，迫使市场利率上升，此时市场利率与再贴现利率之间的差额扩大，如果中央银行不能迅速调整再贴现率，阻止商业银行的再贴现套利行为，这一业务就会对基础货币量的调控起到适得其反的作用。而且再贴现率的宣示作用有一定的模糊性和不确定性，从而会使微观经济主体感到无所适从。公开市场操作的发展虽然很快，但也存在与其环境间的不协调，尚未形成统一健全的货币债券市场。如对于个人销售的国债仍采用凭证式，并采取了可以提前支取的政策，事实上是将债券的利率风险转嫁给了商业银行，不利于债券的发行和交易；存贷款利率的管制造成货币市场上短期利率无法对贷款利率产生直接影响；由于政策性需要的再贷款利率的存在，公开市场操作的利率水平大体在准备金利率和再贷款利率之间，因此调整上下限过窄，也限制着公开市场业务通过价格信号对商业银行行为的引导作用。

在 1997 年以前，中央银行对国有商业银行提供流动性的主要方式是再贷款。1997 年以后，金融机构，包括各类商业银行和农村信用社不良资产的问题开始暴露。中央银行不可能对中小金融机构敞口提供再贷款。因此，中小商业银行必须调整其资产结构，以提高资产的流动性，保持较高的备付金水平，以适应金融环境的波动。但随着备付金利率的不断降低，中小银行为了在保持流动性的同时提高收益，增加持有债券资产。这样也就要求中央银行对中小银行开放公开市场业务的窗口，通过债券交易的方式提供流动性。在此过程中，再贷款逐渐转变承担起最后贷款人的功能，而公开市场业务则演变为进行日常流动性管理的主要政策工具。因此货币政策工具间的协调，除了货币政策工具各自与经济环境的协调外，不仅要注意各种工具之间的协调，还要着重解决过去依靠数量类调控工具多、价格类调控工具偏少的问题。

（三）货币政策与财政政策的协调

货币政策和财政政策都是国家进行宏观调控的基本政策，二者有异有同，有联系有交叉。首先，国债发行是中央银行通过公开市场操作进行宏观经济调控的基础，如果国债规模小，没有健全活跃的国债市场，或者国债发行品种较少，如长债多、短债少，都会使公开市场操作无用武之地。如我国资本市场不很发达，财政发行的国债中长期品种多，短债少，使中央银行在运用公开市场操作、灵活调节市场供应量中增加了难度。其次，国债发行不仅取决于货币市场状况，同时也会引起货币市场的波动，财政部发行国债必须掌握货币市场状况，把握发行时机，与中央银行沟通和协调；最后，国债发行和货币发行都可能是政府的赤字融资工具，所以国债发行和交易往往能够挤出货币发行。2003 年下半年中央银行开始针对经济局部过热，投资增长过猛，采取了适度从紧的货币政策，中央银行的货币政策取向是完全符合当前中国经济的实际情况的。

但是，1995 年以前财政部从央行透支的几千亿元是不是需要偿还？1997 年以来清理整顿信托投资公司、城市信用社、农村基金会、城市"三乱"等有问题的金融机构，26 个省、市、自治区以地方财政作担保，总计向中国人民银行总行申请了 1411 亿元的再贷款，基本上没有得到偿还。1999 年国务院批准成立四家金融资产管理公司，接收四大银行 14000 亿元不良贷款时，央行提供了 6338 亿元的再贷款，四家资产管理公司还向四大银行定向发行了 8200 亿元的金融债券。那么 6338 亿元再贷款是不是需要偿还？谁来偿还？到 2003 年底，财政的债务余额大约 21000 亿元，占 GDP 的 20% 左右，这是显性的债务余额。加上社会保障的缺口、地方政府的债务等隐性债务负担、国有银行的不良贷款的最终清偿等，财政的负担是巨大的。这不仅使财政风险与银行风险交织在一起，而且中央银行信贷资金的财政化运用，形成了中央银行的非自主性资产，导致中央银行资产僵化，已经影响了中央银行货币政策操作的主动性、灵活性和有效性。但是，当前的财政政策取向似乎仍然是扩张性的。据说目前政府部门的投资比例在 60% 左右，即使民营企业的投资也可以看到政府的影子，许多地方政府为了追求政绩，对投资实施减税，免费提供土地。目前，很多地方部门的领导主要的精力就是跑项目。

财政部作为国有金融机构的出资人，理应承担金融改革与金融风险的大部分成本，历史遗留问题和现实债务如果财政部不考虑解决，无异于说企图通过中央银行的印钞机来平衡财政收支。真的如此，势必对央行的货币政策制定和执行产生严重影响。隐性的财政赤字货币化必将导致政府信用下降，金融机构产生道德风险，弄不好有可能引发恶性通货膨胀。央行提出的设立单独的金融资产管理公司，回收央行过去几年来向一些出现问题的金融机构以及四家资产管理公司发放的 7000 多亿元再贷款的方案，是金融、经济、社会协调的积极方案，是宏观金融协调的很好思路。

（四）货币政策与产业政策的配合

货币政策与产业政策的协调配合，一是产业政策对货币政策的导向作用，二是货币政策对产业政策的支持作用。产业政策作为经济发展战略意图的体现，具有相对稳定性，从长期看它对短期货币政策具有导向作用。同时，产业政策作为供给管理政策，是以增加供给来引导有效需求的。货币政策是需求管理政策，在需求膨胀条件下，压缩需求是必要的，过度运用只能是实现低水平的总量平衡。此外，产业政策作为一种结构调整政策，为经济稳定增长提供了良好的基础，当经济出现周期波动时，遇到的震荡较小，从而经济波动的振幅也较小。但是这仅仅是理论上的描述，其实际运行中的预测和监测更重要，产业政策也需要根据经济变化的实际情况不断调整。我国长期原材料短缺，始终排在产业优先地位，但是目前的钢铁、铝材等的原材料生产能力与潜在生产能力已经大于需求，产业政策的改变也是需要的。货币政策方面根据产业政策发展序列的要求，制定相应的信贷政策，实行择类性管理，需要把"三农"问题放在首位，支持农业、农村、农民，支持粮棉流通体制改革，支持科技型、社会服务型中小企业，支持西部经济开发和老工业基地建设等。这些都是宏观金融协调不能不考虑的问题。

（五）金融创新与宏观金融协调

宏观金融协调，要关注稳健金融体系的建设，有效防范金融风险。这里重要是处理好金融创新与金融风险的关系。市场经济必然不断地内生出金融创新，金融创新是金融市场化发展中的必然趋势。

金融创新促进了金融与经济发展，同时也伴随着金融风险，给金融体系带来一定的脆弱性。第一，金融创新的可模仿性和不可逆性特点，加剧了金融业之间的竞争程度；第二，金融创新中的表外业务项目的增加，加大了银行经营活动中所面临的风险；第三，金融创新推动了金融业的同质化、自由化和国际化进程，加大了金融风险传播的可能性；第四，金融创新在创造出避险功能的同时，也为一些投机者通过承担过多的风险进行投机提供了可能；第五，金融创新可能削弱货币政策传导的有效性。这些对金融当局货币控制能力构成影响，不能有效地加以控制和消化，就会演变为金融动荡，影响经济社会发展与稳定。

建立健全风险吸收与风险转换制度对于金融危机风险控制是至关重要的。当一个金融机构出现清偿危机时，中央银行从保护金融系统安全性出发会采取相应的行动，如针对流动性困难的低息再贷款，帮助其渡过难关；对亏损严重、流动性很差的金融机构，由中央银行暂时接管，注入资金、内部整顿，使内部问题解决后，再令其重新开业。或者实行风险转移；或者是通过金融资产管理公司收购、管理、处置由银行剥离的不良资产，从而减轻国有企业的债务负担，化解银行的金融风险；或者是通过建立存款保险公司，在金融机构倒闭时给予一定赔偿。可见，建立和完善风险转换制度，既有利于化解金融存量风险，也有利于增强社会公众对金融体系安全性的信心。

一部金融发展史就是一部金融制度变迁史。金融的创新、金融的协调，一般都是经过制度创新来实现的。因为金融制度的安排，能够提供一种金融机制，使金融交易双方能够获得更大范围和更加灵活的满足，降低交易成本，提高金融效率和安全。通过金融制度的不断创新，实现宏观金融协调发展，是宏观金融问题的出发点和归宿。

《金融协调运行机制论纲》序

背景说明

本文应祁敬宇同志要求,为其专著《金融协调运行机制论纲》一书所写的序言,中国财政经济出版社 2006 年 8 月出版,为首都经济贸易大学出版基金资助项目。祁敬宇现为首都经济贸易大学金融学院教授。

丙戌年春节,祁敬宇同志来看我,告知我他准备将其《金融协调运行机制研究》付梓,希望我能够为他写序,我慨然应允。

在当代社会各种不同的矛盾和利益组合的冲击下,协调问题,越来越成为人们谈论的热点。[①] 一部金融发展史就是一部金融制度变迁史。金融的创新、金融的协调,一般都是经过制度创新来实现的。因为金融制度的安排,能够提供一种金融机制,使金融交易双方能够获得更大范围和更加灵活的满足,降低交易成本,提高金融效率和安全。通过金融制度的不断创新,实现宏观金融协调发展,是宏观金融问题的出发点和归宿。

祁敬宇同志的《金融协调运行机制研究》一书,是他在自己的博士论文基础上修改而成的。本书从金融运行机制的角度出发来研究金融协调问题,对金融协调运行机制及其内容、系统、制度约束、开放条件下金融协调运行政策等进行了比较详细的研究,并且提出了若干有建设性的金融理论问题与政策性意见。如作者提出金融运行机制有动力机制、决策机

---

① 原稿下文与本书内《协调·金融协调·宏观金融协调》的"一、协调·社会经济协调"和"二、金融协调"基本一致,此处从略。

制、传导机制、平衡机制等，通过金融制度变迁演化不断地调整，使金融得以协调发展等。

本书的贡献，首先是提出不能完全用西方功利主义和自由主义的"竞争"解决金融发展中的所有问题，主张运用东方传统文化、儒家哲学思想，协调金融与经济、社会的关系，协调金融内部关系，降低金融成本，提高金融效率；其次是提出金融协调发展需要怎样从金融运行中的动力机制、决策机制、传导机制、平衡机制着手解决问题；最后是金融运行机制的协调发展必须通过金融制度的改革"定格"和"固化"，然后不断监测，不断调整，在动态协调中发展。

做导师的，对于自己的学生总会有某种偏爱，溢美的赞誉也许说多了几分。但是我需要指出，这本书仅仅是其金融协调研究的阶段性成果。理论研究是一项艰苦细致的创造性的工作，需要长期的知识积累，需要在世俗的繁华面前耐得住寂寞，不可能一蹴而就，研究学问实非易事，书中还是存在许多欠功力、欠火候的地方，比如逻辑思路的安排、史实数据及理论的论证等。相信为人忠朴、尊师敬长、治学勤奋、博览群书的祁敬宇同志，能将其金融协调的阶段性研究成果继续向前推进，做出进一步的探索。

《国际货币政策协调问题研究》序

背景说明

本文应李小娟同志要求，为其专著《国际货币政策协调问题研究》一书所写的序言，经济科学出版社2006年11月出版，列入"中青年经济学家文库"。李小娟现为山西财经大学财政金融学院教授、研究生导师。

经济全球化、经济金融化和金融全球化是当今世界经济发展的基本趋势。各国之间通过商品、资本和劳务人员的自由流动形成了日趋紧密的联系，国际经济的相互依存度空前提高。在此过程中，经济与金融相互渗透、密不可分，社会资产日益金融资产化，经济关系日益金融关系化。

经济金融全球一体化的发展趋势，使全球经济振幅加大，一国经济的突然震荡如果得不到其他国家立即的和有效的协同拯救，将会迅速危及全球经济，从而使全球经济政策的协调变得比以往任何时期都更重要和紧迫。金融全球化的发展使国内金融与国外金融连成一体，金融资源在全球范围内进行配置，改变着各国经济运行的效率。在此背景下，金融已不再仅仅是一个国家的局部问题，而成为影响各国经济与社会稳定发展的具有全局性、全球性的战略问题。一国的货币金融政策本来是该国的内部事务，然而，经济活动的高度国际化使一国货币政策的溢出效应越来越大。这既包括一国政策的制定越来越多地受到外部环境的影响，也包括政策的作用越来越多地扩大到国外和受到国外环境的制约。经济体系日益加强的相互渗透、相互影响和相互牵制势必要求各国在货币政策上进行协调与合作。各国只有通过货币政策的协调，建立符合各方面利益的协调机制，才能在一定程度上化解政策矛盾和减少利益冲突，尽可能地保证一国货币政策目标的实现和共同福利的最大化。各国也唯有在货币政策上进行协调，才能充分发挥利率、汇率等的杠杆作用，引导全球资金合理流动，实现资源的有效配置。正因为如此，各国都迫切希望能够相互合作、相互协调，呼吁着经济政策的国际协调或国家之间的协调。

20世纪80年代以来，包括货币政策在内的国际经济政策协调一直是西方学者研究的热点，其研究的方向主要是针对国际经济政策对福利水平的影响，而对于具体的协调机制及协调中收益的分配和成本的负担等问题的研究，则涉及甚少，已经涉及者亦欠深究。李小娟同志的这本《国际货币政策协调问题研究》，恰恰弥补了这一研究领域的缺憾。

本书的主要贡献，一是比较系统地分析了国际货币政策协调机制，认为随机协调与制度协调作为国际货币政策的两种协调机制，各有优劣，不同的协调机制是对不同的合作博弈模式做出反应的结果，适合不同的经济融合度。二是深入研究了货币政策国际协调的成本负担问题，认为国际协调是一个复杂的谈判和博弈过程，其利益的分配和成本的负担取决于谈判中相关国家政治经济力量的强弱，而国家力量的强弱则取决于国家间相互依存关系的不对称性及国际收支状况、经济规模的对比和货币的国际地位等结构性因素。三是提出了未来货币政策国际协调的基本框架，认为未来货币政策国际协调的基本框架应以分层次的协调为主，即在七国首脑会议进行全球货币政策协调的同时，区域性货币政策的协调与合作趋势继续加强。四是指出了货币政策国际协调内容，由于各国在利率方面的走势日渐同步，因此未来货币政策国际协调将以稳定美元、日元、欧元三大货币的汇率为主。五是讨论了中国参与国际货币政策协调的具体意见，认为中国作为发展中的大国，随着改革开放的深入发展，其与世界经济的融合程度不断加强，中国的货币政策需要与世界其他国家进行协调，对中国参与国际货币政策协调时树立什么样的原则、建立什么样的协调模式才能够有利于中国的经济发展，作者提出了自己很有见地的构想。所以，本书既有一定的理论高度，又有很强的实践指导意义。

综合看来，这本书的特点：一是研究的领域新，阐述的内容有相当的深度，提出的观点也很新颖；二是探讨的范围广，分析问题全面，有说服力；三是研究方法科学，探讨问题点、线、面结合得很好；四是参阅文献广泛、资料新颖翔实。

当然，假如这本书能够穿插国际货币政策协调成功与失败的一些案例，会使人读起来更生动更轻松。这个要求也许过头，因为这本书是在作者的博士论文基础上修改而成的，不可能那样冗长。我作为李小娟的导师，也许有过于溢美之嫌。但是，我是看着李小娟同志从学士、硕士、博士一路走过来的，她勤奋刻苦，扎实好学，既有百折不挠、倔强向上的性格，又有谦虚谨慎、与人和睦相处、合作共事的谦诚品质，这决定了她年纪轻轻已具扎实的经济学理论基础，并勤于思考，对问题有自己独立的见解，在学术研究上有不畏艰辛的探索精神。作为一个学者，探求学问的道路是艰辛的，希望作者一如既往，不断进取，向社会奉献更多的有益成果。

协调化解危机

背景说明

本文原载《金融评论》2008 年第 1 期和第 2 期。针对 2008 年华尔街金融风暴引发的世界性金融危机，文章提出了协调化解危机的观点。协调是在事物的复杂关系中各有关方面处于既能表现自己又能容忍对方的合作承受过程；金融协调与经济、社会发展存在明显的互补性，是引导报酬递增的途径之一，可以统一金融效率和金融安全，能够在金融溢出效应中趋利避害。当前的世界金融危机，要求国际金融协调，而国际金融协调必须有世界各国特别是发展中国家的话语权，世界不是大国强国的，是全世界人民的，只有平等的经济金融协调才能从根本上化解金融危机。

问题的提出

当前全世界的人都在关注由美国次贷危机引发的华尔街海啸，进而波及全世界的金融危机。

如何看待这场危机？不久前，一位曾参加中国复关谈判的先生在一场大型报告会上讲，"当前的金融危机不过像年轻人经历了一场重感冒，感冒一定会好的"，金融危机对我国影响有限，"中国金融部门可能遭受的损失不够 100 亿美元，占全球 1.5 万亿美元损失的不到 1%，只是中国金融市场、资本市场很小的一部分"。但是，我们看到的现实是市场萎缩，出口困难，不少企业停产倒闭，失业增加。仅仅算金融机构的直接损失，就得出这样的结论是值得怀疑的。年轻人重感冒很快就好，那么老年人、婴幼儿呢？发展中国与发达国家一样吗？

损失已经形成，问题是如何化解危机。

10年以前的亚洲金融危机之后，1998年夏季，在北京西郊的一次金融论坛上，白钦先教授提出金融可持续发展问题，我讲了一个金融协调问题。后来曾在《金融研究》、《经济学动态》、《金融时报》发表过几篇关于金融协调的文章，又做了一个《百年金融制度变迁与金融协调》的国家课题，进一步提出金融协调发展问题。

什么是协调

什么是协调？协调是在事物的复杂关系中，各有关方面处于既能表现自己，又能容忍对方的合作承受过程，并且得到最佳效率，主张在各种事物的对立统一中避免忽左忽右两个极端。协调，需要持中和思想，第一是"过犹不及"，持中正立场；第二是"和而不同"，与对方观点不同不等于不可以合作共处；第三是"时中"、"权变"，随着时间和条件的变化而变化，审时度势，灵活权变，动态调整。

金融协调是政策手段，也涉及更深刻地认识金融本质问题，金融自身的一些属性有一定的公共性。因为金融的创新与发展和经济、社会发展存在明显的互补性，金融协调是引导报酬递增的途径之一，金融协调可以统一金融效率和金融安全；金融协调能够在金融溢出效应中趋利避害。

一部金融发展史就是一部金融协调史。因为金融协调是贯穿世界金融发展史中的一条主线。金融协调的过程必然产生金融制度的调整与变迁，它是金融自身发展及金融推动经济社会发展的过程。金融协调影响经济社会发展，经济社会决定也影响制约金融发展，它们之间是互动的过程，也是金融内部结构及金融与经济社会之间的协调过程。

在市场经济发展中，出于自身利益的需要，微观金融企业必然不断地内生出金融创新，它是金融市场化发展中的必然趋势。微观金融企业的金融创新，一方面促进了金融与经济发展，另一方面也同时伴生着金融风险，给金融体系带来一定的脆弱性因素：第一，金融创新的可模仿性和不可逆性特点，加剧了金融业之间的竞争程度；第二，金融创新中的表外业务项目的增加，加大了银行经营活动中所面临的风险；第三，金融创新推动了金融业的同质化、自由化和国际化进程，加大了金融风险传播的可能性；第四，金融创新在创造出避险功能的同时也为一些投机者通过承担过多的风险进行投机提供了可能；第五，金融创新可能削弱货币政策传导的有效性。这些因素迫使金融当局不得不加强金融监管，控制风险，防止其演变为金融动荡。

建立健全风险吸收与风险转换制度对于金融风险控制是至关重要的。当一个金融机构出现清偿危机时，中央银行从保护金融系统安全性出发会采取相应的行动，如针对流动性困难的低息再贷款，帮助其渡过难关；对亏损较严重、流动性差的金融机构，由中央银行暂时接管、注入资金、进行内部整顿，使其在内部问题解决后再重新开业。或者实行风险转移；或者通过金融资产管理公司收购、管理、处置由银行剥离的不良资产，分散金融风险；或者通过建立存款保险制度，在金融机构倒闭时给予一定赔偿。可见，建立和完善风险转换制度，既有利于控制金融存量风险，也有利于增强社会公众对金融体系安全性的信心。

对于世界性金融危机就不能按照国内的办法来解决，需要通过国际性协调来控制风险，化解危机。金融的创新，金融的协调，一般都是经过制度创新来实现。因为金融制度的安排，能够提供一种金融机制，使金融交易双方都能够获得更大范围和更加灵活的满足，降低交易成本，提高金融效率和安全。通过金融制度的不断创新，实现宏观金融协调发展，是宏观金融问题的出发点和归宿。

国际金融协调

30多年来，频繁爆发金融危机。20世纪五六十年代，西方国家经过长时期的高速增长后，仍然实行扩张性赤字财政政策和廉价货币政策，终于酿成了70年代的长期"滞胀"，70年代初经济增长率比60年代下降了近一半，1973年底爆发了"二战"后最严重的经济危机。1974～1975年金融危机，全球股市大跌，美国企业破产达11500家。80年代，拉美国家的债务危机，西方国家金融危机，大量银行亏损倒闭，一些发展中国家的银行也出现了金融风波。90年代，金融危机更频繁，如1992年欧洲货币体系危机、1994年墨西哥金融危机、1997年亚洲金融危机、1998年俄罗斯金融危机、1999年巴西金融危机、八九十年代的日本金融危机、2001年阿根廷金融危机等。总的来看，30多年来金融危机呈现出从发达国家向发展中国家转移，从中心国家向外围国家转移的特征。金融市场越来越成为危机爆发的中心和传播渠道，金融危机影响程度与波及范围越来越大，而关键在于世界经济领域中存在的各种复杂的经济金融问题。化解危机的路径，在于国际经济金融协调和各个国家内部经济金融政策的协调。

如何进行国际金融协调

金本位时代，国际货币协调是按照金平价进行的，本质是一种自然协调。布雷顿森林协议时代，国际货币协调是以美元为中心的两个挂钩，美元与黄金挂钩，各国货币与美元挂钩，是美国主导的人为的协调。布雷顿森林协议垮台以后，世界出现了经济金融化，金融全球化、自由化，国际金融协调不再仅仅表现为货币问题，金融协调更加困难，出现了区域性的金融合作，国际性的金融协调，最初是20世纪70年代的几个利益集团共同体讨论一些国际经济金融问题，但成果不多；80年代出现了"七国集团"，讨论国际金融协调与合作的问题，有了一些共同行动；90年代在"七国集团"基础上，1993年产生了巴塞尔银行监管委员会、证券委员会、保险监管委员会，同年产生了"金融联合论坛"，1999年有了"20国集团"与"金融稳定论坛"。

但是，"七国集团"通过"金融稳定论坛"把所有的与金融规则制定相关的机制联结在一起，制定和推广国际金融规则，而"20国集团"则是与论坛密切合作，评价和考察金融稳定集团任务的执行情况。那么"七国集团"能不能代表世界上大多数国家的利益？必须看到，"七国集团"是由几个共同利益集团组成的，涉及重大的经济金融政策调整，它们必然站在本国利益上权衡轻重，甚至有时会为了本国利益而逼迫别的国家调整经济金融政策。它们推行重大的经济金融规则的协调，大多是对发达国家有利的。当前，国际金融协调机制存在的弊端，一是国际协调是全球性的，但是参与协调的机构是各个大国央行，各央行与各国利益一致，这种协调本身就存在制度性欠缺；二是"七国集团"尚非基于全面的经济金融合作；三是现有国际金融政策协调缺乏监督机制、惩罚机制，所以协调常常失败，不能达到预期的效果。完善的国际金融协调需要国家—区域—全球三个层次的纵向和横向的真诚合作，如国际货币制度问题，需要彻底改变美元作为国际货币的垄断权；如在国际金融协调中有关制度的建立与政策的协调等，需要发展中国家有话语权；如国际金融规则的制定与执行，需要国际监督等，才能从根本上化解金融危机的最基本的矛盾。

和谐世界、和谐社会的建设，需要从协调开始，实现经济金融协调发展，才能进而真正化解世界金融危机。

区域金融协调与小额贷款公司

背景说明

本文是 2010 年针对中部地区经济塌陷与金融支持问题，从金融与经济社会发展、区域金融的内部性与外部性、金融结构与实体经济结构互动、政府主导的金融先导、产业资金链、以政府信用盘活公有资产等方面对区域金融发展进行了理论讨论，提出了"政府驱动，金融先导，营造金融洼地"的金融发展战略，并就小额贷款公司的生存发展的具体问题提出中部崛起的金融对策。

一、问题的提出

改革开放初期，东南沿海地区建立了几个经济特区，率先对外开放，全国的资金、资源犹如一江春水向东流，经过 20 多年的大开发，成功地构建了珠三角、长三角和渤海经济圈三大增长极，经济日新月异。20 世纪 90 年代的中期，国家又提出了西部大开发，资金、资源开始向西部转移，西部地区经济发展提速，多项经济指标增长速度也迅速超过中部地区，出现了东部在快跑，西部在提速，中部在徘徊的局面。2002 年中部六省人均 GDP 比 2000 年增长 15%，而西部人均 GDP 则增长了 16.6%，东部增幅更是高达 24.8%。2003 年，中部六省固定资产投资率为 27.2%，比长江三角洲地区低了近 6 个百分点，比云、贵、川、渝四省低 10.1 个百分点，比全国总体水平低 21 个百分点。2003 年，中部六省城镇居民可支配收入 7101 元，农民人均纯收入 2365 元，分别只是全国平均水平的 83.8% 和 90.2%。城镇居民人均可支配收入排名前 10 位的省份，东部地区 8 个，西部地区 2 个，而中部地区一个也没有；2002 年湖北、湖南、江西、河南、安徽五省财政收入占全国比重为 13%，比 1996 年上升了 2 个百分点，而西部地区这一比重则上升了 7.2 个百分点。2001 年中部五省人均财政收入仅为 325 元，比西部地区低 42 元，比东部地区低 729.5 元[①]。据国家统计局研究，1997~2002 年，中部人均 GDP 相对东部的比重从 54.14% 下降到 52.60%。2001 年西部地区 GDP 增幅高达 8.5%，高于全国 7.4% 的增长速度。2003 年东部地区增长速度比中部地区快了 2.5 个百分点，比西部地区快了 1.6 个百分点，这就意味着中部地区不仅低于东部地区 2.5 个百分点，而且低于西部地区 0.9 个百分点。当前，中部地区在中国经济发展中已经成了"凹陷"地区，导致东部、中部、西部的自然经济梯度被人为中断，影响了国民经济的可持续发展。

2004 年春天，中部地区的人民盼来了期待已久的春天，温家宝总理在《政府工作报告》提出，要把"促进中部地区崛起"作为国家统筹区域协调发展的重大战略。他说："坚持推进西部大开发，振兴东北地区等老工业基地，鼓励东部地区加快发展，促进中部崛起，形成东中西互动、优势互补、互相促进、共同发展的新格局。"

中部地区面积占全国的 10.7%，人口占 28.1%，经济总量占 19.5%，是我国的人口大区、经济腹地和重要市场。2001~2003 年，中部地区年均经济增长率分别低于东部、西部 1.8 个百分点和 0.4 个百分点；工业化率为 39.5%，低于全国 6.4 个百分点；出口总额仅占全国的 4.3%，实际利用外资仅为全国的 11.5%；城市登记失业人员达 155.4 万人[②]。中部地区是全国产业链中必不可少的一环，与东部地区相比，中部地区在能源、原材料供给、劳动力成本等很多方面有着一定的优势。另外，东部地区经过 20 多年的发展，资金和技术均有很大的积累，现有的产业结构已难以适应经济发展的需要，必须进行产业结构的优化升级，传统产业尤其是劳动密集型产业及一般加工业，由于受到高工资、高水电、高地价及高运输成本等压力的影响，必然会加速向中西部地区转移。对于中部地区而言，这是一个加强互动与对接的机遇，而中部地区农业、能源和原材料等基础

① 徐联初：《为实现中部崛起提供有效金融支持》，http：//finance sina. com. cn。
② 《关于加快中部地区发展的思考》，中国宏观经济信息网（http：//www. macrochina. com. cn）。

产业的加强，也会有助于沿海地区腾出资金用于技术改造，大力发展高新技术产业和新兴服务业，加快产业结构的优化升级。

非均衡发展战略及其相应的金融倾斜政策发展到今天，研究影响经济社会的进一步发展。按照建设社会主义和谐社会的目标和新的发展观，金融部门必须高度重视区域金融协调，促进中部地区的发展，实施有效的金融支持。

二、区域金融协调与中部崛起

区域经济的发展，需要区域金融的支持，一个协调发展的区域金融，是区域经济发展的第一推动力和持续推动力。中部地区的经济崛起，必然要求区域金融的协调发展。这里一个重要的问题是区域金融的内部化与外部化的关系问题。

在统一的大国市场和开放经济的条件下，区域金融既存在一定的与本区域经济相适应、受本区域经济发展影响的特征，又与区域外存在相通和流动、交换的关系，如果区域外的投资效率高于本区域，则本区域的金融资源就会外流，进而加重本区域的经济发展的困难程度；相反，一个开放的、效率高的区域经济必然会吸引区域外的金融资源来支持本区域经济的发展。如何调动区域内外的金融资源支持本区域的经济建设，一般认为促进经济增长的主要途径为提高储蓄率，但是这一理论的前提是增加的储蓄能够顺利转化为有效的投资，从而带动产出的增加。在统一的大国市场经济下，区域潜在的资本供给是很大的，只要它具有较强的竞争力即具有足够的有效资本需求，就会产生充分的资本供给。一个区域能否发展的关键在于能否产生足够的有效投资需求，而这一方面取决于投资者对区域潜在的投资机会的认识，另一方面取决于区域相对利润率的高低。区域金融成长的核心在于调动区域内微观经济主体的能动性，提高区域比较利润率，而不在于单纯地提高储蓄、增加资本供给。同时，区域的地理规定性区别了区域内与区域外，形成了区域金融的内部性和外部性。区域金融内部性即由区域内部经济发展诸要素所决定的区域金融结构；区域金融外部性即相对于某一区域而言的外部区域的内部性。在市场经济下其内部性与外部性总是相互影响、相互作用的，表现为区域金融外部性内部化和内部性外部化两方面。区域金融外部性内部化，表现为某些优于区域内部性的外部因素由区域外向区域内渗透和推进，在一定程度上改造着相对落后的区域金融，并在区域资源与要素配置、产业结构优化等方面引起内部性质量得以提高，区域金融得以发展。相应地，区域金融内部性外部化，是内部性对外部性的影响居于主导地位，表现为某些优于区域外部性的内部性因素，由区域内向区域外扩散和辐射，在一定范围和程度上改造了那些落后区域的外部性，区域外部性的某些因素转化为内部性发挥功能的可利用因素，区域金融的生存和发展空间由区域内扩展到区域外，使其得到新的发展。区域金融的外部性内部化、内部性外部化是普遍存在的传递规律，这类区域因缺乏经济起飞的激发因素而发展缓慢，它与发达地区在金融发展能力上形成位势差，易引致外部区域新因素引入，从而激发内部性优化提高，使金融进入起飞阶段。内部性外部化主要发生于相对发达地区，这类区域内部性先进，但区域空间有限，从而限制了内部性功能的发挥，而它与不发达地区所形成的位势差易引致内部溢出，这不仅带动外部区域金融发展，而且开拓了本区域金融发展空间，使其在新的高度得以成长。区域传递作为区域金融运动的一种客观现象，在很大程度上是区域差异的客观性与区域发展的普遍性之间的矛盾和统一，即使不发达地区外部性内部化，又使发达地区内部性外部化，既与传递双方的区域利益相联系，又与传递双方的共同发展相关联，在资金要素流动不完全、信息不完全的情形下，不同区域间就会在比较利益机制下互补不足、释放本体能量，导致区域金融传递发生与持续。然而，区域金融传递发生与持续取决于两个基本条件：即区域开放程度和区域金融市场化水平。区域开放程度是必要条件，唯有在区域开放情况下，资金、信息等要素才能在区际流动，区域传递才会发生和推进。区域金融市场化是充分条件，区域金融传递是区域间经济能量交换和要素流动，要有启动和推动这种交换与流动的市场。所以，区域金融的深化，一是需要创造区域投资需求，造成货币与信用流通和有效扩张的环境，二是通过内外交往、信息沟通，引导外部性的内部化和内部性的外部化。区域金融的深化是金融、经济与社会发展的重要推动力。

同时，研究中部崛起的金融支持，还必须把握金融结构与实体经济结构互动关系。金融结构提升既是金融发展的重要途径，也是经济结构升级及经济实现最优增长的必要条件。探明金融结构转变与实体经济结构升级的关联机制，既是制定科学合理的金融发展战略的现实需要，也是促进实体经济结构调整和升级、保证中部经济发展的关键。经济领域从宏观上可以分为实体经济部门和金融部门。当经济均衡发展时，金融部门和实体经济部门的资本配置最合理，达到合意比例，经济才能实现最大化增长。从另一个角度看，经济领域也可以分为传统产业部门和新兴产业部门，金融部门可以分为为传统产业部门服务的传统金融服务部门和为新兴产业部门服务的新兴金融服务部门。决定经济结构提升的主要是新兴部门。这是经济发展的增长极，由此，导致实体经济部门的产品结构、产业结构必须不断升级，使实体经济结构不断改变的是新兴金融服务部门。经济发展中的金融协调，包括了金融业内部服务于传统产业的传统金融与服务于新兴产业的新兴金融服务部门的关系。

所以，中部崛起需要协调金融的支持，金融协调必须在理论上把握区域金融的内部化与外部化问题和金融发展中的传统金融与新兴金融问题。

三、中部崛起中的金融协调

在计划体制下，由于政府主导，国家银行的大量金融资源流入低效率的国有企业，使银行积累了巨额的不良资产。当国有银行问题缠身后，大家又热衷于发展股票市场，把股票市场看成了为国有企业"圈钱"、帮助国有企业"脱困"的工具。忽视了对上市公司经营机制的改革，并因此扭曲了股票市场的运作机制，最终损害了国有企业的融资能力。更严重的是，为了确保国有经济的控制地位，把国有股的份额看作控制的唯一手段，从而导致上市公司的畸形股权结构，为我国股市发展埋下了最大隐患。而目前任何国有股减持的风吹草动都会掀起市场上的轩然大波。可见，金融运作机制能否市场化是我国金融能不能协调发展的关键。

从我国金融发展的整体进程来看，以市场化法则重塑金融体系，提高金融效率，化解金融风险，是一个长期的战略。中部地区金融发展不可能脱离国家金融发展的主线，但是如果不从中部的实际出发，反而会因为中部金融市场化的土壤和环境的不成熟，而出现金融秩序紊乱、金融生态破坏的不良后果。因此，中部金融发展必须立足中部，寻找中部金融"市场化"的特殊道路，这是中部金融协调发展的基本思路。根据中部地区经济发展社会的实际情况，只能以政府强势弥补市场弱势，以金融先导引领产业优化和发展。

（一）培育货币市场

货币市场是短期资金融资和回流的重要场所，高效有序的货币市场对促进资金循环、分散金融风险、提高金融效率有着不可替代的作用。货币市场中的同业拆借和国债回购等市场，参与主体基本上是银行和央行等金融机构，企业和普通居民的参与度不高。作为货币市场主体的票据融资市场对满足企业短期资金需求，扩大银行信贷资金投放渠道，加速资金循环起到了重要作用。虽然票据融资近年在中部地区有了一定发展，但还存在一些制约其发展的重要因素，如果能通过金融创新来消除这些影响因素，将会活跃中部短期融资市场，为中部经济发展增添活力和动力。目前，中部地区票据融资市场的主要障碍在于：一是票据品种单一，银行承兑汇票约占90%以上的份额；二是票据签发、贴现、查询等手续复杂，影响了票据发行量，致使民间票据融资盛行，缺乏规范；三是票据市场参与主体不够，如缺乏专门的承兑公司、贴现公司等；四是票据市场的诚信等基础环境欠佳，这些都影响了票据融资的顺利进行。针对这一现实，一是丰富票据融资品种，推进商业汇票的广泛使用，尝试发展本票业务，开发无担保票据、公司票据等商业票据；二是建设公正权威的企业信誉评估机构，成立专门的承兑公司，贴现公司，成立本票发行和交易市场，为票据的发行融资创造条件；三是简化票据交易手续，强化商业票据的无因性，依托中国票据网络，建立全国性的票据业务查询系统、交易系统和监督管理系统。

（二）扩张证券市场容量

证券市场是拓宽企业融资渠道，优化资源配置的主要金融体制安排。但是由于目前我国证券市场的层次性少，按其接纳入市企业的标准来衡量，大量的中小企业被排除在了证券市场的门外，本已狭窄的间接融资渠道更是挤得"水泄不通"，致使企业"融资难"的压力始终不能缓解。除了进一步拓宽间接融资渠道外，优化资本市场结构，使单一型市场演化为多主体、多层次、多形态、多品种的市场，也是一个可行的市场创新途径。特别是细化证券市场层次、拓宽证券市场容量是中部地区首要的选择：一是通过搭建区域债券交易平台及启动银行代理方式的"柜台交易"市场，完善和规范区域债券市场。二是以市政债券和项目债券带动区域债券市场的发展。以政府信用为基础、以地方财政收入为偿还保障的市政债券，能吸引大量的投资者，既能满足基础建设投资的需要，又能活跃债券市场；区域性大型项目债券，一般有较好的投资前景和良好的投资回报，不仅是商业银行竞争的目标，同样也能吸引机构投资者参与。三是成立区域性的担保机构和发行机构，借鉴国外的经验，成立具有公信力的有政府背景的担保机构和发行机构将有助于债券信用的增级，为区域性债券市场稳步推进打下基础。四是以政府引导为基础，推出产业投资基金特别是有特色的地区支柱产业投资基金。通过产业投资基金的发行和交易，积极吸引多元化的社会投资；大力支持高科技创业企业的发展；大力支持非国有投资项目的发展；大力支持国有企业的战略重组；大力支持县（市）和乡镇产业投资项目的发展。还可以发起或参与"企业重组基金"、"风险投资基金"、"创业投资基金"和"中外合作产业投资基金"等多种类型的基金组讲座，促进结构的战略性调整。

（三）鼓励金融业和产业相互渗透与融合

金融业与产业的相互渗透和融合，不仅是金融业发展的需要，也是产业发展的需要，金融业因为参股或控股产业，可以有坚实的经营基础，实现资产结构的多元化；产业以金融业作为后盾，会得到更快的发展。金融业与产业的融合是世界金融业发展的大势所趋，应积极创造有利条件推进金融分业经营模式向混业经营模式渐进过渡：第一步维持分业格局，培育混业条件。第二步以金融控股公司实践为先导，分梯次、多元路径推进混业经营；第三步在混业实践的基础上彻底改革金融法律制度，全面实行混业经营。

（四）营造资金内流的市场环境

中部地区金融资源短缺是不争的事实，且自改革开放以来，中部资金净流向东南沿海地区，加速了中部金融资源短缺的局面。资金向回报率高的地区流动是资金流动的本性，如何在投资回报率低、金融市场不完善的现状下吸引外面的资金"内流"，是金融协调发展的一个重要内容。政府的倾斜政策可以为中部地区营造一个"金融洼地"，吸引资金内流：一是鼓励金融机构创新金融服务品种，增加吸引资金内流的金融品种；二是完善金融市场的建设，拓展市场的宽度和深度，建立健全市场的法规，开发有区域特征的、有吸引力的金融市场，吸引资金流向继续开发的行业；三是实行金融倾斜政策、税收优惠政策，吸引大的金融机构在中部扎根落户，以带动其客户资金的流入、结算资金的流入，同时推动中部金融业向高质量、多层次发展。

（五）拓展金融宽度

中部地区金融深度、金融宽度的差距极大地限制了中部经济的金融化程度，进而限制了中部经济的良性循环，是造成经济、金融滞涩，效率不高，经济、金融活跃度低的一个主要原因，因此要通过金融工具创新、金融业务创新、金融机构创新拓展中部金融宽度。具体来说：一是机构创新，如成立贷款公司，将民间抵押、担保、贷款的"地下金融活动"转移到"地面"，使民间金融经过规范，以"贷款公司"的形式，直接进入直接融资市场，把金融宽度拓展到民间金融这一"非正规"金融领域；成立"汽车金融公司"、"财务公司"、"基金公司"等金融机构，将现有的金融领域拓展到新兴的产业金融服务领域；成立"社区银行"，让金融触角深入社区，既满足了居民的金融服务需求，又将具有广泛客户基础的"社区"纳入了金融服务范围，这是拓宽金融宽度的另一个方向。二是创新金融业务，在传统的存贷款业务之外，大力发展多种形式的中间金融业务，如传统的结算、担保、咨询、代发债券、代发股票、代收煤水电费等，更重要的是开发新型的代客理财、投资咨询等面向高端客户的业务，以拓宽金融服务的种类和客户群。三是创新金融工具，发行融资票据，推广本票的使用，代理发行区域性的债券、股票、基金等金融工具，以金融工具的广泛流通和发行拓宽金融市场的深度和广度。

中部经济崛起需要区域金融协调，区域金融协调发展有利于中部经济崛起和社会发展。

四、政府驱动，金融先导，营造山西金融洼地

（一）金融支持的基本思路：政府驱动，金融先导

区域金融发展不可能脱离国家金融发展的原则，但是如果不从中部经济实际出发，一味地"等待"，中部金融市场化的土壤和环境不成熟，让金融生态继续恶化，将会影响全国金融稳健运行。因此，山西必须寻找金融"市场化"的特殊道路。以政府强势弥补市场弱势，以金融先导引领产业结构调整，是山西金融支持新能源和工业基地的基本思路。这一基本思路的支撑点：一是通过政府驱动，营造有利的金融环境，通过政策倾斜吸引资金内流，达到积聚金融资源、丰富融资方式、完善金融市场、提高金融效率的目的；二是通过金融先导，引导资金流向新型产业部门，实现金融结构转换促进产业结构转换的目的；三是通过金融创新，培育货币市场，扩张证券市场容量，拓展金融宽度，营造资金内流市场环境。以此来扭转山西金融紧缩局面，提升山西经济金融实力。

（二）金融支持的战略目标：营造金融洼地

建设山西双新基地的金融支持战略目标，应当是营造金融洼地，吸引外部资金流入，阻止内部资金流出。首先，从山西资本形成困难出发，探索和研究提高山西投资回报率，以此形成对东南部地区与国外资金产生强大的吸引力的融资政策、融资渠道、融资工具和融资方法。其次，通过解决经济体制和结构方面的问题，使山西资源、土地、劳动力等方面的优势与合理的体制结构和国家政策扶持相结合，形成一个对沿海和海外资金有效的吸纳机制和金融洼地。

（三）金融支持的战略模式：市场引导—政府驱动—金融先导—区域倾斜

按照经济发展战略的实现途径，有均衡增长战略与非均衡增长战略。非均衡增长战略有赶超战略、倾斜发展战略、协调发展战略、协调—倾斜发展战略等。根据山西现实，应考虑协调—倾斜发展战略，即"市场引导—政府驱动—金融先导—区域倾斜"的战略模式，即在服从国家统一金融货币政策的前提下，以区域为基础，通过政府驱动，积极实施以相对倾斜为特点的地方政策，重振山西金融雄风。市场引导——金融机制创新和发展的最终取向，包括良好的市场环境、竞争性的市场价格、透明的市场信息、丰富的市场工具、完善的市场机制。但是山西经济落后，投资回报率低，金融深度、广度、市场化程度都低于周边地区，单靠"市场引导"，必然是山西金融资源被引向东南部地区。因此不能坐等市场的发展，而要积极营造有利的市场环境，这就需要政府的主动驱动，以政府的强势弥补市场的弱势。政府驱动——在市场发育不充分的条件下，由政府为企业创造一个获取利润最大化的环境，培育金融主体，完善市场信息，促进资本流动，提高投资者对山西潜在投资机会的响应。如政府营造规范、健康的市场环境，培育以地方商业银行为主体的商业银行"航母"，鼓励多元化金融机构的发展，建设区域证券市场，鼓励新的金融工具的出现和交易等，都是政府大有作为的领域。但是政府驱动是有边界的，主要是产生外部性的金融公共领域与信息问题引起的市场失灵；而且采取阶段性和渐退式的政策，把制度供给作为主要任务。金融先导——在产业结构调整的孰先孰后次序上，应以金融结构调整为先，以金融结构调整引导产业结构调整的最终实现。这种次序安排，是因为金融资源的动员速度要快于产业结构调整的速度，产业结构的调整在起步、运行阶段需要金融的大力支持；而产业结构调整结束后，形成的新的收益机会吸引金融资源的更多投入，从深层次上推动金融结构调整。金融结构调整和产业结构升级的这种先后推动，互相促进的关系，是金融先导理论的基本依据。区域倾斜是实施区域反向调节，促进地区协调发展和全局稳定的需要。针对中部凹陷与山西的贡献，金融政策既要考虑全国经济发展总体趋势，又要充分理解并给予反向协调的支持。在国家宏观金融调控统一政策的基础上，进行适当的倾斜，如优惠金融政策、金融市场准入、政府债券的倾斜等。如考虑全国货币供求总量平衡，首先应通过区域政策维护各个不同地区货币供求的平衡，还可以试行地区差别存款准备金率，使全国货币供求平衡建立在更为坚实的基础上。

（四）金融支持的措施

1. 打造地方商业银行航母

山西银行业结构"外来强，本地弱"。要培育出竞争力强、规模较大的区域性商业银行，重构地区性间接融资渠道，实现以区域银行信贷力量为主导的间接融资系统，对区域性经济发展实施有力支持。为此，要大力发展那些为地区中小企业发展提供金融支持和金融服务的地区性商业银行。培养龙头性的区域性商业银行。

2. 建立区域证券交易中心

建立并拓宽区域性债券市场，扩大直接融资渠道。最为理想的渠道首先是启动已经关闭的柜台市场，利用商业银行的系统，借鉴基金管理模式，以银行代理方式进行发行与交易。推进区域性债券市场建设，包括地方政府债券和企业债券。成立具有公信力的有政府背景的担保机构和发行机构，这将有助于债券信用的升级。由政府引导，推出产业投资基金。

3. 建设区域开发性金融机构

在市场不健全的情况下，开发性金融通过构造融资平台，将融资优势与政府组织协调优势相结合，可以帮助政府开发亟待开发的资源与市场，解决经济发展中的瓶颈。这是政府驱动的市场引导，能弥补体制落后和市场失灵，是促进地方经济发展的一种金融形式。开发性金融不直接进入已经成熟的商业化领域，而是立足于发展中的瓶颈制约，运用财政性资金，去开拓市场，当市场逐步形成后，开发性金融就及时转让退出，促进区域经济社会协调发展。

4. 发展多元地方金融机构

金融业的对外开放，首先要扩大对内适度超前开放，鼓励优良民间资本进入国有大型金融机构难以顾及的地区和客户领域，如成立以民间资本为主的投资基金、贷款公司等，发展中小型、地方型股份制银行。以便于截留国有商业银行通过上下级行之间的资金调拨被"虹吸"的地方资金。新成立的地方性金融机构需要完全按照现代企业的机制进行操作。要放开胸怀，改善环境，创造条件，提供方便，积极吸引全国各类股份制商业银行、外资银行和其他金融机构来山西建立分支机构和办事处。支持国有大型企业借壳上市。

5. 重构合作金融体系

按照"明晰产权关系，强化约束机制，增强服务功能，国家适当扶持，地方政府负责"的要求，加快农村信用社改革步伐。合作金融具有无限的生命力，整顿与建立不同类型的合作金融组织，转换农村信用社的经营机制，改善支农服务。抓紧建设"山西省农村信用社联合社"，解决长期以来存在的"儿孙满堂，没有爹娘"的问题。

6. 营造诚信金融环境

诚信的缺失，增加了交易成本，制约了企业的发展，阻隔了市场化进程，导致综合经济实力下降。营造诚信的金融环境：一是加强诚信社会意识形态的建设；二是加强诚信方面的立法和执法工作；三是建立对失信者的惩罚机制；四是加快社会信用体系的建设。

通过政府驱动下的金融先导，营造山西金融洼地，吸引外部资金，留住山西内部资金，实现山西双新基地建设的目标是可能的。山西金融雄风重振之日，将是山西经济腾飞之时。

《中国经济发展中的超额货币：
原因、度量与政策选择》序

背景说明

　　本文应王书华同志要求，为其专著《中国经济发展中的超额货币：原因、度量与政策选择》一书所写的序言，中国财政经济出版社 2009 年 12 月出版，列入"山西财经大学中青年学者文库"。王书华现为山西财经大学财政金融学院副教授、金融研究所副所长。

　　作为现代经济的核心，金融的每一次变革都会对宏观经济制度、微观经济主体行为产生重要的冲击和影响。自货币数量学说的重新表述以来，金融宏观调控，特别是在货币供求均衡调控中居核心地位的货币政策体系，对经济增长的支持和影响发挥着愈来愈不可忽视的作用。

　　20 世纪 70 年代末以来的金融深化，使我国的货币金融制度、经济发展模式、微观经济主体的经济行为都发生了重大的变迁，宏观领域内的货币需求函数、货币供给模式和居民消费储蓄行为，大大相左于改革之前的运行方式。特殊的时代背景和金融制度变迁路径，也使我国的金融深化进程迥异于工业化国家的金融自由化次序，许多经济金融现象似乎与西方成熟市场经济体制下的理论模型并不吻合。探讨我国特殊制度背景下的经济金融问题无疑具有重要的理论与现实意义。

　　王书华同志的这本《中国经济发展中的超额货币：原因、度量与政策选择》，对我国金融深化过程中的重要经济现象——超额货币问题——

进行了细致的阐释、检验、论证和度量，从历史变迁、理论渊源、微观基础和经济计量模型检验等角度，首次系统地进行了梳理和剖析，提出了许多新的观点与看法，很值得重视。

作者为寻找我国超额货币问题产生的原因、度量其规模，做了大量的数量分析和理论推导，除基本的经济统计分析外，对现代计量经济分析方法的成功运用是本书的一个突出特色。

本书以我国 1978 年以来的时间序列为依据，利用向量自回归模型（VAR）、基于向量误差修正（VECM）的 Granger（非）因果性检验、Johansen 协整分析的弱外生变量检验和非均衡计量建模等现代计量经济方法，对我国金融深化进程的货币供求状况、超额货币对货币政策有效性的冲击、总供给的菲利普斯曲线等问题进行了深入的分析和检验，探讨了我国金融深化进程中超额货币问题形成的制度原因。在细致分析这些宏观经济变量变迁规律的同时，本书又对我国微观经济主体—居民—消费和储蓄行为中的流动性约束、预防性储蓄等现象进行了大量实证分析，尝试寻找超额货币问题产生的微观基础。作者从我国金融制度变迁中货币功能演进的角度入手，通过对居民金融资产结构的变迁分析，论证了我国居民储蓄在准货币增长中所具有的重要位置，进而在不确定性预期、流动性约束和预防性储蓄理论假设的基础上，验证了我国经济改革以来城乡居民经济行为中的流动性约束和预防性储蓄存在的事实，并在理论上对居民储蓄推动准货币快速增长的机制给予了证明。作者指出，金融市场体系的不完善性，制约了我国居民的流动性。我国超额货币现象的形成，不但与外汇管理体制相关，而且与微观经济主体的经济行为密不可分。作者对不同层次货币需求、货币供给以及非均衡模型的估计显示，以货币供求函数的比较为评判标准的超额货币问题，在货币 M2 层次表现得较突出，而在货币 M1 层次却并不存在一些较明朗的证据。而在货币 M2 的超额增长问题上，准货币具有十分重要的作用。经济社会体制的改革，使微观经济主体对未来的收入和支出产生了较为强烈的不确定性，而不完善的金融体制却限制了微观经济主体流动性的可获得性，因而，产生于改革之中的不确定性和流动性约束问题，就成为推动我国居民进行大量预防性储蓄的重要原因，从而成为推动我国准货币快速增长并进而导致超额货币现象发生的根源。

这些结论与观点，囿于历史时间序列数据的特征，某些结论可能还有待商榷，但不可否认，本书是首次对我国超额货币问题进行系统研究的有益探索。作为一项实证研究，本书的论述在许多方面令人耳目一新。综观国内已有的关于超额货币问题的研究，大都是从货币化、货币流通速度等宏观角度通过分析货币需求函数来考察，而本书则却探寻了这一问题背后的微观基础，并没有局限于对货币需求估计的窠臼。作者对现代计量经济方法的熟练运用，使本书的结论与分析更趋科学性。

这本书是作者在他的博士论文基础上修改而成的，我作为王书华的导师，也许有过于溢美之嫌。但是，看着他从学士、硕士、博士一路走来，不仅思维敏捷，善于思考，而且始终勤奋刻苦，扎实好学，是一位中和谦厚的年轻人，他对金融计量研究有很深的功底，对问题有自己独立的见解，他在学术上不畏艰辛的探索精神确实令人钦佩。希望作者一如既往，不断进取，向社会奉献更多的有益成果。

当然，华尔街金融海啸以来，一些学者开始琢磨次贷风暴与信用贷款违约概率计算公式的关系，质疑某金融工程学者的数理假设，使那些连BBB级都不可能的次按证券获得 AAA 的极品评级，导致各国证券机构和银行敢于动用投资人资金购进，酿成泡沫。在当今金融信息瞬息万变的时代，数学模型虽然提供了人工智能与商业智慧，但是在密闭系统环境下生成的数理科学的理论方法，遇到了开放的动态的千变万化的金融运行系统，如何使其答案更贴近现实，看来，金融研究者在整合信息技术方面的任务还很艰巨。唯望王书华同志迎峰攀登，社会正期待着金融计量研究的新突破。

《中国金融外部失衡问题研究》序

背景说明

本文应翟晓英同志要求，为其专著《中国金融外部失衡问题研究》一书所写的序言，经济科学出版社 2012 年 6 月出版。列入"山西大学建校 110 周年学术文库"，受到教育部青年人文社科基金项目"跨期消费视角下中国金融发展程度影响经常项目的动态路径研究"资助。翟晓英现为山西大学经济管理学院副教授。

20 世纪 90 年代以来，除个别年度外，中国对外经济往来的经常项目和资本项目持续保持双顺差，特别是 2000 年以后，双顺差规模出现迅猛增加状况。巨额的双顺差，一方面，构成了人民币汇率的巨大升值压力，在欧美一些国家强烈呼声下，人民币升值预期不断加大，自 2005 年 7 月 21 日以来人民币已从 1 美元 = 8.11 元升值到 2011 年 9 月 23 日的 1 美元 = 6.3840 元，升值幅度达 21.3%。伴随着人民币的升值及升值预期的不断加大，国际游资大量涌入中国；另一方面，巨额的双顺差也带来了外汇储备的大幅增加，截至 2011 年 12 月中国外汇储备达到了 31811.48 亿美元，居世界首位。在世界经济风云变幻中，巨额外汇储备不仅给中国带来国家财富管理风险的难题，也导致人民币外汇占款增加，人民银行不得不进行对冲操作，使得货币政策的独立性和有效性不断削弱。市场流动性的过剩，物价上涨的压力，使中国工业品出厂价格指数、居民消费价格指数等节节攀升，通货膨胀问题再一次成为政界和学界热议的焦点之一。不少学者认为本次通货膨胀具有输入性通货膨胀特征。继一连串的反通胀政策和人民币持续升值后，在世界经济衰退影响下，虽然中国的贸易顺差、经常项目顺差和外汇占款局面都有所缓解，但是实际上通胀压力和经济下行压力并存问题仍然存在。

面对国际贸易摩擦和人民币升值预期下大量热钱流动，面对巨额外汇储备带来的实际财富损失和严峻的外汇储备管理问题，面对通胀压力和货币政策独立性问题，我们该如何分析这种失衡呢？翟晓英同志的《中国金融外部失衡问题研究》一书，对此作了较全面的分析研究，并大胆地回答了这些难题。

翟晓英同志将中国经济中的这一现象概括为中国金融的外部失衡，也就是对外金融关系的失调。她以金融协调理论为基础，以输入性通货膨胀为切口，围绕中国对外金融关系，通过理论和实证分析的方法，从内外两方面深入研究了中国金融外部失衡的深层原因。

外部方面，本书认为美元主导的国际货币体系是造成中国金融外部失衡的主要原因。作者认为在现行国际货币体系下，美国处于国际分工的顶端，通过大量对外直接投资的方式成功实现了产业转移，将落后的产业转移到中国等新兴市场国家之中，以强大的金融优势，为全球提供金融保险等服务业产品；而中国等新兴市场国家在接受了美国大量的直接投资后，成为"世界工厂"，向全球提供低附加值、高污染、高耗能的加工制造业产品，形成大量贸易顺差和资本金融项目顺差。巨额双顺差积累的以美元为主的外汇储备，受到美国金融市场的吸引，又以购买美元国债等有价证券方式流向美国，维持着美国的低储蓄、高消费，维持着美国的贸易赤字、经常账户赤字和财政赤字。继而美国再将从中国等新兴市场国家吸引来的资金以直接投资方式转移到中国等获取高收益。中美在美元主导的国际货币体系下事实上形成了一种不合理的经济循环。要从根本上扭转金融外部失衡问题，必须积极推进以美元为主导的国际货币体系的改革。

内部方面，本书认为中国的高储蓄、高投资、低消费在一定的外部环境下共同催生着中国金融外部失衡。高企的储蓄、大量外商直接投资促成了中国的高投资，高投资在出口导向型政策、不合理的经济结构、粗放型的经济方式、要素价格扭曲、金融发展不足等因素的影响下，致使企业生产出大量的高污染、高耗能、低附加值的加工制造业产品。与此同时，由于中国社会保障制度不健全、分配制度不合理，高储蓄不能有效地转化为消费，致使居民消费不足，远远落后于发达国家和其他新兴市场国家。这样，企业在出口导向型政策的引导下，只能以出口的方式将大量的产品销往国外，形成大量的贸易顺差。贸易顺差和由 FDI 引起的资本金融项目顺差持续构成了中国巨额的双顺差。一是对人民币汇率构成巨大压力，使国际游资流入不断加大，加剧着国际收支双顺差；二是直接表现为外汇储备的增加。高储蓄、高投资、低消费相互作用，共同导致中国金融的外部失衡。

本书还认为，中国的金融发展程度不足在一定程度上加剧着中国的高储蓄、低消费、高投资，在一定程度上决定着中国的"世界工厂"的角色，进而造成中国大量的贸易顺差和资本—金融项目顺差。作者选用了若干代表性指标，对金融发展和中国金融外部失衡的关系进行了实证分析，通过提取第一主成分、第二主成分，获得了金融发展程度的综合变量。实证分析的结果表明，金融发展程度不足是造成中国经常账户顺差的主要因素。实证分析和理论分析完全一致。针对金融对外失衡，作者在本书提出了加快人民币国际化，改变高储蓄、高投资、低消费的局面，优化金融结构以提升金融效率等积极的政策性建议。

本书突出的特点是创造性地将金融协调理论用于对外金融关系分析，其参阅文献之广泛新颖、所用资料之翔实可靠、分析论证之周密详尽是不多见的，全书参阅中外学术文献 150 余种，编制了 145 幅图表，运用大量的经济金融数据，对中国对外经济金融问题进行量化分析之后才得出了前述颇具说服力的结论，这种学风是非常可贵的。

当然，由于本书的研究对象涉及面比较宽，其结论以及政策性建议的正确性是否已经到位，还需要时间和实践的检验。希望翟晓英同志能在这一研究领域继续前进。不过她本人已决定到美国做访问学者，进一步对国际金融关系进行国别比较研究，我们期待着她新的研究成果的问世。

诚信与金融

诚信与信约公履制度建设

背景说明

　　本文是与李小娟博士、张亚兰博士、王书华博士共同承担的山西省社科规划办 2004 年度课题（晋社科字 2003 - 7 号）的研究成果，是集体劳动的结晶。课题于 2005 年 3 月 15 日完成并通过专家鉴定。原题为《诚信晋商与信约公履制度建设》。文章认为诚信与信约公履制度建设是金融协调运行的内容。

　　鉴定结论说："《诚信晋商与信约公履制度建设》是孔祥毅教授主持的一项极具时代性和现实指导意义的课题。该课题研究的核心在于通过分析和总结晋商诚信经营的成功经验，找寻客观规律，为山西省新时期的信约公履制度建设提供理论和实践的指导意义。""该课题的创新之处在于：从契约和法律的层面去认识诚信问题；认为诚信建设中，德治是基础，法治是保障，产权明晰是根本，政府信用是前提；当前信用体系的建设应以行业为主线，纵向建立，然后横向联网。""其对当前诚信缺失的原因剖析极具说服力，对信用体系的模式设计和具体政策主张具有较强的可行性和可操作性。""具有较高的学术价值和应用价值，因而其科研成果达到了国内先进水平。"

一、诚信的内涵与特点

15 世纪末崛起的晋商，以其雄厚的经济实力和广泛的影响而誉冠全球；16 世纪 70 年代，晋商开始进入其发展的鼎盛时期，到 19 世纪 20 年代，以山西票号为首的晋商开始逐步完成从商业经营领域向金融业的垄断过渡，其上通清廷，下接官绅，商路可达数万里之遥，款项可"汇通天下"，成为中国明清时代十大商帮之首，称雄于亚洲数百年，被经济史学界并列于意大利商人之侧，饮誉海内外，但是到了 19 世纪末至 20 世纪 20 年代却迅速衰败，其发展与衰败的历史无疑给后人留下了无限的深思。

鸦片战争之后，中国对外开放的大门在西方列强枪炮的胁迫下打开了，一系列屈辱的条约将落魄清廷的经济主权拱手与人，本就没落、低效的政治、经济制度进一步沦丧。经济基础的腐蚀，使清廷的国家信用状况濒于崩溃。面对这种内忧外患的困境，一向信用卓著的晋商开始陷入危机。反思晋商发展兴衰过程中的信用制度及其变迁过程，无疑对我国目前信用恶化及其制度建设具有十分重大的理论与现实意义。

（一）信用的内涵、外延及其特点

作为人类社会迄今为止最为先进合理的经济组织形式，市场及其组织方式已被实践证明是最具效率的经济运行模式。然而，高效率的市场运行是建立在良好的信用制度基础之上的，信用关系的变迁毫无疑问会对经济运行效率形成外在冲击。而信用制度又是一个漫长而渐进的历史沉积物，社会信用关系的演变过程是与经济制度的变迁过程分不开的。

从其本源上看，信用起初属于社会伦理学的范畴，是指从事社会和经济活动有关的社会个人及其群体所建立起来的以诚实守信为道德基础的履约行为，即通常意义上的"守信"、"讲信用"等现象，着重从道德规范及心理因素等方面来考察诚实守信的范畴。

而在经济学领域内，信用侧重从社会资金运动的角度来考察价值的单方面转移过程，其内涵随着商品货币关系的发展而演变。"传统信用理论是信贷资本运动的方式，在当代，信用的范畴扩展了，金融学和社会学相融合，使信用理论研究在宏观层面上具有更广阔的市场潜力。"[①] "随着社会经济的发展，经济学意义上的信用和社会学上的信用越来越变得密不可分，从发展趋势来看，单独研究某一部分是不够的，应把社会、经济、哲学几方面结合起来进行研究。"[②] "研究信用问题要宽口径大交叉，把信用和文化、信用与法律联系起来综合考虑，在更大的范围内建立科学价值

---

①② 《中国信用理论与信用风险防范高级研讨会综述》，《经济学动态》2002 年第 9 期。

体系。"①

诚信，从字面上看，言成为诚，人言即信。就词面意义上讲，就是诚实信用。诚实，即内心与言行一致，不虚假。信用一般指能够履行诺言而取得的信任。当然，如果仅从字、词含义上理解诚信，是不足论的。诚信作为现代社会的行为准则，应当包括道德规范、契约规范和法律规范三大规范，就其本质来讲，信用又包含以下特点。

1. 诚信是人类整个道德体系的基石

诚信作为人类道德体系的灵魂与根本，是基于人和社会的本性、基本需要以及道德人格的形成等基本因素的。

现代科学证明，人的本性是一个系统，是自然性、社会性和精神性的统一。诚信作为一种精神因素，属于人的本性的基本内容。人的本质在于社会性，社会的本质在于实践性。人类社会实践过程的存在和发展，必不可少地导致人与人之间的协作配合或社会秩序的强化。而人与人之间的配合协作，当然少不了彼此间的利益认同、关系认同、命运认同等基本条件，它们的综合表现就是彼此的信任、信赖、信托、信用，就是彼此相互承诺和实践承诺的诚信关系的确立。

道德本身就是一种关于人的善恶本性及其外化的规范体系。既然诚信属于人性的本来内容之一，那么反映它的道德内容，当然就属于整个道德体系的根本和基础。

2. 诚信是无形的资本

从经济学角度来讲，诚信是一种无形资本，是一种生产和经营要素，它能使所有者和经营者依托有形资产获得更多的效益。

已故的社会学大师科尔曼（James Coleman），于1988年在一篇著名论文中提出了社会资本的概念。所谓社会资本是人们在社会结构中所处的位置给他们带来的资源。科尔曼所说的社会资本的核心实际上就是诚信，它强调的是一个特定人群或社区中人与人之间的密切关系。同物质资本以及代表知识和技能的人力资本相比，社会资本因为源于人与人之间的关系，比物质资本和人力资本更不具形，所以更容易被人忽视。但这三种资本对生产性活动的促进作用则是一贯的。

如果说物质资本和人力资本是按价值规律、供求规律在配置的话，诚

---

① 《中国信用理论与信用风险防范高级研讨会综述》，《经济学动态》2002年第9期。

信作为一种社会资本和无形资本，则是按人与人之间的生产关系协调在配置，配置是按人品、人格、道义和信义等进行的。企业一旦配置到诚信这一要素，它就会长久、永远地发挥作用，产生"常效丸"效应，培育出信誉度、美誉度和忠诚消费者。这个配置组合过程就是诚信要素流动和人与人之间关系组合的过程，其关键在于诚信要素的流动和组合。企业讲诚信，诚信要素就流向企业，企业越讲诚信，诚信积累就越多。相反，企业一旦不讲诚信，诚信就会弃之而去。这种诚信要素流动和组合具有一个特殊规律，即诚信的积累与丧失是不对称的。诚信的积累和建立是一个缓慢、长久的过程；而诚信的丧失却是一次性的，而且过程往往很快，甚至会发生在顷刻之间。

3. 诚信具有外部性

当事人选择守信或失信行为，不仅会对自身产生后果，还会给他人带来影响，即所谓的外部性。一般情况下，如果能够产生正面影响的守信行为得不到足够的奖励，即当事人的守信收益小于社会的守信收益，而能够产生负面影响的失信行为又得不到必要的惩罚，即当事人的失信成本小于社会的失信成本，其结果就只能是守信行为倾向于减少，而失信行为倾向于增多。因此建立诚信的激励机制和失信的惩罚机制至关重要。

4. 诚信是市场经济的基石

市场经济是在原始的物物交易的基础上发展起来的，是社会进化、发展的产物，它是建立在信用、契约基础之上，即诚信原则之上的。这是因为：

（1）市场经济下，商品交易存在着空间距离。在交易时，人们不仅往往看不到所购买的商品本身，而且货币中介手段也已被证券化、票据化、信息化了。没有诚信保证，这种交易显然难以进行。

（2）市场经济下，商品交易存在着时间距离。买卖契约可能此时签订，货币支付则可能彼时完成，而实物交收可能发生在更晚的时段。原始的即时交货和即时付款的单一时段，扩延为生产、运输、储存、交付等多个时段。这种交易的时间距离隐藏着很大的风险，如果缺乏诚信基础，交易就难以进行。

（3）市场经济下，交易经常存在着主体距离。交易过程往往表现为一种中间贸易或过渡形态，即最终的买方和卖方往往要间隔诸多中介之后才能完成交易。原来的单一环节的交易更多地转化为一系列交易主体参与的链条。显然，这种交易行为对诚信的要求更迫切。

由此可见，没有诚信原则就没有市场经济秩序，没有市场经济效率，市场经济也就失去了生命力。因此，诚信是市场经济的灵魂和基础，市场经济是名副其实的诚信经济。

（二）信用制度是社会公共物品

经典的微观经济学认为，市场经济活动过程中经济主体的经济行为具有一定的外部效应，一个经济行为主体的经济行为往往会对另一经济主体的经济福利产生一定程度的影响，但这种效应或影响并没有通过市场交易反映出来。在效用函数中，若存在这种效应，则认为经济主体 B 对经济主体 A 的经济活动具有正的外部效应；反之，若存在这种效应，则认为经济主体 B 对经济主体 A 具有负的外部效应。

社会经济活动中，信用是在二元或多元主体之间将其经济活动建立在诚实守信基础上的心理承诺与约期实践相结合的意志和能力。主体之间以信用关系为纽带，相互依存、相互影响。当信用关系中的一方缺乏信用时，与之相关的社会主体就会受损，这是典型的信用的负外部性现象。在信用制度缺乏的社会中，经济主体的无信用行为不会受到相应的监督和惩罚，因而经济主体普遍存在不讲信用的激励，由此而导致的是全社会交易成本的上升，经济运行效率低下；反之，当社会的信用制度较为健全时，少数经济主体的无信用行为将会招致严厉的惩戒，使无信用行为的成本远大于收益，这时，经济主体的无信用行为将受到某种限制，社会信用制度得以高效运行，从而降低整个社会的交易成本，这是健全的社会信用制度的正外部效应。

事实上，社会经济主体是否实施无信用行为是一个成本与收益的不断博弈过程。一般而言，经济主体的一次无信用行为的收益总是大于其成本的。考虑如图 1 所示的博弈过程：

		B	
		守信	无信
A	守信	(2, 2)	(-1, 3)
	无信	(3, -1)	(0, 0)

图 1　仿用博弈过程

在一次博弈过程中，个人无信行为的收益总是要大于守信的收益，因此，在一次博弈的过程中，个人的理性行为总会产生无信的结果；然而，个人理性行为所导致的后果却是整个社会信用制度的崩溃。

进一步，假设存在着这样的一种制度安排，即经济行为主体若实施一次无信行为，将会在未来的无数次博弈过程中每次都受到博弈对手严厉的惩罚（即 Robert Axelrod 所谓的"以牙还牙"（Tit – for – tat Strategy）策略），以至于其成本远远大于其收益，那么，每个博弈参与者的最优策略将是保持守信行为，从而解决个人理性与集体理性的冲突。

上述博弈过程从一个侧面隐含了制度的起源或制度变迁的动因，经济行为主体个人理性与集体理性的冲突导致社会交易成本上升，而解决个人经济行为外部效应的方案是通过设计一种制度安排使社会交易成本最小化。

一般说，制度是指一种社会博弈规则，是人们所创造的用以限制人们相互交往的行为的框架①。作为一种行为规范，制度的一个重要的特征是其"公共物品"的属性，新产生或设计的制度，不是针对某一个人而安排的，在人类历史上也从来没有一种典型的制度为某一个人而存在或延续过。诺思认为，制度的产生或变迁根源于预期的净收益超过预期的成本②，成本与收益的变动使制度产生不均衡，并诱致制度的再变迁。制度创新或变迁所产生的预期利润使具有"公共物品"特征的制度易受到"搭便车"的冲击，从而使制度创新或变迁缺乏激励。

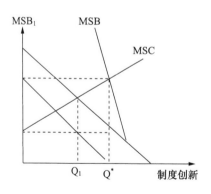

图 2　制度创新过程

---

① 道格拉斯·诺思：《经济史中的结构与变迁》，上海三联书店 1991 年版。

② L. E. 戴维斯、D. C. 诺思：《制度变迁的理论：概念与原因》，载《财产权利与制度变迁——产权学派与新制度学派译文集》，上海三联书店出版社 1991 年版。

如图 2 所示，边际社会成本 MSC 与边际社会利益 MSB 所决定的制度创新的社会最优供给量为 Q^*，而私人边际社会利益 MSB_1 所决定的制度创新的供给量 $Q_1 < Q^*$，从而导致制度创新的供给相对不足。

在这种情况下，国家作为制度供给的主要提供者，由政府所进行的制度安排——公共物品的生产要比私人生产更有效率，弥补诱致性制度变迁所产生的外部性和"搭便车"问题。乔治·阿克洛夫把制度安排的缺乏看作是经济发展的主要约束，而制度安排能够有效地解决交易和生产过重的信息约束。从我国目前的信用状况来看，当前信用危机产生的深层次的原因在于产权约束的匮乏，交易主体可以在无任何成本约束的条件下实施背信行为，而其文化基础则在于信用的产生和延续建立在超越法律关系的私人联系和其他支撑体系基础之上，而这种文化对背信行为又缺乏一种有效的道德规范的约束。我们在下文关于我国信用制度重建部分中对这一问题再展开详细的论述。

二、诚信品格的历史分析

诚信作为一种道德伦理规范，几千年来影响着中国社会生活的方方面面。明清时期的晋商之所以能五百年雄视海内、阔步天下而不衰，就与其饱受传统儒家思想的浸润，遵从诚信经商的商业伦理有着极为密切的关系。明清以降，晋商以诚信闯市场创伟业，谱写了"久著信义"的辉煌历史。而如今诚信缺失却成为山西经济发展和社会进步的一大障碍。回顾晋商所开创的重商立业的人生观、诚信义利的价值观、艰苦奋斗的创业精神和同舟共济的协调思想的晋商精神，分析和借鉴晋商信用制度、信用思想的变迁过程，重塑新时期的诚信山西，对优化市场秩序和市场环境，推进社会进步，推动和促进山西经济实现跨越式发展无疑具有重要的理论和现实意义。

（一）中国传统的信用思想

中国的儒家文化在先秦时代就已经初具雏形，到了汉代，经董仲舒"罢黜百家，独尊儒术"之后更是成为中国社会思想体系的主流。作为中国"儒文化"的重要组成部分，诚信问题在我国漫长的文化发展过程中具有其独特的社会地位。

1. 诚信乃为人之本

《诗经》云："信誓旦旦，不思其反。"《礼记·礼运篇》讲道："天下为公，选贤与能，讲信修睦。"孔夫子说："人而无信，不知其可也。"[1]这里的"信"指信用。信用一词有多种含义，广义说，诚实守信，遵守诺言，实践成约；狭义说，是以偿还为条件的价值运动的特殊形式，如商业信用、银行信用、政府信用、民间信用、个人信用、消费信用、国际信用等。"诚信"一词，一般是说经济社会活动中，实事求是，诚守诺言，说话算数，借债要还。计划经济时期，信用一般多指银行信贷，现在所谓社会信用，包含着各种信用和诚信经营等比较广泛的内容。诚信，是为人之本，是为商之道。

几千年来，中华民族传统文化和道德规范的核心内容之一就是诚信守诺，言行一致。从西周开始，中国文化传统认为人具有人伦关系，把这种人伦关系确定下来并运用到人们全部活动中去的规范就是"礼"；而把贯穿其中的精神加以提炼而成的思想叫做"仁"。在《国语·周语上》有"礼所以观忠、信、仁、义也……信所以守也"。此后，"信"不断发扬光大，成为儒家着重倡导的行为道德规范之一。孔子把"信"作为仁的重要表现，要求"敬事而有信"、"谨而信"、"与朋友交，言而有信"[2]。孟子认为"可欲之谓善，有诸己之谓信"[3]，自身确实具有善德称为"信"。《礼记·礼运》中关于"大同"和"小康"的论述，对于我们了解传统文化对于"信"的认识有重要作用。大同世界的特点是"天下为公"，这是一个"讲信修睦"、"大道之行"的人伦世界。

以信义为核心的儒家哲学、智慧是中国人几千年来追求的真理，亦是人类"求道"实践的文明成果，在此基础上稳固、和谐了人际关系。当然它是以宗法关系作为主干建立起来的。宗法人伦道德，成为齐家、治国、平天下的基本原则，成为中国人一整套特定的思维范式和行为体系。

2. 诚信是为商之道

社会经济发展大体可以分成为物物交换时期、货币经济时期、信用经济时期等几个不同发展阶段，物物交换时期称为自然经济时期，以货币为主要交换媒介的时期称为货币经济时期，以信用交易为主导的时期称为信用经济时期。在市场经济中，物流和资金流的快速周转，都是依赖信用为桥梁和渠道的，所以市场经济就是信用经济。也可以说，信用是财富，信

---

① 《论语·为政》。
② 《论语·学而》。
③ 《孟子·尽心下》。

用是资本，信用是资格和能力。信用高，风险低；信用低，风险高。信用是经济社会中的生命和灵魂，是市场经济的通行证。凡是信用好、信誉高的企业，在激烈的市场竞争中一般都能够"任凭风浪起，稳坐钓鱼台"，总是生意兴隆，财源滚滚。世界 500 强企业的成功之道，有一个共同点就是诚实守信。不守信用的企业和个人，只能骗人一时，时间长了，就没有人与之往来。所以说失信是蚁穴，失信是毒瘤，诚信是企业的未来，诚信是市场经济秩序的关键。

作为现代社会的行为准则，诚信大致应当包括以下三大规范：道德规范、契约规范和法律规范。

道德规范。诚信自古以来即为中华民族道德品格的重要组成部分及道德教育的核心。中国的儒家思想统领着中华民族几千年的文明。诚实守信就是这种思想的重要组成部分。认为讲信用重承诺，可以带来和谐的社会环境。在先秦儒家那里，诚信更是得到前所未有的重视和广泛而深入的阐述。在孔子所阐述的四教和五德中，都包含了"信"这一要素。在西汉董仲舒的"三纲五常"中，"信"也具有相当重要的地位。北宋时王安石曾说："自古驱民在信诚，一言为重百金轻。"可以说诚是"五常"之本，百行之源。诚信，逐渐演变成具有普遍意义的伦理道德规范。言而有信，取信于人，成为儒家学说推崇备至的伦理准则。综合来看，我国古代哲学和伦理学的诚信思想的基本内涵认为：诚信是立身处世之本，诚信是道德修养的必备要义，诚信是社会交往的基本准则，诚信是治国的基本准则。诚信作为一种道德伦理规范，几千年来影响着中国社会生活的各个方面。明清时期的晋商之所以能五百年雄视海内、阔步天下而不衰，就与其饱受传统儒家思想的浸润，遵从诚信经商的商业伦理有着极为密切的关系。

契约规范。诚信作为一种道德规范，强调的是人们的"自律"行为。由于自律守信往往需要较高的思想觉悟和人格修养，而有时不守信很可能带来相对利益，于是见利忘义者便在特定情况下往往选择背信弃义或不讲诚信。在道德情操不足以抵挡利益诱惑的情况下，为了减少利益冲突，避免诚信缺失可能造成的损害，便自然产生了诚信的契约规范。契约是互相约束的文书，一般由当事人共同协商达成，以处理交易行为中的权利义务关系。中国早在汉代，契约的结尾就有"以印为信"的套语，明清时代则常见"恐后无凭，立此契为信"的表述。而诚信的契约规范更是贯穿了西方商业文明的全部发展过程，人们往往把合同契约当作立身处世的基本方式，其诚信精神体现在人们在签订合同时不欺不诈，在履行合同时不折不扣。诚信的契约规范实质上体现了商品交易的规则，它将社会交往中的诚信原则从"自律"机制升级为"互律"机制，诚信约束力因此就超越了道德规范，行为人不仅应当承担道德责任，还应当承担契约中承诺和约定的义务。因而诚信的契约规范是对传统诚信伦理思想的一种扩充和完善。

法律规范。随着社会的进步，法律法规制度的完善和发展，诚信的约束力再次超越，从随机的、任意性的契约规范升级为强制性的法律规范。当今世界的经济关系已经把诚信作为基本的行为准则，如《联合国国际货物销售合同公约》、《国际商事合同通则》等重要的国际法律文件都对诚信原则进行了郑重规定。而世界主要发达国家的民商法，也都对诚信原则作了规定。我国《民法通则》、《反不正当竞争法》等也将诚信作为基本的法律原则。从诚信作为法律原则来看，诚实信用不仅是道德规范的要求，也不只是契约规范的约束，更是一种必须将诚实的内心意思通过一定的形式表现出来的法律强制性规范，是一种"他律"机制，其价值不仅在于敦促行为人承担道德责任和约束行为人履行契约义务，还在于对整个社会经济生活和市场经济秩序发挥重要的法律保障作用。

（二）诚信晋商的信用体系

2000多年来，不管有多少思想创新或者是变革的风暴，在山西人的头脑中，关云长始终是崇拜的偶像。关公这一生，忠实地实践了孔孟之道，是诚信忠义的典范。晋商在外一赚了钱，就修关帝庙，以关公的忠义肝胆精神教育伙计，以关圣大帝的武功和神威保卫自己的财产安全并约束同行。全国现在有许多旅游景点是晋商当年修建的关帝庙：苏州全晋会馆、亳州花戏楼、开封山陕甘会馆、洛阳泽潞会馆、社旗关帝庙、周口关帝庙、武威关帝庙等。社旗关帝庙正殿前的石牌楼正中顶部石雕福禄寿三星与东侧的行规石碑，是晋商诚信教育的见证：秤（谐音诚）杆必有星（谐音信），十六星为一斤，十六星是北斗七星、南斗六星，加上福禄寿三星，秤星（诚信）不足，缺斤短两的话，缺一星折福，缺二星折福、寿，缺三星折福、禄、寿，再缺就不知南北了，不成其为人了。

晋商在其重商立业思想指导下，对"诚"、"信"、"义"、"利"有其独特的理解和行为规范。以诚信、节俭、朴实著称于天下的晋商，坚持儒家伦理思想的内核：先义后利，以义制利。认为人们追求功利时不能纵欲妄为，必须受到为人们所公认的社会行为准则的规范和制约，这就是义。《左传》说："义，利之本也"，"利，义之和也"。义作为一种行为规范与人们的具体利益结合在一起，便形成了中国传统文化中在崇尚功利的同时，更注意以义制利，先义后利，甚至舍利取义的思想。他们认为，"君子爱财，取之有道"，十分珍视诚信。明永济商人王文显，"与人交，信义秋霜"，40 年间，足迹几半天下，成为一代名商。他训诫其子说："夫商与士同心。故善商者处财货之场而修高明之行，是故虽利而不污……故利以义制，名以清修……如此则子孙必昌。"① 就连乔家大院的乔致庸也对信义与利润作过次序排队：首重信，次讲义，第三才是利。

1. 晋商的商业信用

晋商的商业信用可谓源远流长。早在先秦时期，晋南就开始发生了"日中为市，致天下之民，聚天下之货，交易而退，各得其所"② 的商业交易活动。宋代，北方常年战争，而山西地处北宋边防，内地手工制品的外输与北方军需马匹的供给无不借助于晋商的融通。到了明清时期，晋商更是完全垄断了对俄对蒙贸易。在晋商的这些不断扩张的商业活动中，不论是在消费流通领域还是在生产领域，商业信用都得到了长足发展，赊购赊销是这类信用活动中的典型形式。赊购时，空口无凭，必立约为证，开具票据，约期付现，未到期可以背书转让，如同现银。

2. 晋商的货币信用

晋商的货币信用是伴随着商业信用的发展而发展的。货币信用最早的信用形式为典当，之后印局、账局、钱庄和票号等金融机构相继产生。虽然从货币金融信用的影响力看票号要远大于当铺、印局、账局、钱庄等，但当铺、钱庄等在中国历史上功不可没，不论是在京都闹市，还是在边远乡村，甚至在国际舞台上它们也毫不比票号逊色③。继第一家票号——"日升昌"成立之后，到 19 世纪中叶，票号已基本上垄断全国的金融汇兑业务，并将存款、放款与汇兑相结合，银行信用迅速发展。在货币金融领域发展中，晋商所展示的诚信品格、票号等金融机构所创造的信用制度起到了极其重要的作用，成为晋商货币金融信用规模发展壮大的一个重要源泉。在半殖民地半封建的中国，政治腐败，外国列强的经济侵略使国家

① 李梦阳：《空心集》（卷四），《明故王文显墓志铭》。
② 《易·系辞下》。
③孔祥毅：《金融贸易史论》，中国金融出版社 1998 年版。

货币主权丧失，货币流通极为混乱，银两、银元、制钱、铜元、银票、钱帖与外国银元、钞票同时流通于市。在这样的经济社会背景下，山西票号能够执金融之牛耳，其原因至少有三点[①]：一是巨额资本；二是广泛的分支机构；三是卓著的信用和社会声誉。显然，三者之中信用对票号的发展是最重要的。票号雄厚的资本实力和经营过程中积累的卓著的信用为其分支机构和规模的扩张起了重要的推动作用。票号等金融机构规模发展壮大的过程从一个侧面反映了这一事实。从 19 世纪 20 年代"日升昌"票号的成立到鸦片战争前夕，票号大约只有六家，即日升昌、蔚泰厚、日新中、广泰兴、承广庆、合盛元。1850 年日升昌、蔚泰厚、日新中三家票号在各地设立的分支机构达 35 处，分布于北京、天津、盛京（沈阳）、张家口、济南、南京、苏州、清江浦等 20 余个城市。冯桂芬曾论道："今山西钱贾……散布各省，会（汇）票出入，处处可通。"[②]《清朝续文献通考》（卷十八）亦写道："山右钜商，所立票号，法至精密，人尤敦朴，信用最著。"祁寯藻（1853）在一份奏折中说："窃闻京城内外，现有山西等省民人开设铺面，名曰印局，所有大小铺户及军民人等，俱向其借用钱文。"[③]"交银于此，用银于彼，从无空票。"[④]

清亡以后，与政府过往甚密的票号因政府信用危机而处于崩溃的边缘。19 世纪 40 年代以后，外商银行开始大批进驻中国，并逐渐夺取了山西票号的大量业务，清政府的垮台使票号的政府放款无法收回，而存款又受到挤兑，但是票号东家即使倾家荡产，也保证兑付。如图 3 所示。

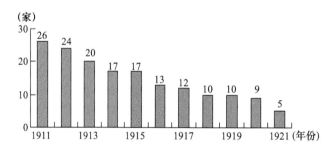

图3　票号机构数量

---

①②　孔祥毅：《金融贸易史论》，中国金融出版社 1998 年版。

③　《祁寯藻奏稿》。

④　许楣：《钞币论》论六。

3. 晋商的政府信用

票号的产生本来是适应国内商品经济发展的需要，从商业经营资本中分离出来的专门从事货币经营活动的金融机构。但 19 世纪 50 年代以后，票号开始逐步与政府相联系，直至成为清廷的财政支柱。其大体上可以分为三个阶段：1851 ~ 1861 年，为票号与政府的最初勾结时期；1862 ~ 1893 年，票号与清政府的关系进一步密切，成为清廷的财政支柱；1894 ~ 1911年，票号与清政府的勾结达到顶峰。

政府信用，这里是指以政府为一方的货币借贷关系，这是山西票号资本有别于同时代其他商人资本并称雄商界的独特之处，也是票号获得迅猛发展的重要原因之一。"上至公款如税款、军饷，边远各省丁漕等，下至私款如官场之积蓄，绅富之储蓄等，无一不存票庄之内。"[①] 晋商的政府信用由表可见一斑。

表1 1863 ~ 1893 年山西票号为部分省关汇款和垫汇情况

省关	汇兑总金额（两）	其中垫汇金额（两）	垫汇占比（%）
广东省	9396706	4245561	45. 19
粤海关	6607553	4539947	68. 71
福建省	8552202	3521645	41. 18
闽海关	1033963	295600	28. 59
浙海关	125781	50000	39. 75
淮安关	45000	14000	31. 11
浙江省	2197591	230000	10. 47

资料来源：孔祥毅：《金融贸易史论》，中国金融出版社 1998 年版。

（三）晋商诚信品格的特点

晋商的成功可以说是建立在商业诚信基础上的，诚信也给他们带来了丰硕的回报，因为诚信而成功，因为成功而更加诚信，二者相得益彰，他们把待悉心建立起来的诚信、商誉看得比什么都重要。晋商诚信品格的特点主要表现在以下几方面。

1. 出售商品货真价实

晋中商家孩童习读的《俗言杂字》说，"趸装零卖，主顾客人，收买

---

① 韩业芬：《山西票号皮行商务记》；卫聚贤：《山西票号史》。

出换，贩卖交银。童叟无欺，价实货真。本多利厚，贸易兴隆。每年开俸，足有千金"，自幼就灌输诚信经商才能致富的思想。祁县乔家在包头的复盛油坊，运胡麻油回山西销售，经手人员为图厚利，在油中掺假，掌柜发现后，即令另行换装，经济上虽一时受了点损失，却招得近悦远来。咸丰年间，复盛西面铺掌柜立账，把斗秤放大，比市上加一成，市民争相到该号购买。所以各地老百姓，对山西商人经营的商品，只认商标，不还价格。

2. 货币借贷约期偿还

晋商放款，以信用放款为主，其次是保证放款，很少抵押放款。票号重信用，轻抵押，这与意大利金钱商有着惊人的相似之处。他们不做抵押贷款的原因有三：首先是他们从事的大部分是商业性贷款，具有自偿性；其次是大商家以信誉为生命，而且资力雄厚；最后是无合适抵押物，因为商家贷款采购的商品不宜作为抵押物，若商品损毁，抵押物也无用，同时他们的家产不宜作为抵押物，行商们背井离乡，行游天下，其家产可能远在千里万里之外，不易估价也不易处理；加上当时没有发达的金融市场，也没有适合的金融工具用于抵押。

3. 赊销商品公约标期

商品赊销的货款清偿和货币借贷的归还期限，一般按镖局押运货物的标期确定，到期必偿。按照镖局押运商品或者现银由甲地到乙地的时间计算的期限，作为债务清偿期，有太谷标（太谷县一县一标）、太汾标（太原府和汾阳府两府为一标）。因当时金融中心为太谷，太谷标在前，周围各县标期在后。标期，分为年标、季标（春、夏、秋、冬）、骡标（月标），是晋商的信约公履期，标期一到，像过节一样，唱大戏三天，同时清偿一切债权债务，第一天是银两债权债务清偿，第二天是制钱债权债务清偿，第三天是金融业间"订卯"，即现在的银行业"轧差清算"。对于个人间的小额债务，可以延期。这是山西商人的信约公共履行制度，数百年不废。

4. 家庭教育信义忠实

很多大商业家族定有家训家规。榆次常家家训要求"凡语必忠信"，"凡行必笃敬"，"饮食必慎节"，"字画必楷正"，"容貌必端庄"，"衣冠必肃整"，"步履必安详"，"作事必谋始"，"出言必顾行"。力求戒除富家子弟坐享荣华富贵、骄奢淫逸的恶习。从而使晋商子孙养成承接祖业所必备的自律、自尊、自爱、自信的良好素质，对晋商维持久盛不衰起了积极作用。

5. 商号号规诚信约束

晋商学徒学习用的教材《贸易须知》说，"一切账目，需要检点清白，腾抄的实"，"随手上账，免后思想"，"毋许连环钩搭，扯东补西，不清不白，忘其所然。如此，即是攒账、混账、花账之说。做生意之人，惟独账目为要，头一要清白"。又道："美账如扫荡，好算账不折至竭之言。""给票与客，须将客货件数、斤两、折头、价值一一算明，查清对号，落于自家底簿，然后给票，照票给起之后，再查再对，重算重宣，则无伪错矣。"①

6. 行业协会严格监督

山西商人在各地经商，有许多商帮行会，会馆办公地点一般都在关帝庙。全国各地的关帝庙大部分是山西商人捐资修建或者参与修建的，同时也是商人会馆，行会执事由各商号经理轮流担任，定有严格的行规，负责处理商务纠纷，甚至巡查弹压，拘捕人犯，维护市场秩序和商民利益。行会要求各商重信义，除虚伪，节情欲，敦品行，贵忠诚，鄙利己，奉博爱，薄嫉恨，喜辛苦，戒奢华，反对采用任何卑劣手段骗取钱财，不惜折本亏赔也要保证企业信誉，行会行规订有罚则，不能公平交易将受到惩处。

7. 商家用人宗族约束

商号新学徒的来源，原则上只在商号财东或经理的同乡人中选拔，在对其家庭出身、上辈人的为人处事、德行信誉等都很了解的人员中挑选，所以多为亲朋引荐，知根知底。因为推荐人选，事关个人信誉，推荐人都很认真负责，绝不敢推荐不肖子弟。当了学徒表现不好被开除回家者，别的商号不再录用。故一旦被开除，将会绝其后路，所以被聘职员个个严守商规号规，忠义做人，诚信待客。

8. 慎待相与，和谐团结

晋商认为"天时不如地利，地利不如人和"，注重以人为本。重人首先是重人的和谐，人的团结，人的凝聚，人的群体，一句话就是重视人的群体价值。晋商对传统儒家文化的"人和"精神的继承，是其历经数百年昌盛不衰的一个重要原因。晋商的组织形式——两权分离和人身股制度

①《贸易须知》手抄本。

就体现着这种和谐精神。他们有钱出钱，有力出力，出钱者为股东，出力者为伙计，"东伙共而商之"。东家平时不问号事，授大掌柜以全权，谓之"疑人不用，用人不疑"；大掌柜则"受人之托，忠人之事"，兢兢业业，带领全体员工，崎岖前进，相互信赖，体现了企业内部"和为贵"的精神。晋商还互相认定"相与"，相与之间都是经过了解，认为可以共事，可以与之金钱往来的同行。既是"相与"，必诚信往来，即使无利可图，也不中途绝交，必定善始善终，同舟共济。

这里需要说明，虽然晋商诚信经营非常突出，但是不等于说没有欺诈哄骗。晋商的晚期，驻外经理人员，不执行总号规定，贪污作弊以致劫资潜逃的事例也不少。

（四）晋商诚信中隐含的问题

1. 诚信缺乏法律保障

中国古代历来崇尚人治治国方式，而轻视制度的作用。重人治轻法治使诚信丧失了客观标准和法律保障。在晋商兴盛的明清时期，有关商业法规或经济立法占整个经济制度的极少部分，人们的行为主要靠道德规劝和教化进行规范和约束。由于没有法的规范，晋商过度依赖信誉，只做信用放款而不做抵押放款，严重违背了金融业的谨慎原则。在出现金融危机时，必然是大量放款难以收回，经营陷入困境。由于没有法的约束，在晋商发展的后期，出现了经理人控制企业的现象。由于没有法的保护，晋商被一些有权有势的政府官员盘剥、巧取豪夺，放出去的一些贷款，也难以收回，致使晋商一步步衰落、垮台、倒闭。

2. 晋商诚信文化与经济社会发展趋势不适应

商人在发展的初期，通过与其他同业之间建立"相与"关系，凭借彼此之间良好的信誉，形成了长期稳固的交易网络。这种信用关系在企业规模小、业务对象比较固定、社会信用环境良好的情况下是比较稳定的，但到了晋商发展的后期，其资金规模、业务范围不断扩大，市场供给大于需求，可选择的业务伙伴不断增加时，"相与"的信用制度便显得过于僵化，它既不能灵活选择适合自身发展的合作伙伴，又不能对某些背信弃义、单方面毁约、造成企业重大利益损失的行为加以防范。可见，晋商的诚信文化是诚信家族、诚信熟人的文化。随着经济的发展，交易对象和市场的扩大，这种诚信文化的弊端也越来越突出。

晋商的诚信更多的是受道德教化和宗法观念的约束，不具有强制力。

这种以个人品质为基础的晋商诚信，日渐显示出它的弊端。在晋商发展的后期，受各种思潮的影响，儒家正统的诚信义利观在人们心目中逐渐贬值，由于具体制度性的规定不全面，无法对经营者的具体行为做出全面的约束，致使经营者的权力过大，为追求自身利益的最大化，经理人不再信守"忠信义利"的价值观，最终出现了经理人控制企业的现象，严重损害了财东的利益。

3. 政府信用低

理论上说，政府信用是社会信用的核心。但晋商时期的中国社会是一个典型的人治社会和权本位的社会。政府的权力很少受到限制，它可根据需要随时变更政策或制度。为了节约交易成本，避免经营风险，晋商被迫走上官商结合的道路。从19世纪50年代起，清政府向山西商人的借款逐渐增多，与此同时，山西票号的主要业务也转向了汇兑和垫借公款。这在清朝处于上升态势时确实取得了显著的效果。但19世纪末20世纪初，在清政府摇摇欲坠的动荡环境下，晋商受到政府信用的剧烈影响，并最终成为满清王朝的殉葬品。清朝灭亡后，山西票号垫借的政府公款便无人承担，各地政府的大量财政借款无法收回，放给京中王公大臣的款项也很难清理。许多票号都因呆账、坏账、死账而在挤兑风潮中纷纷倒闭。此外，当清政府为缓解日益困难的财政，成立官办银行，把部分汇兑和存款业务从山西票号手中拿走时，山西票号就处于一种被抛弃的境地，业务大为萧条。另外，晚清及民国时期，我国货币体系十分混乱，也使晋商的经营风险大为增加。如太谷曹家商号就在币值的频繁变动中损失惨重。辛亥革命后，白银改银元，银元又改为钞票，曹家各商号因资本折换，债务折换，而亏损几十万两。民国初年改用银元以后，每一铜元折合800文铜钱，到民国六七年间，每一银元可折合铜钱一千五六百文，这样原初以铜钱计算放出的资本，现在按银元一折合便损失了90%。曹家因此损失达百余万两。[①]

（五）诚信晋商留下的启示

1. 德治是基础

新制度经济学认为，制度提供的一系列规则是由社会认可的非正式约束、国家规定的正式约束和实施机制所组成。道德理念、文化传统等社会意识作为制度的基本要素之一属于非正式约束力的范畴。从历史的发展来

---

① 聂昌麟：《太谷曹家商业资本兴衰记》，载《山西文史资料全编》（第1卷）。

看，在正式制度设立以前或在正式制度供给缺少的情况下，人们之间的关系主要靠道德观念、伦理规范等非正式制度来维持。在晋商的商业活动和交易中，尚无政府的商业立法进行外部的法律调节。在国家商法处于真空状态下，道德理念、文化传统等社会意识在晋商的经营活动中兼有伦理道德和法律规范的双重作用，对晋商的行为起着决定性的规范作用。这种伦理道德观念是经过长期的教化形成的，是内在的、隐性的，同时又是人们自觉遵守的自律机制。与作为正式制度的法律约束机制相比，道德规范不仅规范着人们的行为，更规范着人们的动机，其约束空间要大得多或广泛得多，是高层次、基本的约束机制。

山西省当前在市场经济体制建设中，也存在着作为正式制度的法律法规不健全、不完善的问题。因此在加快法律制度建设的同时，尤其应该注重提升人们的道德规范，把道德规范建设作为规范和约束人们行为的基础。现实生活中，我们看到，在许多情况下，法律是无能为力的，道德规范却能发挥有效的作用。道德规范建设得好，不仅能使人们自觉遵守法律，而且在法律方面会有更高的理论追求和创造。而道德规范建立不起来，就不仅会加大法律的负荷，而且法律本身也不可能得到有效执行。因此进行诚信建设，必须以诚信的道德建设作为基础。

2. 法治是保障

晋商建立在个人道德基础上的人格诚信和血缘诚信，适应于当时尚不发达的市场经济环境。当时市场分割，各市场之间的联系并不十分紧密，人们在一种受地域影响较深的非常有限的圈子内进行交易，这种交易具有长期性和不断的重复性。因此人们的行为是可预期的，建立在道德基础上的诚信能有效地约束人们的行为。而随着经济的发展，经营活动已不再局限于本村、本县、本地区的人人熟悉的可以监督的小范围之内，各种要素可以在相当广泛的区域内实现自由流动，一次性交易的大量存在使得人们必须对交易的内容和规则做出明确的规定，以规避由于信息不对称给交易带来的损失，也就是说人们必须通过各种契约来规范各自的行为，通过正式的法律法规来建立守信的激励机制和失信的惩罚机制。因此社会的进步、经济的发展，使得诚信问题典型地体现为契约和法律问题。没有法律等正式制度的规范和保护，是晋商后期衰败的一个非常重要的原因。因此诚信不仅要以德治作为基础，而且要以法治作为保障。法律和道德作为两个基本的机制，相互补充，相辅相成，才能很好地维持诚信的社会机制。

3. 产权明晰是根本

晋商诚信经营的很重要的原因得益于其产权关系是清晰的。明晰的产权是人们追求长远利益的动力，只有追求长远利益的人才会讲诚信。明晰的产权会使人们对未来形成稳定的预期，同时使人们之间一次性博弈行为转化为可重复的长期博弈行为。所有的人都进行一次性博弈，诚信制度就建立不起来，而长期博弈行为的存在，使合作的概率加大，协议更易于达成，交易双方当事人也更能尊重彼此之间的权利。因此产权是诚信的基础，诚信制度本质上是产权制度。

4. 政府信用是前提

政府信用的本质是国家对社会的承诺，政府信用的基础则是建立在国家政府权威基础上的制度和法律。正因如此，相对于社会和个人，政府的信用才是信用之首，因为它所体现的正是制度本身的稳定性和政策本身的预期性。如果政府本身缺乏稳定性或不守信用，不仅意味着政策变得不可预期，而且制度的长久性也会被怀疑。晋商的衰落，其中很重要的原因就在于清政府日渐衰败，信用较低，甚至出尔反尔，给晋商以沉重的打击。可见政府信用是一切信用之根本和前提。

三、晋商信用制度变迁的理论分析

称雄商界数百年的晋商，虽然在 20 世纪上半叶走向衰落，但晋商所开创的诚信义利的精神及其迅速成长过程中所创造的信用制度却具有广泛的借鉴意义。下文分析晋商及其信用制度变迁的动因、过程和绩效，从中探讨晋商信用体系及其变迁对当前我国信用制度重建的借鉴作用。

（一）晋商信用博弈模型的引申

在中国长期的重农抑商的农业社会中，社会职业地位依次为士农工商，商始终居于末位，"无商不奸"的谚语广为流传。而 15 世纪末以来，晋商在其发展壮大的成长过程中，逐步形成了一个健全的信用制度体系。在晋商所信奉的这种诚信义利的价值观中，其实隐含着一个现代经济学的朴素要义。

在那样一个重农抑商的社会体制中，在普通的消费个体眼里，每次交易的过程都面临着区分交易的对象是否是"奸商"的选择，并同时决定是否与之交易；同样，对于每一个从事商业贸易的晋商来讲，也都面临着是选择欺诈还是选择诚信的过程，并以此来建立自己的信誉。考虑如图 4

所示的支付矩阵：

		消费个体	
		交易	不交易
晋商	诚信	(2，2)	(−1，0)
	欺诈	(2，−1)	(1，0)

图4 晋商支付矩阵

在一次博弈过程中，消费者面临着交易与不交易的博弈，而晋商面临着诚信与欺诈的选择。显然，上述博弈存在着两个纳什均衡：（2，2）和（1，0），但只有（2，2）满足帕累托效率。

然而，从支付矩阵参与者的收益来看，均衡解（1，0）应当是不稳定的，直观的解释是交易双方在（2，2）中的收益均大于（1，0）。附加一个假设的条件，设博弈存在一定的序惯性，其扩展型如图5所示。

显然，新的纳什均衡解应当为（2，2），即交易的帕累托状态。

然而，这种均衡在现实中是很难存在的，在信息不完备的情况下，博弈的均衡解仍应当是两个纳什均衡：（2，2）和（1，0）。但是，这一均衡状态的存在性却隐含着一个重要的结论，即在这种情况下，交易过程中同时存在着两种类型的晋商：诚信者与欺诈者。这一现实对流动型的或者说交易场所或品牌不固定的晋商是极为不利的，因为在这样一个鱼龙混杂的"柠檬市场"中，交易者的逆向选择会将诚信者逐步逐出市场。如果对这种状况不加以制止的话，那么最终的结果将会是整个社会信用制度的崩溃。

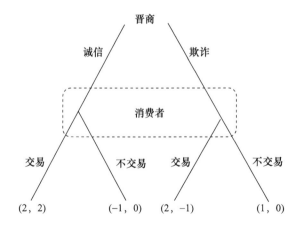

图5 晋高支付矩阵扩展

然而，这种博弈对交易场所固定或品牌效应较优者（即所谓的"百年老店"）的外部性却不是很大。这种情况下的博弈即前文所讨论的重复博弈现象，参与者的"以牙还牙"策略将有助于帕累托改进，因此，存在唯一的纳什均衡解：（2，2），即交易的帕累托状态。

但是，市场并不是这些"百年老店"的完全垄断，在这些参与者之外，逆向选择的发生将对信用制度的创新产生新的需求，引发新的制度变迁的可能。

以上我们从一个简单的博弈模型扼要论述了一次交易过程中晋商在诚信问题上的简单选择，诚如上文的分析所述，交易市场的逆向选择问题将最终使晋商信用制度恶化。然而，经济现实却并没有按照上文论述的逻辑发展，从 15 世纪末晋商开始初露峥嵘，到 19 世纪中叶的辉煌，直至 20 世纪 20 年代以山西票号为代表的晋商退出历史舞台，在这段数百年的晋商兴衰史中，晋商以其卓越的信用制度和诚信品质向世人昭示了成功商人的内涵。下面我们将从制度变迁的角度来分析晋商信用制度及其诚信品质的变迁过程。

（二）晋商信用制度变迁的诱因、条件及其一般均衡

L. E. 戴维斯和 D. C. 诺思曾指出："一项制度安排，是支配经济单位之间可能合作与竞争的方式的一种安排……它必须至少用于下列一些目标：提供一种结构使其成员的合作获得一些结构外不可能获得的追加收入，或提供一种能影响法律或产权变迁的机制，以改变个人（或团队）可以合法竞争的方式。"① 而制度变迁的过程实际上是制度的替代、转换和交易的过程，或者说是以一种高收益的目标制度模式实现对既有制度模式的替代过程。林毅夫认为："在技术条件给定的前提下，交易费用是社会竞争性制度安排选择中的核心……从某种现行制度安排转变到另一种不同制度安排的过程，是一种费用昂贵的过程；除非转变到新制度安排的个人净收益超过制度变迁的费用，否则就不会发生自发的制度变迁。"②

当"预期的净收益超过预期的成本，一项制度安排就会被创新"③。而导致制度变迁的这些外部利润又来源于以下因素：①规模经济。在一个

---

① ③ L. E. 戴维斯、D. C. 诺思：《制度变迁的理论：概念与原因》，载 R. 科斯、A. 阿尔钦：《财产权利与制度变迁——产权学派与新制度学派译文集》，上海三联书店 1991 年版。

② 林毅夫：《关于制度变迁的经济学理论：执行变迁与强制性变迁》，载 R. 科斯、A. 阿尔钦：《财产权利与制度变迁——产权学派与新制度学派译文集》，上海三联书店，1991 年版。

关于要素投入与产出之间技术约束的生产函数中，满足：$f(\lambda \cdot L, \lambda \cdot K, \lambda \cdot T) = \lambda^{\alpha} f(L, K, T)$，其中 α 为齐次度。②外部性——外部成本与收益的变化。③克服对风险的厌恶。④交易费用转移与降低带来的利润。当现有的制度结构，由于外部性、规模经济、风险和交易费用所引起的收入的潜在增加而不能内在化时，经济的进一步成长需要制度变迁来创造一种新的制度使这些外部利润内在化。此即诺思制度变迁模型关于制度变迁诱致因素的描述。现在我们采取诺思制度变迁模型来分析晋商信用制度变迁的一般规律。

1. 信用制度需求博弈中的交易成本

商品货币经济的发展，以及劳动分工和专业化极大地促进了生产效率的提高。专业化提高了生产效率，但同时，它又使得各产业之间的共性日趋淡化。这样，作为一个对商品具有多样化需求的交易者来讲，专业化无疑是加大了交易者了解其欲消费商品的信息成本。商人与消费者关于消费品所拥有的信息不对称构成了市场的重大缺陷之一。关于消费品信息筛选的问题就存在于一切交易之中，它构成了交易过程中交易费用的一个重要组成部分，在技术条件给定的前提下，交易费用是社会竞争性制度安排选择中的核心。然而，消费者如果能够对商人的信用问题进行清晰的分析，显然可以极大地弱化信息甄别过程中的交易成本。下面的交易费用博弈模型从一个侧面证明了信用制度的存在可以降低交易过程中的成本，即交易费用的降低构成了信用需求的一个诱因。

回到前文的博弈扩展型，如图 5 所示。

在一次博弈过程中，消费者面临着交易与不交易的博弈，而晋商面临着诚信与欺诈的选择。显然，上述博弈存在着两个纳什均衡：（2，2）和（1，0），但显然只有（2，2）满足帕累托效率。

因而，在交易过程中，存在着效率低下的问题，消费者在对交易对象的信息甄别中要支付高昂的交易费用。

现在，引入信誉因素。假设，在这样一个关于晋商诚信品质的"柠檬市场"上，引进一个新的制度：信誉承诺，即处在交易市场上的晋商都承诺保证维持诚信的信用制度，以此使消费者放心对消费品购买；同时，假设做出这种承诺的晋商并不仅是做出口头承诺，一旦发现晋商存在欺诈行为（假设所有的消费者都能对消费品进行检验），该晋商将为此付出昂贵的代价。这种情况下的博弈扩展型如图 6 所示。

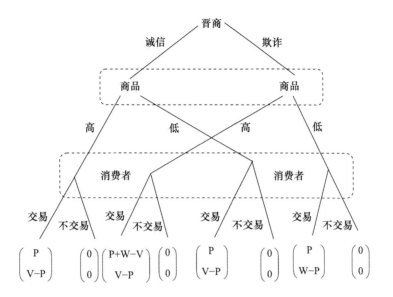

图6 晋商支付矩阵博弈扩展

资料来源：张维迎：《博弈论与信息经济学》，上海三联书店1996年版。

其中，V和W分别为消费者对高质量和低质量商品的价值评价。显然，当P＋W－V＜0时，低质量商品在出售以后的索赔将会使商品出售者亏损。因此，注重信誉的晋商通过一个简单的制度创新，即可将欺诈行为逐出市场。

这一理论分析在晋商信用制度变迁中的反映即晋商经营过程中所创造的"相与"制度。在晋商经营过程中，凡"相与"者，必善始善终，同舟共济；同时，既是"相与"，必竭力维持，即使无利可图，也不可中途绝交。这其中，一个经典的案例是榆次常家天亨玉掌柜王盛林在东家发生破产还债需抽回天亨玉资本时，向其"相与"大盛魁借银三四万两，让东家将资本利润全部抽走；天亨玉毫无资本全赖借款支撑，改组为天亨永，照常营业，未发生倒闭，全赖于卓著的信用。

2. 晋商行会约束下的信用制度供给

回到我们最初的博弈模型，如图1所示。

在一次博弈过程中，个人无信行为的收益总是要大于守信的收益，因此，在一次博弈的过程中，个人的理性行为总会产生无信的结果。

显然，在任何一次交易过程中，作为交易参与者之一的晋商都存在着一种实施背信行为的诱惑。即使存在着信誉承诺的自我约束，然而在这种外在监督机制缺乏的条件下，晋商仍然存在着一种实施背信行为的机会主义的诱惑，从而导致博弈的"囚徒困境"，最终形成个人理性与集体理性的冲突，导致整个社会信用制度的崩溃。

晋商在其发展过程中对这一信用问题的解决是通过提供一种晋商行会的外在制度约束，即通过晋商行会使这种外在约束制度化，使信誉承诺机制得以有效运行。作为维护市场公平交易的自律性组织，晋商行会对背信行为制定了严厉的惩罚措施。"如有不尊者，举称禀官究治"[①]。这制度约束使晋商实施背信行为的成本大大上升，行会的惩罚所带来的无形成本的损失是巨大的。晋商一次背信行为的实施，即使偶尔能获得一时的眼前利益，却要遭受长期成本的损失，导致信誉扫地，丧失以后诸多的获利机会。

（三）晋商信用制度变迁的方式

制度变迁理论模型的经典论述是林毅夫关于诱致性制度变迁和强制性制度变迁的假设。"诱致性制度变迁指的是一群（个）人在响应由制度不均衡引致的获利机会时所进行的自发性变迁；强制性制度变迁指的是由政府法令引起的变迁。"[②] 然而，在实际生活中，诱致性制度变迁与强制性制度变迁很难完全划分开来，二者相互联系、相互制约。诱致性制度变迁必须由某种在原有制度安排下无法得到的获利机会引起，而强制性制度变迁可以纯粹因在不同选民集团之间对现有收入进行再分配而发生。当诱致性制度变迁满足不了社会对制度的需求时，由国家实施的强制性制度变迁就可以弥补制度供给不足；同时，制度作为一种"公共物品"，具有一定的层次性和差异性，像法律制度等制度形式的变迁只能由国家强制实施。晋商信用制度变迁的过程完整地再现了这两种制度变迁方式的相互联系及其补充形式。

1. 晋商信用制度变迁过程中的诱致性制度变迁

诱致性制度变迁的发生必须要有某些来自制度不均衡的获利机会，从初始制度均衡，到制度不均衡，再到制度均衡，周而复始。林毅夫[③]（1989）将引起制度不均衡的原因归结为四个因素：①制度选择集合改变；②技术改变；③制度服务的需求改变；④其他制度安排改变。诱致性制度变迁的最大诱因在于潜在的外部利润，诱致性制度变迁与否取决于制

---

① 孔祥毅：《金融贸易史论》，中国金融出版社 1998 年版。

②③ 林毅夫：《关于制度变迁的经济学理论：执行变迁与强制性变迁》，载 R. 科斯、A. 阿尔钦：《财产权利与制度变迁——产权学派与新制度学派译文集》，上海三联书店 1991 年版。

度创新主体的预期收益与预期成本的比较。我们将从晋商信用制度的变迁
中择其一二来分析其制度变迁过程的诱致性制度变迁成分。

在晋商众多的商业组织制度形式中，山西票号所开创的独一无二的
票号经营制度无疑是晋商信用制度诱致性制度变迁的典范。从历史的发
展来看，一般认为①，唐代"飞钱"是汇兑性质工具的产生；宋元记载
不多；到了明代，记载"汇票"的事很多，但并没有发现专业汇兑机
构，一般似乎是由商业组织兼营；而到了16世纪明代中期以后，晋商
对汇兑业的惊人的制度创新使票号这种专业汇兑金融机构开始逐步垄断
金融市场，这其中，巨额外部利润的吸引是晋商诱致性信用制度变迁的
重要诱因。票号制度创新所带来的高额利润是使票号从最初的制度尝试
向金融垄断迅速发展的重要原因之一，这从大德通票号的利润表中可见
一斑（见表2）。

表 2　大德通资本利润表

年份	资本额（两）	每股分红（两）	股利增长指数	备注
1888	100000	850	100	
1892	130000	3040	358	股数包括资本股和人身股两
1896	140000	3150	371	种，若只按资本额计算，其
1900	160000	4024	473	利润率将更大
1904	180000	6850	851	
1908	220000	17000	2000	

资料来源：孔祥毅：《金融贸易史论》，中国金融出版社1998年版。

2. 晋商信用制度变迁过程中的强制性制度变迁

与诱致性制度变迁不同，强制性制度变迁可以纯粹因在不同选民集团
之间对现有收入进行再分配而发生。相对于诱致性制度变迁盈利性、自发
性和渐进性的特点而言，强制性制度变迁的主体是国家，它通过垄断的规
模经济地位，利用国家强制力以比初级行动团队等竞争性组织低得多的成
本提供一定的制度供给。新制度经济学认为，强制性制度变迁的效率与国
家的效用函数密不可分，国家作为一个经济行为组织，它对受益与成本的
比较、统治者的偏好、意识形态以及集团利益冲突等因素对制度变迁的模

①　孔祥毅：《金融贸易史论》，中国金融出版社1998年版。

式和方向具有十分重要的影响。政府政策所导致的强制性制度变迁在晋商信用制度的形成和发展过程中，既在一定程度上促进了晋商信用制度的优化和完善，又在一定程度上为晋商信用制度的破裂埋下了伏笔。

国家政策对晋商信用制度实施强制性变迁的一个著名的案例，是清政府对晋商钱庄所发行的信用货币的规制①。明清时期，基于货币兑换业务的需要，钱庄大批设立。随着货币交易范围和钱庄规模的扩大，各钱庄之间组成了各同业行会组织。以归化城为例，"各钱庄组合行社，名曰宝丰社。社内执事，号称总领，各钱商轮流担任。""宝丰社在有清一代，始终为商业金融之总汇，其能调剂各行商而运用不穷者，在现款、凭帖之外，大宗过付，有拨兑之一法。"② 其资金调节的工具，一是现款（白银和制钱），二是凭帖等信用货币，三是拨兑和谱银。当时，山西商人发行的信用货币有六种：凭帖、兑帖、上帖、上票、壶瓶帖和期帖。上述六种信用流通工具，最迟已在道光中年在山西商人之中普遍行使③。前三种见票即付现款，后三种不一定即付现款，易生纠葛。于是政府下令准许使用前三种，禁止使用后三种。政府禁令的后果是导致了钱商的一种新的形式的金融创新，即拨兑和谱银。

国家强制性制度变迁的另一个案例，是清政府对铜币的管制迫使山西商人开辟对日贸易，创造利润来源④。清代"康乾盛世"，商品货币经济较为发达，而同期铜产量却相对不足，货币供应制约着商品经济的发展，"钱荒"现象较严重。雍正初年，曾出现鼓铸困难，制钱腾贵。而山西铜业商人由于铜原料不足，"多销制钱而制铜器"。雍正四年，政府下令严禁制造黄铜器皿，"京城内除三品以上官准用铜器，其余俱不得使用黄铜器皿……其铺户有仍将黄铜制造器皿者，照销毁钱文依律治罪"。第二年又规定："从前曾议三品官以上使用黄铜，今犹觉乱用者多。以后，唯一品官之家，器皿准用黄铜，余者遍行禁止。有藏匿私用者，概以违禁论。"于是铜器手工业受挫，山西仅雍正四年至乾隆元年（1726～1736年）收买铜器小钱689500多斤。在这种情况下，山西商人积极转变策略，利用商号在全国各地的分支机构，积极开展对日贸易，用中国的特产商品

---

① 孔祥毅：《金融贸易史论》，中国金融出版社1998年版。
② 《绥远通知稿》（卷四八），民国年间抄本。
③ 《中国近代货币史资料》（第一辑上册），中华书局1964年版。
④ 孔祥毅：《金融票号史论》，中国金融出版社2003年版。

换取日本的铜，垄断对日铜贸易长达 70 余年。以每年输入洋铜 300 万斤计，70 年中大约使 21000 万斤铜输入中国市场[①]，对保证中国商品交易必要的交易媒介起了不可磨灭的作用。

（四）晋商信用制度变迁的历史启示

自 15 世纪晋商作为影响我国经济社会发展的一支重要力量诞生以来，晋商以其辉煌的历史业绩昭示了一系列的创业、发展及其鼎盛的制度哲学，在整个晋商崛起、兴盛和衰败的历史发展过程中，信用制度始终作为重要的参与要素。晋商兴衰成败的历史及其信用制度变迁发展的历史轨迹使人们更加清醒地认识到经济、社会协调发展的重要历史意义。

1. 诚信晋商的制度诱因

（1）竞争是诚信晋商的推动力。明清时期是中国古代经济发展的高峰，在全国存在十大商帮，商品生产者和经营者之间的竞争逐渐趋于激烈。商人之间要靠竞争去占领市场、提高声誉和争取顾客，而诚信是其中最强劲的竞争力。如著名旅蒙商号大盛魁之所以能够一步步地占领并最终垄断了蒙地的商业市场，凭的就是诚信为本、用户至上的经营理念。由于蒙人出售各类畜产品有季节性，但所需用品则长年不断，晋商在对蒙贸易中就采用春赊秋收的办法，以解决农村老主顾的燃眉之急。除赊销外，商号还采取了预付货款、延期支付等多种信用形式。平日里商号还为蒙民捎购物品，垫借钱财，凡应允之事，必定办到。遇到对方怀疑商品质量，如怀疑布鞋鞋底内用的是草纸，店员就当众用力将鞋底砍为两段，借以宣传，扩大影响。借助商业信用和诚信理念，晋商建立健全了商业网络，扩大了商号的影响，提高了效率和效益。

（2）降低交易成本是诚信晋商的客观要求。明清经济的大发展，使我国封建社会经济渐趋顶峰，信息的不对称就成为市场活动中的常态和特征，由此导致了买卖活动中的不确定性大大增加。在这种情况下，如果缺少诚实守信的社会信用环境，这种不确定性会进一步放大，实际上也就是风险放大。在高风险的环境中，晋商及其交易对象都会因未来的不确定性太大，而减少买卖交易等商业活动，导致经济效率的降低。相反，如果存在人人守信的社会信用环境，尽管经济活动中存在信息不对称，也会使晋商和交易对象利用利息不对称牟利的动机大为降低，从而减少买卖活动的

---

① 孔祥毅：《金融票号史论》，中国金融出版社 2003 年版。

不确定性。这样，晋商就可以大胆地投资于商业活动，交易对象也可以放心地购买、消费，从而提高经济运行的效率和质量。

除此之外，良好的信用环境还能降低买卖双方的交易成本，如交易中收集鉴别信息、聘请保人、商品质量的查验、纠纷诉讼等所产生的费用大为降低。在信用健全、信息沟通坦诚和有效的情况下，虽然买卖活动中的许多交易都在与陌生的人和地区打交道中完成的，但这些交易都是基于信用基础上的重复博弈，对详细的合约和完善的监督依赖程度较低，交易的后果一般都可以预见，摩擦和不确定性比较小，交易双方就更容易达成合作协议。相反，如果信用缺失导致的交易成本过大，就会使买卖变得十分困难。这正是晋商千方百计打造其良好信用的重要原因。

2. 诚信晋商的生成条件

（1）正确的道德理念和经营价值观的统一。明清时期占支配地位的意识形态是儒家思想。它所确立的伦理规范和道德准则，极大地影响和规范着中国人的思维模式和行为模式，并成为整个传统文化网络的核心。晋商作为明清时期的普通民众，深受儒家传统思想的影响，吸收和继承了儒家积极的伦理精神，同时在经营过程中，又发展了本土民间商业精神，从而形成了一套指导自身行为的商业伦理思想。在这些思想的指导下，晋商在数百年间将信用看得高于一切，并以诚信笃实、义孚天下的形象，称雄大江南北。他们认为"诚招天下客"、"信纳万家财"，诚信不欺是经商长久取胜的基本因素，信是处世立业的基础，是人际关系的美德，"言而信"、"言必信"是经商者必须遵循的准则。"经营信为本，买卖礼当先"、"童叟无欺，诚信为本"等商谚，都是经商重信的经验总结，并作为商业道德代代相传。[①] 他们深知，只有讲信用，重然诺，不欺不诈，人们才愿与之交易，一旦信用丧失，商业必然会失败。在晋商看来，经商虽以盈利为目的，但凡事又以道德信义为标准，经商活动虽是"陶朱事业"，但须有"管鲍之风"。对待顾客、商家，无论大小，都应以诚相待。商业盈利靠商品的质量和服务来取得，永保信誉，才能成功。在这种道德理念的教化下，在晋商中洁身自好就成为一种风尚，几乎听不到有人舞弊不信之事。若有人一旦失足，遂为同行所不齿，乡里所卑，亲人所指，失运营生，就业无门，再无颜回归故土，故不信即自毙，人人戒之。

---

① 张正明：《晋商与经营文化》，世界图书出版公司1998年版。

（2）健全有效的管理措施。晋商从内部的选拔人才、经营管理到外部的行会组织等方面，都有一套较为严格的规章制度，这对晋商保持其良好的信用起了重要的保证作用。

1）严格的内部管理措施。①商家选拔人才善用诚信艺术和技巧。在选聘经理上，充分体现了财东运用诚信进行管理的艺术和技巧。在聘用经理前，先由财东对此人进行严格的考察，确认其德才兼备、多谋嬗变，足以担当经理之重任，便以重礼招聘，委以全权，并始终恪守疑人不用，用人不疑的准则，一旦聘用，除每年审阅年终报表外，其他事情概不过问，放手由经理管理，若遇年终亏赔，只要不是人为失职或能力欠缺造成，财东不仅不责怪，反而多加慰勉。对经理来说，基于财东的信任，一旦"择主而事"便"受人之托，忠人之事"，忠心耿耿，克己尽责，努力谋求商号发展，充分体现了中国传统社会所特有的信誉与忠诚的理念。②商家用人有宗族约束机制。[①] 新学徒的来源，原则上只在商号财东或经理的同乡人中选拔，在对其家庭出身、上辈人的为人处事、德行信誉等都很了解的人员中挑选，多为亲朋引荐，知根知底，推荐人都很认真负责，事关个人信誉，绝不敢推荐不肖子弟。当了学徒表现不好被开除回家者，别的商号多不再录用。故一旦被开除，将会绝其后路，所以学徒都很遵守商规号规。③商号号规有诚信约束机制。[②] 学徒入号后，要经过三年的磨炼，由年资较深者进行培训，其间修身养性的理念教育最为重要。"信义"的教诲更是口不离心，心不离口。训练结束后，还要进行工作能力和道德修养的考核。具体办法有：远则易欺，远使以观其志；近则易狎，近使以观其敬；烦则难理，烦使以观其能；卒则易难，卒间以观其智；急则易爽，急期以观其信；财则易贪，委财以观其仁；危则易变，告危以观其节；久则易惰，班期二年以观其则；杂处易淫，派往繁华以观其色。此外，还要从实际工作中予以考验，经过内调、外迁反复考核后，德才兼备才算过关。"十年寒窗考状元，十年学商倍加难"，晋帮商人的习商谚语充分说明了其对学徒要求之严。此外，商号号规对工作人员的道德品行也有十分严格的要求，商号均有"不准"的明确规定："不准舞弊营私，不准假公济私，不准懈怠号事……"如若违反，则当即开除，永不续用。为加强商号的自我约束，除严格号规外，总号还进行经常性地突击检查。如大德

---

① 张正明：《晋商与经营文化》，世界图书出版公司1998年版。
② 孔祥毅：《诚信建设的历史与现实》，《商贸经济》2004年第5期。

通票号大掌柜每隔一定时期就到所属各分号进行工作检查，谓之"阅边"。这种检查是突击性的，并不预告通知，更不允许分号之间互相通报消息。这些号规和监督制度的实施，加强了对职工和分号的自我约束，使晋商树立了良好的形象，保证了晋商的商誉和信用。④家庭教育信义忠实。很多大商业家族定有家训和家规。榆次常家家训要求"凡语必忠信"，"凡行必笃敬"，"饮食必慎节"，"字画必楷正"，"容貌必端庄"，"衣冠必肃整"，"步履必安详"，"作事必谋始"，"出言必顾行"。力求戒除富家子弟坐享荣华富贵、骄奢淫逸的恶习，从而使晋商子孙养成承接祖业所必备的自律、自尊、自爱、自信的良好素质，对晋商维持久盛不衰起了积极作用。①

2）行之有效的外部约束和管理。除严格的内部管理措施外，山西商人还有一套行之有效的外部约束与管理。①行业协会严格监督。② 由于山西在外经商人数多、规模大、时间长，因此晋商逐渐建立了以乡谊或者行业为纽带的自治、自律、自卫的社团组织——会馆或行会。行会在组织市场公平交易、维护信用秩序、规范商人准则、防止不正当竞争、处理商务纠纷等方面起着很大作用。晋商无论在何地，也无论在哪个行业，都以关公为诚信、忠义的化身，供奉关云长为关帝君，以其信义教育同行，以其武功保佑自己的商业利益。同时，行会执事由各商号经理轮流担任，定有严格的行规，负责处理商务纠纷，甚至巡查弹压，拘捕人犯，维护市场秩序和商民利益。如北京山西票号商人行会"会规"规定："中国汇兑银号……书立书信，书明归还日期，即应如期归还；中国汇兑银两收交以票、信为凭，往来以折条为据。"③ 如商人违反行规时，首先要在行会或会馆内受到罚款、罚戏等处罚，"倘有不遵者，大家举官究治"。行会内的惩罚往往使商人名声扫地，是比法律制裁还要使人难堪的事，起到了不是法律而胜似法律的作用。②业务上与同行建立"相与"关系，注重和谐团结。晋商中相互友好的同行称为"相与"。晋商不随便建立同行共事的业务关系，若一旦建立起来，则善始善终，同舟共济。如祁县乔家的"复"字商号，尽管资本雄厚，财大气粗，但与其他商号合作却要经过详细了解，确认该商号信义可靠时才与之建立业务关系，否则均婉言谢绝，避免卷入不必要的麻烦。但是当看准对象，认为可以"相与"时，又舍

---

①② 孔祥毅：《诚信建设的历史与现实》，《商贸经济》2004 年第 5 期。

③ 刘建生等：《山西近代经济史》，山西经济出版社 1995 年版。

得下本钱、放大注。对于已经建立起来的"相与"商号，均给予多方支持。即便对方发生变故，也不轻易催逼欠债，不诉诸官司。乔家"复"字号的上述做法，使它在同业中的信誉很高，许多商号以能与"复"字号建立业务关系为荣，其生意自然也会长盛不衰。晋商通过与其他同业之间建立适当的"相与"关系，凭借彼此之间的良好信誉，保证了商品的质量，稳定了货源，形成了长期稳固的交易网络。良好的信誉具有极大的扩散效应，从而大大降低了晋商在经济活动中的信息搜寻费用，降低了成本，保证了交易的顺利进行。

3）信用约束硬性化——产权关系明晰。明晰的产权是企业信用经营的基础，产权不清，企业就无法对自己的行为承担责任，也不可能从企业的信用中获利，因而硬性化的信用制度也就很难建立起来。山西商人几百年间信用卓著的根本原因就在于产权关系清晰。晋商采取两权分离的股权结构及"人身股"分配制度，确保商号财产的归属关系明确，不同权利主体之间的权、责、利清楚。商号管理层次由财东、掌柜（经理）阶层和一般员工（伙计、学徒等）三部分组成。财东凭"银股"拥有对商号的所有权、收益权、处分权和剩余索取权，并对商号承担无限责任。大掌柜（总经理）接受财东委托，管理与控制整个商号的运营，是商号的决策人物，拥有对商号的人力、物力的经营处置权。二掌柜（协理）负责处理号内日常事务，三掌柜（襄理）总管号内柜台业务，伙计（普通员工）经办具体业务事项，学徒则主要是侍候掌柜、协助打杂和学习生意。掌柜及伙计凭"身股"享有对商号的剩余索取权。商号各阶层之间的产权关系是明晰的。晋商通过明晰的产权尤其是人身股制有效地激励和约束着掌柜和伙计，既激励他们努力做事，又约束他们不敢违规乱纪。为维护自身利益，晋商从财东、掌柜到普通店员无不注重实效，维护本商号或票号的信用、声誉，爱惜信誉遂成为山西商人的伦理之魂。

四、山西当前信约公履制度的现状分析

信用是交易活动中最重要的资源，不讲信用不仅增大了社会的交易成本，而且往往也会造成许多交易活动无法进行。信用起源于交易的需要，越是发达的市场经济，信用制度的存在也就越发显得重要。本质上，信用是一种价值观，它根源于文化和历史传统。作为一种无形资产，信用不仅是个人也是整个社会的一种财富。这种财富的创造和集聚不仅需要个人的

付出，也需要国家在财富的创造和积累过程中辅以必要的制度供给。

（一）山西当前的社会信用状况

近年来，我国信用缺失十分严重，山西省社会信用状况同样堪忧。诚信缺失的表现，可谓形形色色，千差万别，归纳起来，大体有以下几方面。

1. 企业诚信缺失

（1）企业间信用关系扭曲。企业间相互拖欠、占用资金的情况十分普遍，"三角债"盛行。大量的贷款拖欠捆住了企业的手脚，使企业苦不堪言。由于企业不讲信用，使正常的信用观念遭到破坏，企业间赊销、预付等商业行为难以进行。发展到目前，企业交易大多靠现金交易，相互不授受信用。有的企业甚至采取以货易货的原始交易方式。

（2）企业长期拖欠银行贷款，借各种名义逃废银行债务。有的采取多头开户、多头贷款、重复抵押等不正当手段，套贷骗贷，长期拖欠；有的把贷款当成政府的救济款，只借不还；有的相互攀比，别人不还自己也不还；有的不以拖欠贷款为耻，反以不还为荣，信奉"务农的不如做工的，做工的不如经商的，经商的不如借钱的，借钱的不如不还的"，致使拖赖贷款愈演愈烈，银行不良贷款比重加大。

（3）企业的信用观念淡薄，不注重树立良好的自身形象。赖账逃债，欠债不还；坑蒙拐骗，经济合同成为一纸空文的情况司空见惯。

（4）在消费领域，制售假冒伪劣商品案件频频发生，以次充好、掺杂使假、短斤少两等现象比比皆是，注水肉、黑心棉、毒大米、假药、劣质热水器、劣质医疗器械等造成消费者致病、致残、死亡的事件时有发生。产品虚假的广告宣传，营销人员的信口雌黄，服务质量保证承诺如一纸空文，使得消费者和经销者苦不堪言。这些失信行为毒害了人们的心灵，毁坏了企业的声誉，败坏了社会风气，使得失信者牟利、守信者吃亏，对市场经济和整个社会生活造成了极大的损失和危害。

2. 政府诚信缺失

少数地方政府在维护市场秩序方面有失公正，地方保护主义严重，造成市场混乱，默许甚至纵容造假行为。如一些企业故意逃废银行债务的行为，在很大程度上也是由于地方政府和主管部门的信用维护不力，甚至还得到了默许，一些地方政府的失信行为还表现在工作上缺乏稳定性，政策多变，甚至朝令夕改，轻许诺言，不负责任，使这些地方政府的形象和信誉受到了极大的影响。

3. 个人诚信缺失

目前之所以有众多的单位不讲信用，在于组成这些单位的个人缺乏诚信意识。由于信用基础脆弱，信用意识淡薄，致使社会经济生活中与信用相关的经济纠纷与民事案件大量增加。

总之，从假烟、假酒到毒米、注水肉，从厦门远华案到郑百文事件，从牟其中案到广东虚开增值税发票案……发生了走私、诈骗、假货泛滥、股市黑幕等一桩桩触目惊心的案例，而且充斥金融、证券、合同、会计等各个方面。企业之间的"三角债"、银企之间的逾期贷款居高不下，企业假破产真逃债，逃废银行债务问题时有发生，这些已经成为经济运行中的一大顽症。中国的许多企业并不以欠钱不还为耻，甚至有的个别企业以欠钱不还为要挟手段，迫使银行继续借款。此外，牵涉到个人信用不良记录的现象更多，诸如恶意贷款、恶意透支、住房不付房租以致申请助学贷款，毕业后"失踪"等，越来越平常。

（二）诚信缺失的危害

在市场经济条件下，一个人失去信用，就无人与之交往，一个企业失去信用，便无法在市场中生存，一个国家失去信用，正常的经济秩序就无法建立，就会影响社会稳定和政治安定。具体来说，信用缺失的危害主要有下列几个方面。

1. 诚信缺失增加了交易成本

人类的相互交往，包括经济生活中的种种交易行为，都依赖于某种信任。如果一个社会没有形成一种信用共识，这个社会中的成员就不可能与另一个社会成员进行交易。个人和企业只有在确信他们的预期能够兑现的情况下才可能购买、销售、雇用劳动力，投资和进行创新。个人间和厂商间的大量交易，都是在与许多陌生人和组织打交道中完成的，都是基于信用基础上的重复性运作，摩擦和不确定性比较小，交易的后果可以预见，正如德国学者在其《制度经济学》一书中所言，在银行，我们对其储备和管理一无所知，但却将辛辛苦苦挣来的钱交给出纳员，并可能在数秒钟之后便将他的面容忘得一干二净；在我们以前从未进过的医院里，我们却会答应由医院中从未谋面的医生给我们做手术；我们会向轿车送货商预付车款，而这些轿车却要在外国工厂中由根本不会与我们见面的工人们来制造。然而，在这些场合，我们都相信，我们肯定能得到适当的服务……如果这些规则得不到普遍的遵守——就像一次战败或内乱后社会陷于崩溃时的情形——那么我们的良好生活所赖以维系的大量人际交往活动就再也不可能展开，于是，我们的生活水平和生活质量将骤然下降。

市场经济依靠信用来维持，如果这个社会缺乏信用，就意味着维系市场经济基础的契约失衡，共同投入、共担风险并共享收益的制度安排遭到破坏，市场经济就无法正常运行。要维持市场经济的正常运转，一是合作伙伴之间在交易过程中的许多细节问题上达成一致所需要的谈判成本增加。二是当外部环境发生变化时，为判断原有的合作关系能否存续、如何对原有的合作关系进行调整也将增加信息搜索成本；由于信息不对称的存在和契约的不完备性，交易过程中需要加倍的监管，对那些可能奉行机会主义的代理人施加直接的防范和控制，就需要付出高昂的监管成本；同时，信用缺失会导致大量的自利行为和动机的出现，交易道德水平下降，从而使得交易活动中利益冲突和决策争端不可避免，摩擦增大，无形中增加了沟通和润滑成本。这些类型的成本都是交易过程中的交易成本。在信用健全、信息沟通坦诚和有效的情况下，对于详细的契约和完善的监督依赖程度较低，交易成本也就很低，以致难以对其进行精确的定量计算，但一旦信用缺失，交易过程中的运作将变得十分困难，就必须应付无信用状态，成立专门的清欠追账队伍、打假队伍、法律维权队伍等，这就实际上增加了生产过程中的开支，造成企业运行成本的急剧上升，从而造成企业经济效益下降。信用缺失已经成为中国市场经济的"败血症"。

2. 信用缺失阻隔了市场化的进程

一个地区的市场化程度如何，在很大程度上取决于该地区的信用秩序和信用发育状况，取决于信用工具在市场经济活动中的使用频率，取决于这个国家的市场主体对信用工具的信任程度。而当前在山西省乃至全国各种形式的失信与欺诈已成为一个极为普遍的问题。一是票据市场的失信与欺诈屡见不鲜；二是利用合同进行欺诈极为普遍；三是证券市场上各种形式的造假层出不穷；四是被称为"经济警察"的会计师事务所的失信和造假。诚信缺失扰乱了市场经济秩序，影响政府宏观决策，阻碍了市场化进程，甚至威胁到市场经济体制的确立。

3. 信用缺失制约了企业的发展

长期以来，山西省企业饱受信用缺失之苦，由于信用缺失所引起的抽逃资金、拖欠账款、逃避银行债务、恶意偷税欠税、产品质量低劣等问题，不但影响山西省企业整体形象，更成为困扰和制约企业发展的主要障碍。

在现代市场运行中，信用是一项最重要的资源。据统计，在发达国家中，企业间的信用支付方式已占到 80% 以上。[①] 在发达的市场经济体系中，一个成功的企业可以凭借信用使其经营规模超出自身拥有现金的几倍。企业可通过银行信贷、客户赊销、应收账款的代理出售以及信用保险等多种方式，创造出远远大于其现金规模的价值。然而令人遗憾的是，在我国目前的企业运行中，信用的价值被严重地忽略了。作为信用的拥有者，企业往往在无形中无偿地将信用轻易地赠予交易的另一方，却没有认真地计算对方应该承担的信用成本、机会成本及坏账风险，更没有对信用销售进行单独的管理和财务预算，导致业务部门为了扩大销售而不顾风险盲目放账，滥用信用资源，从而遭受巨大信用风险，而获得信用资源的企业由于不付成本，反而拖延支付对方的应付账款，甚至长期占用，干脆赖账不还。

在信用价值被严重忽视的情况下，企业不能利用宝贵的信用资源来增强自己的实力，也不会注意自身的信用形象和地位。不守信用就必然成为企业经营的一种选择。同样，由于担心风险，企业也就无法甚至不敢使用信用资源作为工具来增强实力，又造成宝贵的信用资源被闲置和浪费。正如中国经济体制改革研究会会长高尚全所说，信用如水，市场体系中缺乏信用，犹如洗脸盆养鱼，大企业养不活，小企业养不大，市场也繁荣不起来。

信用缺失对中小企业的发展尤其不利，直接制约着中小企业的发展，特别是制约着中小企业融资和贷款。众所周知，中小企业由于规模小，实力弱，资金缺乏，需要融资和利用银行资本。但由于整个社会信用缺失，信用环境差，造成中小企业贷款难、担保难、抵押难、融资困难，严重制约着中小企业的发展。

4. 信用缺失导致了综合经济实力下降

信用也是生产力。信用度高就能带来高效率和滚滚财富，而在一个信用危机的市场环境中，信用高的企业或个人的成本非常高，也非常痛苦，严重时可能无法正常经营。信用缺失会使得外国商人不敢来做生意，不敢

---

① 唐任伍：《论信用缺失对中国管理的侵蚀及对策》，《北京师范大学学报》2003 年第 1 期。

来投资办厂，就会吓退资本，从而导致山西企业开展国际贸易困难，许多贸易机会就会白白丧失。信用缺失也会导致企业惧怕风险，不敢采用灵活的贸易结算方式，有些甚至不得不退回到现汇结算甚至以物易物的原始状态上去，严重地影响了山西省企业在国际国内市场上的竞争力。

5. 诚信缺失影响了社会稳定

在社会生活中，不守诚信的行为具有很强的负面诱导作用。当一种失信行为未受到应有惩罚反而获利时，就会起到负面的示范效应，将对社会道德体系形成强大冲击，同时也会加剧社会分配不公，进而影响社会稳定。

（三）信用危机的经济社会原因

1. 历史上"极左"路线的后遗症

近代中国社会诚信似有江河日下之势，从鸦片战争到五四运动，这一时期中国社会处于半封建半殖民地社会，但民间传统的社会信用尚好，受传统文化的影响，人与人之间讲究诚信守约，儒家文化仍然统治着人们的思想，影响着人们的行动。从五四运动到新中国成立这个时期，由于五四运动在反帝反封建的口号下，提出"打倒孔家店"，动摇了儒家的道统，批判儒家文化中的糟粕是必要的，但也使儒家思想中的义利观、诚信观、秩序观等好的东西受到一定的破坏，没有建立起一种更新更好的理念，伦理道德方面出现一定的真空。那时虽然在客观上对传统文化有一定的消极影响，但社会信用尚好。从新中国成立到1957年"反右斗争"之前，是新中国成立之初的一段宝贵时间，人们真诚相处，沐浴着共和国的春风，工作热情积极，这一时期的社会信用是好的。从"反右斗争"到"文化大革命"结束，由于"反右斗争"的扩大化，人们从反面接收了教训，认为说真话吃亏，人与人之间的真诚关系受到了影响，为日后信用留下了隐患。"文化大革命"中的怀疑一切，打倒一切，严重影响了人们之间的关系，搞得人人自危，谁都不相信谁，谁也不敢相信谁，互相猜忌，"批林批孔"运动使人们心目中缺少了行为规则，这些都不同程度地动摇了社会信用，扰乱了社会信用秩序。这种不信任加剧使整个社会信用受到了破坏。从"文革"结束到现在，中国进入改革开放时期，外商的进入以及外资企业、乡镇企业、个体私营企业等多种经济的不断发展，使致富成了中国人的追求，但也导致一些人为了谋财致富，不择手段，以致坑蒙拐骗，肆意欺诈。人们的价值观发生了一定程度的异化，人与人之间的关系发生了变化。几千年来中国传统文化中的思想精髓——诚信守诺、以诚待人的价值观和信用意识受到冲击，异化的道德意识、处世哲学在整个社会弥漫，不论是物质领域，还是精神领域不同程度地都存在着一定的问题，诚信社会面临严重的信用危机。这不能不说是"打倒孔家店"和"文化大革命"的后遗症。

2. 体制转轨中产权改革不到位

在长期的单一公有制制度下，高度集中的计划经济使人们产生了"公家的东西，是你的也是我的"的观念，特别是多次银行贷款豁免的"历史经验"，给人留下欠账可以不还的先例。同时，产权不明晰，也扭曲了一部分人的行为和处事原则。当前的信用问题大量发生在国有企业和国有银行之间，就有体制原因。在传统的计划经济条件下，政府是经济中唯一的产权主体。经济活动中的企业却不是一个独立的产权主体，银行则是国家财政的出纳。在当时的情况下，企业、银行和财政可视为一家，不存在真正的信用关系。在从计划经济向市场经济转轨的过程中，国有企业和国有银行并没有真正成为产权明晰、权责明确、自主经营、自负盈亏的法人实体。约束与惩罚失信行为的前提是失信责任能够确认，并有具体承担者。但目前国内企业特别是国有企业正处在向市场竞争主体的角色转变过程中，产权不清晰、责任不明确，发生失信事件时，难以找到具体的责任承担者，从而造成失信责任无法追偿。

3. 法制不健全使违约成本远远低于收益

在市场经济条件下，信用是建立在法律制度基础上的。需要法律制度作为强行履约机制予以保障。法律制度可以通过两种途径维系诚信机制。一是界定人们的利益、权限和责任，即事前规制企业和个人的行为。二是事后仲裁和惩罚机制。通过失信惩罚机制的设立，做到"闯红灯者受罚"，加大企业和个人失信的成本，迫使其行为趋向诚信。我国的民商法虽然也有诚信的法律原则，但总体来看，法律对诚信经济的运行还没有起到强有力的保障作用。

（1）有关诚信建设的法制基础薄弱，很多失信问题仍无法可依。我国目前的信用体系在规范授信、平等授信、保护个人隐私等方面均没有相应的法律法规，因此使得商业银行、金融机构、房产、消费者资信调查、商账追收等行业都不能够受到直接和明确的法律规范与约束，为诚信危机的发生创造了机会。

（2）有法不依，蔑视法律的现象到处存在。我国已颁布的法律中，《民法通则》、《合同法》、《担保法》、《票据法》和《反不正当竞争法》都有有关诚实守信的条文，《刑法》中也有对诈骗犯罪行为处以刑罚的规定，但在现实生活中许多企业和个人对其视而不见。

（3）法律实施或执行机制不健全，地方保护主义盛行，纵容了失信行为的发生。一些地方和基层法院受当地政府和企业的影响，在司法中存在随意性和不公正性，甚至存在有意偏袒失信者利益、损害侵权人利益的倾向。重判决轻执行的现象较普遍，即使胜诉，案件的执行率也很低，使债权人处于十分被动的境地，这就使得整个社会缺乏严格的失信惩罚机制。正当权益得不到有效保护，实际上形成了对失信方利益的反向维护，使得失信行愈演愈烈，极大破坏了信用环境。

4. 政治体制改革落后造成政府部门角色错位

在现代信用体系中，个人信用是基础，企业信用是核心，政府信用是关键。政府是社会信用建设的组织领导者，是信用体系的制定者和执行者，是信用道德文化的倡导者，更是信用行为的示范者。在社会信用体系中，政府的作用主要表现在两个方面：一是以自身信用对社会公众产生示范效应；二是建立规则，并进行监督，维护社会诚信秩序。而政治体制改革的落后使得当前不仅存在着各级政府信用低落的现象，而且政府职能错位，经常存在政府职能越位与缺位并存的现象，严重影响着诚信制度的建设进程。主要表现在：第一，政策制定随意改变。随意制定、朝令夕改的政策制度严重干扰了人们的预期，导致人们无所适从，追求短期行为，不讲信用。第二，政策的透明度低。政府部门的规章制度有些定得很模糊，政策的解释权在各级政府部门，结果把真正的权力交给了执行这个政策的官员，他们可以利用手中的权力向失信者寻租，索取贿赂，形成"猫鼠串通"，造成极为恶劣的社会影响。第三，政府干预过度。为支持国有企业发展，要求国有商业银行给予贷款支持，其中相当部分企业用贷款去维持和解决生存问题，逃废银行债务，甚至干扰执法，侵害债权人利益。政府的这种行为，对整个社会信用活动造成了破坏性影响。同时，政府机构人浮于事，相互扯皮，办事拖拉，影响了其信用。吹牛皮，说假话，浮夸风，"官出数字，数字出官"，"不说假话办不成大事"成了人们的普遍观念。阿谀奉承，说假话，往往可以升迁。而诚实信用的人，反而被讥为"窝囊废"。加上腐败官吏制裁不力，一定程度上助长了欺诈行为。

5. 信用中介体系不完善

市场交易中普遍存在着信息不对称的情况，要克服信息不对称所产生的负面效应，关键在于建立公开充分的信息流，以保证自我履约机制的实现。这就要依靠社会中介服务体系。在欧美发达国家，信用服务体系经历了百余年的发展，市场化、社会化的程度相当高，形成了许多专门从事征信、信用评级、商账追收、信用管理等业务的信用中介服务机构。征信服务与国家法律和政策监督的作用有机地结合起来，在全国范围内形成了有效的信用信息沟通渠道和合理的失信约束惩罚机制，对有信用不良记录的公司和个人通过市场化的征信手段将其列入失信的"黑名单"，并对其不良记录通过正当渠道进行传播，在法律允许的期间内影响其市场交易能力和受信能力，且在规定期限内不能注册新的企业。而且这些处罚不会简单地随着个人和公司的破产、停产而消失，使得他们无法在各种市场上生存，从而达到规范市场信用秩序、净化市场环境和减少犯罪的目的。而目前我国信用中介服务行业发展滞后，信用中介服务行业还缺乏一个健康发展的市场环境。由于政府和一些专门机构掌握的可以公开的信用信息没有对社会开放，信用中介机构获取信用信息的难度较大，它们目前所建的信用数据库规模普遍偏小，缺乏同业、异业信用纪律的联合，无法对市场主体的信用级别做出公正、客观、真实的评估。我国虽然也有一些为企业提供信用服务的市场运作机构（如征信公司、资信评级机构、信用调查机构等）和信用产品，例如信用调查报告、资信评级报告等，但不仅市场规划很小，经营分散，而且行业整体水平不高，导致了企业的信用状况得不到科学、合理的评估，市场不能发挥对信用状况的奖惩作用，企业也缺乏加强信用管理的动力。

纵观人类社会发展史，信用观念和信用是随着经济社会制度的变迁和商品交换、法律道德建设的发展变化而发展变化的。但是社会信用制度和信用体系的建立则是市场经济发展到一定阶段的产物。

当然，欺诈问题不仅是在中国频频发生，在国外亦呈同样趋势。据安永会计师事务所的反欺诈全球性调查，目前全世界欺诈行为呈现增加趋势，经路透社商业版头条披露的近10年有38.5万篇报道，近年平均已经倍增到9万篇一年。新增欺诈案例中，不发达国家和地区欺诈行为多于发达国家。欺诈不是新鲜事物，历史上一直存在。但是为什么全球近年在增加？从世界范围看，欺诈行为增多的原因大体上有如下几点：一是社会企业组织构架日益复杂；二是传统上对此不予关注；三是内部审计功能人手不足；四是很多人将某种程度的欺诈视作经营成本；五是过时而无效的内部控制制度；六是激进的会计操作；七是管理人员的频繁更替和软约束。

总之，完善信用制度的任务迫在眉睫，我们应当强化对于社会信用建设的认识，为 21 世纪中国经济的持续、快速、健康发展建设一个良好的社会信用环境。

五、山西诚信社会建设的政策性建议

社会信用制度的建设是一项复杂的系统工程，不仅需要从体制、机制、组织、法律等多方面进行考虑，而且需要政府、银行等有关机构进行密切的配合。道德规范和历史文化环境建设构成了一国信用制度建设的基础；而有效的法律体系不仅可以支持宏观层面的信用管理，而且对微观方面所需要的信用信息的获取也予以保证；但不论是道德规范的完善还是法律体系的构建都离不开政府在信用制度建设中的主导作用。

（一）中国信约公履制度建设的回顾

中国社会信用建设问题在实践中被重视是从 20 世纪 80 年代中期开始的。1987 年 9 月中国工商银行太原企业信用度鉴定公司、经济信息咨询公司同时成立，1988 年 6 月中国农业银行太原信用度评估鉴定公司成立。这些机构的建立，有力地推动了社会企业的信用需求。1990 年国务院下发《关于在全国范围内开展清理三角债工作的通知》后，诚信社会建设加快了步伐。20 世纪 90 年代初，社会信用评估机构在全国各地建立与发展起来。当时主要是适应企业发行债券和资本市场发展的相关评估需要，如中国诚信、上海远东等，公司业务有信用调查、信用评估、信用担保、讨债追债等。

90 年代中期是信用社会建设的发展阶段。最突出的表现为信用担保公司的快速发展。首先是政府投资成立，后来民间资本也进入了，山西阳泉就有私人担保公司。到 2001 年末，全国有 360 家信用担保公司，担保资本 100 亿元，50% 是民间资本。[1]

2000 年以来社会信用建设进一步发展，政府为主体的信用信息披露体系和社会中介为主体的信用联合征集体系的起步和推进，使社会各方面

---

[1] 陈洪隽：《我国社会信用建设的回顾、问题、展望》，《经济研究参考》2002 年第 44 期。

都开始重视社会信用建设，有的省区向社会开通了企业信用信息系统。2000 年 4 月中央十部委下发了信用管理指导意见；2002 年 3 月国务院开始启动企业和个人征信立法与实施方案的起草工作；2002 年 4 月财政部、经贸委、央行联手进行全国信用担保机构调查；2002 年 6 月央行企业信用登记咨询系统实行全国跨省联网；中国工业联合会推动信用工程；中国商业联合会着手组建商业信用中心；工商、证券、保险、税务、旅游及注册会计师等领域信用体系建设加快；民间信用中介机构发展，"中国联合信用网"正在建设；外国信用中介机构站进入中国，如邓白氏、惠誉、科法斯等；上海、北京、广东汕头、浙江富阳等政府信用披露系统联网并为全国提供服务。

总之，政府信用披露的程度已经大大提高，人们对信用建设的认识有了明显改变，信用市场竞争机制有了增强，信用机构生存和发展的环境正在不断改善。但是，社会信用建设的发展极不平衡，问题还比较多。一是对于社会信用的概念认识不一致，社会信用范围有多大，缺乏统一界定；二是信用业务操作政府企业不分；三是信用机构的行业自律没有建立起来；四是信用服务行为需要法律保证；五是由于社会认识水平还不够高，信用产品市场需求不足。

（二）中国社会信用体系建设的模式

一个国家的信用体系如何建设，世界上大体有两种模式：一是美国模式，即社会信用体系是以民营征信服务为特征的市场模式，其机构由私人或法人投资组成，其信息来自金融机构和商业机构，服务于金融业、工商业和政府部门；二是欧洲模式，即社会信用体系是公共信用调查系统的模式，欧洲中央银行行长会议定义其"为向商业银行、中央银行和其他金融监管部门提供关于公司、个人，乃至整个金融系统的负责的情况而设计的一套信息系统"[1]。

我国采取什么模式，是当前社会信用建设中必须尽快解决的问题。我们赞成四个信用体系同时发展，共同构成国家社会信用体系：一是以各级政府为主体和电子政务为基础的政务信息公共披露体系；二是以行业协会为主体和会员单位为基础的自律维权同业信用体系；三是以企业自身为主体和风险管理为基础的独立的自我内控信用体系；四是以信用中介为主体

---

[1] 张军扩等：《建立社会信用体系的模式比较》，《中国经济时报》2003 年 2 月 17 日。

和市场运行为基础的社会商务服务信用体系。[①] 政府、协会、企业和中介同时发展各自的信用体系，形成全国的社会信用体系，并且互联互通，信息共享。

　　针对我国地域辽阔、人口众多、城乡差异大、发展不平衡的特点，我国应当按照"先中心城市、后边远农村；先发达地区、后落后地区；先地方、后全国"的思路有步骤地进行社会征信体系的建设。先从地方、城市或行业做起，建立起区域性的或行业内部的信用信息共享制度后，再通过全面推广、逐步联网的方式，最终走向跨地区、跨行业的联合征信体系。

　　（三）山西省信用体系建设的有利条件

　　目前，全国范围的"大信用体系"的建设还处于启动的初期，中央政府的筹备工作还没有达到统一部署的成熟程度。但区域性的信用体系的建设已在上海、北京、深圳等城市展开。建立山西省的社会信用体系，已是迫在眉睫之举。而且山西省建设地方信用体系也存在着有利的条件。

　　1. 政府重视信用制度建设，为规范市场将出台一些地方法规

　　2003 年以来山西省委、省政府重视"信用山西"建设，在全省成立了信用山西建设领导组，各地市也相继成立了相应的组织。提出力争用 3～5 年的时间，初步建成覆盖全省企事业单位、个体工商户和企业高层管理人员等社会重点群体的社会信用信息系统。山西省已初步研究草拟了《中共山西省委省政府关于全面推进"信用山西"建设的意见（草稿）》、《山西省行政机关归集和披露企业信用信息管理办法（草案）》、《山西省企业信用信息系统实施方案（草案）》三份文件，正在征求意见。2003年，《太原市人民政府关于开展小企业信用体系建设的试点方案》经省经贸委审核、国家发改委批准，太原市被确定为全国小企业信用体系建设的五个试点城市之一。

　　2. 经济发展强劲，提供了良好的征信市场需求

　　近两年山西省按照建设新型能源和工业基地的要求，围绕七大产业，大力实施三大推进措施，加快推进经济结构调整步伐，经济保持了持续、快速、健康的发展势头，至 2004 年 9 月末山西省国内生产总值达 2131.6 亿元，增幅达 14.2%。规模以上工业增加值达 885.1 亿元，增幅达

[①] 陈洪隽：《我国社会信用建设的回顾、问题、展望》，《经济研究参考》2002 年第 44 期。

21.5%。发电量、煤焦、钢铁、铝等主要产品产量均达到两位数的增幅。工业销售收入达 1979.5 亿元，增幅达 42.3%，利税达 295.9 亿元，增幅达到 54.1%。地方经济的强劲发展，促进了企业信用的扩张，提供了良好的征信市场需求。

3. 征信服务行业发展快、起点高，有良好的行业基础

山西省目前有信用评级机构 4 家，其中两年内全国四大评级机构就有 3 家在山西省先后成立了分公司，即中国诚信信用管理有限公司山西分公司、联合资信评估有限公司山西分公司、远东评估有限公司山西分公司；地方评级机构即山西信保联合资信评估有限公司。它们在评估方法、评估经验和专业人员方面都有一定的基础。另外，山西省担保企业有超常发展，截至 2004 年上半年全省担保企业达 135 家，其中 60% 是近两年成立的，已初步形成省、地、县三个层次的信用担保体系。

4. 征信服务机构已经积累了初步的工作经验

中国诚信信用管理有限公司山西分公司于 1997 年 7 月 4 日在山西建立办事处，开拓业务，1998 年 4 月正式设立分公司，当时称"中国诚信证券评估有限公司山西分公司"，1993~2001 年，该总公司和分公司曾对山西电力、太原铝厂等 11 家企业债券进行评级，对建行山西省信托投资证券公司和山西证券公司等 5 家证券商进行信用评级。2004 年 3 月经省工商局批准，恢复为中国诚信信用管理有限公司山西分公司。山西信保联合资信评估有限公司成立于 2001 年 8 月，公司现有员工 10 人，其中主要业务人员有近 8 年的资信评级从业经验，并在省内率先建立了独立的专业资信评级机制。从 2001 年成立以来，先后对 30 家中小企业信用进行了评级，对 30 家担保机构和 10 户企业债券进行了评级，并将分别与太原市商业银行、临汾市信用联社联手对 400 家中小企业贷款信用进行评级。评级标准按照联合资信评估有限公司的评估标准进行评估，业务发展迅速，信誉良好，在全省有一定的影响。山西省担保机构自 1999 年创立以来，截至 2004 年 5 月底，从业人员达 700 余人，注册资本金约为 31.4 亿元，5 年来共发生业务笔数 12634 笔，担保金额 45 亿元，在保金额 22.71 亿元，赔付笔数 209 笔，赔付金额 1591 万元，占全部担保额的 0.3%。业务品种由单一的融资担保，向买卖合同履约、财产诉讼保全、商业票据贴现、个人消费担保等多品种发展。业务对象由过去单一的中小企业，向企业、学校、个人多方面发展。由于全省担保机构的努力工作，山西省被国家体改

委确定为五个小企业信用体系建设试点省份之一，被国家开发银行确定为四个振兴老工业基地担保贷款试点省之一。①

（四）诚信社会与信约公履制度建设的政策性建议

1. 加强诚信社会意识形态的建设

讲信用是一种社会公德。在市场经济环境下，市场主体的行为准则首先是讲信用，无论是个人或法人主体，都必须树立守信的公众形象。这就要求全社会成员都要树立信用是一种财富，是市场经济的通行证的守信共识和理念。

守信的共识和理念的形成，又需要全社会加强信用教育和宣传，从基础教育到大学教育，对信用观念、信用意识、信用道德的宣传和教育应贯穿始终。另外，要充分利用广播、电视、报纸、杂志等新闻媒体和其他有效手段，大张旗鼓地宣传诚实守信优良传统，大力倡导诚实守信的职业道德，抑浊扬清，净化社会风气，积极营造守信光荣、失信可耻的浓厚的信用氛围。通过强有力的宣传教育活动，使政府、企业乃至公民个人都认识到信用是社会主体各种行为的综合体现，良好的信用是行为人自身的一笔庞大的无形资产。唤起全民的信用意识，培养全民的诚实守信的自觉性，使全社会每一个公民都对信用及其作用有一个正确的认识，树立"巧诈不如拙诚"、"诚者自成"的信用观念，认识信用，重视信用，利用信用。使良好的信用成为全社会每个成员都向往并追求的崇高美德，从而促进全社会信用观念、法律意识的提高。

2. 建立明晰有效的产权制度

产权清晰是构建社会信用制度的前提，产权不清，企业就无法对自己的行为承担责任，也就不可能从企业的信用中获利，从而失去建立信用的动机。我国信用制度的扭曲，主要源自经济转型时期不明晰的产权安排，只有明确界定国有企业和国有银行的产权边界，才能真正消除企业逃废债的理由和借口。这一方面需要加快国有企业的改革步伐，改善公司治理结构，建立真正意义上的现代企业制度。另一方面要建立有效的国有商业银行法人治理结构，使商业银行按照市场原则开展业务，提高商业银行的决策水平和风险控制能力。

3. 加强诚信方面的立法和执法

我国的信用制度建设刚刚起步，在信用信息开放、规范征信市场行为

---

① 任笑奇：《金融征信体系建设与山西省征信体系架构的思考》。

及保护消费者权益与失信惩罚等方面都缺乏明确、具体的法律规定，使我国信用制度既缺乏必要的法律依据，又缺乏应有的法律保障。因此，应加快立法，为信用制度的建立营造良好的法律环境。

信用法律法规体系应由以下基本内容构成：①明确信用管理部门，界定其性质、职能和权限。②规范征信数据的开放和征信数据的使用范围。③界定好政府行政公开和保护国家经济安全的界限，界定好商业秘密和公开信用信息的界限，界定好消费者个人隐私和公开信用信息的界限。④保护消费者权益，包括消费者对个人信用信息的知情权、对不实负面信息的申诉权、对消费者信贷的平等受信权以及消费者个人的隐私权。⑤强制披露经济主体的不守信用行为，使不守信用者寸步难行。

从立法上明确法律责任，是信用制度建设的前提，更重要的是从司法和执行上落实法律责任。针对当前司法和执行中存在的问题，可以从两方面着手：一是在诉讼审判方面，提高诉讼效率，降低诉讼成本，保证司法公正。对经济纠纷案件可以规定受理审结的时限，以在尽可能短的时间内采取法律行动，维护胜诉人的权益。为保证司法公正，应切实贯彻回避原则，诉讼管辖贯彻诉方、债权方所在地为主的原则，避免地方保护、人情关系干扰案件审理和审批的弊端。二是大力加强执行力度，维护法律的权威，使债权人的合法权益切实受到保护，使违法违约的侵犯他人权益者受到法律制裁。在这方面法院应采取更有效的手段，把提高执行率作为考核法院成绩的重要指标。通过加大执法力度，使法律真正成为维护信用关系，保护债权人合法权益，追究债务人违约侵权责任的有力武器。

4. 建立对失信者的惩罚机制

信用制度建立的一个主要职能是惩治失信者，使其在市场经济中无立足之地，同时保护守信者，使其得到巨大的经济效益。这可以通过两个机制得以实现：一是运用市场机制发挥商务惩戒作用，二是依法行使对失信者的处罚。如美国的做法一是法律支持失信记录在社会上传播，而且失信行为依照法律要保留多年，使失信者在一定期限内付出惨痛代价。二是明确规定对各类失信行为的经济处罚和劳动处罚。三是司法配合，对严重的失信者予以法律制裁。

我国对失信者的惩戒机制还没有完全形成，失信者付出的代价不足以抵付所得到的实际利益和好处。很多失信者还相当自在地生活在社会上，造假者打一枪换一个地方，哪里都没有他们的信用记录可查；破产者搞败一个企业，接着再注册另一个企业，没有对他们的任何限制；会计师、审计师、律师事务所出具假数据、假证据、假材料，承担的仅仅是有限责任，在一个地方露馅，换一个地方接着骗人，没有部门对他们的失信行为进行惩戒，直到使他们从行业退出；借钱不还，欠债有理更成了普遍现象。即使比较严重的失信行为，也还没有形成有效的司法配合，法律规定的刑期大部分是一年、二年以上的长刑，短刑、社会矫正、罚款、家中监禁等处罚办法都没有使用，法律制裁的范畴对失信者，甚至严重失信者都不发生作用。

对失信者惩处不力，实际上对守法者是一种侵犯。因此必须从根本上形成对失信者的惩戒机制。一是通过立法规定，强制披露经济主体的不良信用行为。将不守信用者的不守信用行为告知一切可能的交易对象。商业银行停止对其授信，工商行政管理部门不予工商年检，税务部门不予办理税务登记，让失信者寸步难行。二是建立对社会公开的违信信息数据库，使这些信息能被需要者及时查询。三是建立与失信惩戒相适应的司法配合体系。如社区义务劳动、社区矫正、罚款、监狱各类短刑等，使失信能以各种形式抵补其危害社会的代价。

5. 加强政府信用建设，构建诚信政府

（1）要减少不规范的行政审批。政府不能放弃自己应管的事情而去干预本该由企业和市场管的事情，而且也不能用行政手段，甚至发布违背市场规律的强制命令影响企业。事实上，政府享有的权力越大，人们对政府就越没有信心。相反，当政府的随意性大大降低，人们反而增强了对政府的信赖，对未来也就有了稳定的预期。因此只有将政府定位为有限政府，把大量本来就属于个人的权利归还个人，让市场在社会资源配置中发挥核心的主导作用，尽量减少政府作用的范围，才能使政府更好地负起责任，恪尽职守，取信于民。

（2）由任意行政向信用行政转变。要保持政策和重大决策的稳定性、连续性，使社会公众看到政府工作的预期性。

（3）信息公开，提高政府政策的透明度。既然信用缺乏的根本原因是信息不对称，所以尽可能地保证信息对称就是解决这一问题的根本所在。因此政府信息公开，行为透明是现代民主政府取信于民的重要途径，也是政府信用的基石。

（4）建立起规范政府权力的完备法律体系，通过制度约束政府行为。

我们要通过法律规范加强行政执法监督力度，无论是虚报瞒报、弄虚作假，还是政策的朝令夕改、言而无信，都依法追究当事人的责任，把所有失信于民的政府行为，都置于国家法律法规的监督之下。

6. 完善微观经济主体的自我信用管理约束机制

（1）企业要建立起全程信用管理模式，即采取"过程控制"的方式，从客户开发、签订合同、发货直到货款催收，全面控制交易过程中的每一个关键业务环节。尤其重视在正式签订合同之前对客户进行资信调查，实施"事前控制"、"事中控制"和"事后控制"的信用管理流程，在信用风险识别、风险评估、风险管理手段的选择、风险管理效果评估等各个方面实施有效控制，最大限度地降低信用风险。

（2）要建立和完善个人信用制度。根据发达国家的经验来看，个人信用的建立表现为三个方面：一是个人信用能力，如职业、收入、财富、品格、信誉、行为表现、遵章守法情况的记载等；二是社会对个人信用的运作程序、管理方式和执行规范；三是对违反信用规则的败德行为的惩罚措施。我国应该尽快实行个人信用实码制，并逐步扩展个人基本账户制度，将证明、解释和查询的个人信用资料锁定在一个固定的编码上，居民在指定的商业银行开办个人基本账户，个人的工资、退休金、养老金、保险、医疗保障等全部纳入该基本账户，从而改变信息收集的被动局面，扩大信用体系的覆盖范围。

7. 建立山西省信用体系的基本架构

社会信用体系的建设应选择以行业为主线，纵向建立，然后横向联网的模式，以地方中介机构为补充，由点到面逐步推开，由政府统一监督管理，最终实现信用信息的联合征集、权威评估和信用公示。具体来说，先由金融、工商、税务、海关、房地产、外贸进出口等各行业的管理部门分别组建征信数据库，再由政府的征信管理机构协调统一，实现跨行业联网，构建覆盖多个行业的征信体系，而资信评估等信用服务体系可由市场调节自发形成。

在这方面，需要做好如下工作：

（1）设立专门的征信管理机构。由于征信行业涉及多部门、多领域，是一项全新的、专门的服务行业，因此有必要设立或指定一个部门实施征信业的监督管理和协调统一。

（2）建立征信系统。由银行、工商以及公检法等部门，将企业、中介组织和个人的有关信息进行收集、整理、记录、储存，建立信用档案，依法向社会披露，使有不良行为记录者付出代价，名誉扫地。如金融征信数据库包括企业信贷征信系统和个人信贷征信系统两个基础数据库。企业信贷征信系统主要是收集、加工和整理企业信用信息，2002年底已实现全国联网查询，而个人征信系统主要是收集、加工和整理个人的信用信息，也即将在全国推广。

（3）保证基础数据的真实性。基础数据的真实性至关重要，信用中介机构的数据处理，信用评分和最终的信用报告都是基于基础数据做出的。如果基础数据的真实性不能保证，建立在这个基础上的整个信用体系不管框架逻辑多么合理也只是空中楼阁。因此，在建立信用体系的初期，就要采取强有力的措施和有效的制度安排来遏制企业造假的过程，保证基础数据的真实性。

（4）开展信用评估，广泛开展信用城市、信用地区、信用户选评活动，以信用档案信息作为评估的基本依据，评定地区、企业和个人的信用等级，使之成为其第二身份证和经济护照。

（5）建立统一的信用信息查询平台，社会信用信息是一种市场资源，可将银行、工商税务、公检法等部门掌握的社会信用信息进行微机储存，建立计算机网络技术信用信息，向社会提供完备、权威的信用信息服务，推动全社会信用体系的建立和完善，编织一张密不透风的大网，使失信者无藏身之地。

（6）整顿和规范现有的中介服务机构，要借鉴国际经验建立和发展若干个具有权威性的资信评级机构，建立企业和个人的资信管理网络体系，发展一批信用担保公司，促进信用中介服务行业的市场化发展，中介机构要坚持独立、客观、公正的执业原则，公正办事，不轻信欠完整的证据，不提供传授虚假信息，不出具虚假鉴证，报告不做假账，讲究职业道德，自觉规范自己的行为。

以金融业征信体系的建设为例，可以构建以下信用体系的基本架构（见图7）。

具体来说：

（1）金融征信管理机构：中国人民银行具体承办信贷征信业管理工作，拟定发展规划、管理办法和有关风险评价规则，承办有关金融知识宣传及工作，推动建立社会信用体系。中国人民银行的分支机构将履行具体实施职责。

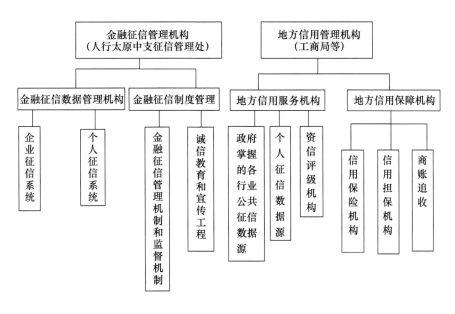

图7 金融业征信体系

（2）金融征信数据管理机构：根据征信管理局的有关设想，征信管理处将把银行信贷登记咨询系统（企业征信系统）和个人征信系统（即将在全国推广）分离出事业单位，把两个系统并入金融征信数据中心进行管理，向各金融机构提供信息查询、信用分析等服务。

（3）金融征信制度管理：一是建立和完善信贷征信制度的管理和监督机制，研究制定市场准入、退出等规章制度，研究制定有关风险评价体系，监督检查信贷征信机构执行有关法规，并依法对违规行为进行处理，达到维护金融债权，防范信贷风险，维护社会金融秩序的目的。二是加强对全民的诚信教育和有关知识的宣传普及工作，要针对不同的对象分层次、分步骤地宣传征信知识，推动有关部门和社会有关方面改善诚信环境，增强全社会诚实守信的信用意识。

（4）地方信用管理机构：其主要职能一是要保证信用管理服务的中立公正性。政府不参与主办信用管理服务机构，政府要积极推动立法，发展一批信用中介机构，为社会信用活动提供服务和监督。二是政府应建立失信约束和惩罚机制，维护良好的社会信用秩序。三是按照国家规定，为企业和个人资信数据资料的采集、等级评定、征信提供合法程序，使社会信用咨询服务活动有序进行。四是政府一方面要保证各部门的公共信息向社会开放，让大家平等取得和使用；另一方面要监督市场主体间依法公平、公正地披露信息和取得信息，保护公平竞争。

（5）地方信用服务机构：在信用制度建立的初期，地方信用服务机构要发挥政府的优势，充分整合社会资源。一是政府要充分发挥职能，以较短的时间，以较低的成本构建公共数据库。为了方便快捷地取得数据，政府在建全完整的信用制度方面，必须出面协调有关部门和社会各方面将管辖范围的征信数据有偿或无偿地贡献出来，在数据处理和形成征信产品方面要起积极的推动作用。二是征集个人征信数据要妥善解决涉及消费者的个人隐私，必须在法律上将涉及个人隐私的数据和合理的征信数据加以区分，既保护消费者的隐私权不受侵害，又让信用管理从业人员业务工作有法可依，促进市场交易方式的健康发展。三是信用评级的目的是揭示受评对象违约风险的大小，评价重点是经济主体履行相关合同的能力，信用评级是为投资者提供专家意见，而不是代替投资者做出投资选择。它的作用是为投资者提供客观公正的评估信息，为筹资者拓宽融资渠道，降低融资成本，为金融监管提供融资信息，促进金融市场的健康发展。

（6）地方信用保障机构。由政府牵头成立的信用管理部门，主要行使拟定行业规章、监督管理等职责。①信用保险机构。信用保险是保险公司向受信人提供的服务，主要是指进出口信用保险。②信用担保机构。信用担保是指主要从事中小企业信用担保业务、再担保业务及相关融资担保业务，并独立承担信用保证责任和风险的专业化信用担保机构。③商账追收。商账追收是以威胁欠债方信用和提起法律诉讼为主要手段替客户进行合法的商账追收，其业务受到法律和政策的严格约束。随着征信行业发展的多种衍生工具的出现，商账追收类服务也从单纯的追账扩大到委托合同管理、合同买卖、账龄分析和预警服务。

诚信是金融的生命

背景说明

本文是应《当代金融家》之约，评价山西票号诚信经营的专稿，原载该刊 2006 年第 4 期。文章认为金融机构、金融活动是建立在信用基础上的，没有信用就没有金融。山西票号的成功，源于不断的金融创新、不断的成功的金融创新，源于诚信。诚信是金融的生命。

从古近代金融机构的起名说起

一个商号、一个金融机构的命名，和一个人的名字一样，常常反映着起名者的道德观、价值观。历史上山西票号的名字有志成信、协成乾、会通远、世义信、锦生润、恒隆光、徐成德、大德玉、大德川、大德通、大德恒、大盛川、存义公、三晋源、大德源、中兴和、巨兴隆、合盛元、兴泰魁、长盛川、聚兴隆、松盛长、长盛涌、公升庆、公合全、恒义隆、天德隆、裕源永、福成德、日升昌、蔚泰厚、蔚盛长、蔚丰厚、天成亨、蔚长厚、协同庆、协和信、协同信、百川通、汇源涌、乾盛亨、其德昌、谦吉升、广聚兴、三和源等。古近代大部分商号与金融机构名字都带着义、德、诚、信、厚、公、合等字词。从这里可以感觉出他们祈望生意兴盛隆昌、宣示崇奉商德伦理的道德观和价值观，他们是把信义与利益结合在一起的。

当铺、钱庄、印局、账局与票号

明清时期中国与欧洲同时发生了商业革命和金融革命。欧洲商业革命从 1500 年开始，经过 200 多年，到 1750 年导致了工业革命。中国的商业革命虽然与欧洲商业革命基本上同时发生，但是经过了 400 多年到清末工业化的曙光还没有露出地平线。然而毕竟商业革命为中国带来了新的生机。伴随着商业革命，也出现了金融革命，中国当铺迅速发展，同时出现了钱庄、印局、账局和票号等金融机构，不仅出现了金融机构创新，同时也出现了大量的金融工具创新、金融业务创新、金融制度创新。

当时，当铺主要经营小额消费抵押贷款，1685 年（清康熙二十四年）全国有当铺 7695 家，其中山西省有 1281 家，占 16.6%；1753 年（清乾隆十八年）全国有当铺 18075 家，山西省有 5175 家，占 28.6%。19 世纪 50 年代，在北京有当铺 159 家，其中山西人开办的当铺有 109 家，占 68.55%。钱庄主要经营银两、银票、制钱、钱钞等钱币兑换，1765 年（清乾隆三十年）在苏州一地就有山西人开设的钱庄 81 家。印局主要经营短期小额信用贷款，因为办手续需要盖印章，所以叫印票庄或者印局，在北京、内外蒙古等地有很多，成为社会生活中离不了的经济救急机构，正如 1853 年（清咸丰三年）内阁大学士祁寯藻所说："窃闻京城内外，现有山西等省民人开设铺面，名曰印局，所有大小铺户及军民人等，俱向其借用钱文"，"京师地方，五方杂处，商贾云集，各铺户藉资余利，买卖可以流通，军民偶有匮乏日用以资接济，是全赖印局的周转，实为不可少之事。"账局是主要经营贷款业务的大信用机构，放款对象主要是候选官吏和商人，1853 年北京有账局 268 家，其中山西商人开设的账局有 210 家。山西商人的账局不仅遍设长城内外，还设到了库伦、恰克图、莫斯科。票号主要经营异地款项汇兑业务，原称"汇兑庄"，因为汇款必有汇票，亦称"票庄"或者"票号"。随着商品经营资本的发展，异地资金的调度需要扩大，承办资金异地调度不仅需要承办人资本实力雄厚，同时要求其在全国各地普遍设有分支机构，特别是要求承办人信用卓著。这几个客观要求，当时只有晋商有这种机制与能力。于是从晋商商品经营资本中分离出来了货币经营资本，专营异地款项汇兑。晋商的票号、账庄、当铺、钱庄、印局等几类金融机构，分支机构遍布全国乃至国外，如朝鲜、日本、俄罗斯等，外国人把这些金融机构统称山西银行，也有人笼而统之称为山西票号。专营汇兑的狭义的票号在 19 世纪 40 年代有 9 家，1862 年（清同治元年）仅上海就有 22 家。1871 年，票号把业务重心从汉口转移到了上海。1876 年 24 家山西票号在上海成立了"山西汇业公所"，但在汉口的票号到 1881 年（清光绪七年）为止仍然有 32 家。在 1883 年的金融大危机中，上海 78 家钱庄关闭了 68 家，票号却未受损失。

明清时期，中国十大商帮都很活跃，但是各大商帮经营的金融业都没有超过"山西银行"。"山西银行"或者说山西商人的核心竞争力是什么？那就是不断的金融创新。但是，他们成功的金融创新，关键在于诚信，而诚信又源于他们的商业伦理。

"山西银行"的商业伦理

山西商人的货币经营资本与其商品经营资本一样，其商业伦理的核心，可以用八个字概括："利以义制，名以清修"，坚持"先义后利"、"以义制利"。规定"重信义，除虚伪，节情欲，敦品行，贵忠诚，鄙利己，奉博爱，薄嫉恨，喜辛苦，戒奢华"，反对采用任何卑劣手段骗取钱财，不惜折本亏赔也要保证企业信誉。诚信义利，是中国传统文化中所讲的一种道德规范，也是约束人们的行为准则。"仁中取利真君子，义内求财大丈夫"，义利相济相通。在义利相通观的影响下，先义后利，以义制利，成为晋商伦理哲学的核心。诚信戒欺，重视商誉是山西商人的商业道德观。

"利以义制、名以清修"的伦理思想表现为：勤劳节俭，保守财富；诚信义利，关公崇拜；和气生财，善待相遇；重人信用，人本管理；贾儒相通，贾士同心。晋商的诚信义利观，集中体现在关公崇拜，尊关云长为财神，以其信义忠诚教育同行，约束员工，以其武功保佑自己的商业利益。晋商在外，一赚了钱，首先想到的是修建关帝庙，以关公为诚、信、忠、义的化身，无论在何地，也无论是哪个行业，都供奉关云长为"关圣帝君"。

2003 年河南省南阳市政府确定社旗关帝庙为"南阳市诚信教育基地"。社旗，即清代的赊旗镇（赊店），古代中州四大名镇之一，号称"天下第一店"。在清代，有 16 个省的商人在此经商。社旗关帝庙是山西商人和陕西商人的商会办公地，建于 1756 年（清乾隆二十一年），占地面积 7758.5 平方米，现存石碑 9 块，反映了商会组织和监督"诚信为本"的商业伦理和商业规范的历史事迹。有一块杂货行的《公议杂货行碑记》列16条，其中有："买卖不得论堆，必要逐宗过秤，违者罚银五十两"；"不得在门口拦路会客，任客投主，如违者罚银五十两"……特别有意思的是在供奉关公的拜殿前面，有一排雕刻精到的汉白玉石牌坊，石牌坊正中顶部石雕为福禄寿三星。当年关帝庙宣称，福禄寿三星与北斗七星、南斗六星共为16星。秤杆上的一斤十六两的16星，就是福禄寿和南斗北斗16星。商人称银两，如果缺斤短两，缺1两，就折福，缺3两，福禄寿星全没了，缺斤短两再多就是不知南北了（不是正常人了），秤星就是诚信（谐音）。如果不诚信（秤星）待客，关老爷就在后面看着呢！

金融机构也称信用机构，没有信用的机构就不能成为金融机构。什么是信用？广义说，诚实守信，遵守诺言，实践成约；狭义说是以偿还为条件的价值运动的特殊形式，如商业信用、银行信用、国家信用、民间信用、个人信用、消费信用、国际信用等。最早商业银行（钱庄、当铺、账局、印局、票号）就是在信用基础上产生发展起来的。

金融机构的发展源于金融创新

中国古近代的钱庄、当铺、印局、账局和票号，就是中国土生土长的商业银行，中国十大商帮都办有不同的金融机构，但是只有山西银行独执中国金融之牛耳。究其原因，山西银行的秘密就在于不断的金融创新。明中期以后到清代，山西银行的金融创新多达30多项。

在对外金融活动方面，进口货币金属（日本的铜和欧美的银）、与俄罗斯商人的信用交易、将票号和钱庄等金融机构设往国外（合盛元票号在日本东京、横滨、神户、大阪挂牌为合盛元银行）。

在金融制度创新方面，有股份企业制度、（经营权与所有权）两权分离制度、联号（网络）制度、风险基金制度、人力资本制度、薪酬社保制度。

在金融工具创新方面，有凭帖（本票）、兑帖（支票）、上帖（银行承兑汇票）、上票（商业承兑汇票）、壶瓶帖（融通票据）、期帖（远期汇票）、会券（异地款项汇票）、旅行支票等。

在金融业务创新方面，有"本平"（记账货币）制度、票据贴现、顺汇与逆汇、代办代理业务、"掉期"业务、转账结算、同业拆借市场、银行清算、信约公履制度。

在风险控制方面，有"护本"制度、薪酬激励制度、宗法与担保约束制度、银行密押制度、安全支付制度、金融稽核制度、内控制度。

在业务经营战略方面，有分支机构随盈利与风险大小而伸缩、业务与资金随经济社会需要而松紧、同业行会约束等。

诚信是金融创新的关键

没有创新就没有发展，创新必须建立在诚信的基础上，没有诚信为基础，创新的机构、工具、业务、制度就不可能维持。票号的诚信，不仅体现在一些案例故事中，更主要的是体现在它的整个体制、企业治理结构、规章制度、业务活动之中。下面可以列举几例：

例1：两权分离（所有权与经营权）。投资票号的财东，授大掌柜以全权。"将资本交付于管事人（大掌柜）一人，而管事于营业上一切事项如何办理，财东均不闻问，既不预定方针于事前，又不施其监督于事后。"静候年终大掌柜的业务报告。谓之"疑人不用，用人不疑"。既然财东信任掌柜，掌柜势必以忠义报答知遇。掌柜倘若视环境不佳，恐损及血本，自然预筹退步，绝不侥幸冒险，影响个人人格。财东施之以仁，掌柜报之以义，谓之"受人之托，忠人之事"。既然领班被授予全权，东家无限信任，个人必忠心耿耿，率领同仁崎岖前进，决策层同事、管理层及员工自然会齐心跟进，人心凝聚，事业何愁不成。

例2：人力资本制度。票号将企业内的管理层职工和业务骨干，按其职责、能力和贡献大小确定"身股"多寡，作为人力资本股，与财东的货币资本股一起参与利润分配，谓之"有钱出钱，有力出力，出钱者为东家，出力者为伙计，东伙共商之"。有不少晋商企业后期人力资本股超过了货币资本股。这种企业激励制度比美国的期权制度早了400多年。

例3：员工考核与训练。定期对员工进行人事考核，根据员工的德能绩，到大账期增加人身股，或者降低人身股，记入"万金账"（资本账）。聘用新员工实行选拔制，新员工需要通过笔试、面试、铺保、吃苦精神考核等程序才能成为新学徒。三年学徒制，一般在总号训练，聪明出众者两年也可以派往分号，过分愚笨者不到三年就会打发回家。学徒第一阶段是为掌柜"提三壶"（茶壶、水壶、尿壶）、打水、扫地、干杂活，伺候掌柜，不设座位。晚上练习打算盘、写字，掌柜考察其是不是忠诚克勤，有无出息，适合不适合做票号生意。第二阶段由掌柜口传训练背记"平砝银色折"，做一些抄写或帮账之事。第三阶段就可以在柜上跟着师傅（老职工）学习做生意。学徒期内，训育学徒重信义，除虚伪，节情欲，敦品行，贵忠诚，达到恒心、通达、守分、和婉、正直、宽大、刚勇、贤明，进行道德教育、业务培训和诚信考验。

诚信行为的激励机制

伙计诚信品格的培育和票号企业诚信品牌的建设，只有管理约束不行，还需要激励。因为诚信与不诚信的成本收益是不一样的。如果守信行为得不到足够的奖励，失信行为就会增多。山西银行对于顶有人身股的职员，每年发给"应支"和"津贴"，应支在分配红利时扣除，津贴则是每年出账。大掌柜人身股 1 股，津贴相当于每年 1000 元银元。应支与津贴大体上各半。没有身股的职员，发给薪金，每年银元一二百元。平时食宿费用一律由号上支付。职工遇有婚丧大事，掌柜同事照常随礼，并派人贺吊。掌柜身故，享受 8 年应支、津贴和红利；未任掌柜而身股 1 股者享受 7 年；身股不足 1 股者享受 6 年；身股六七厘者享受 5 年；身股四五厘者享受 4 年，身股三四厘者享受 3 年；身股一二厘者享受 2 年。已故职员所遗子弟才能良好可以入号当学徒，愿意到别号就业者，亦可以代为介绍和担保。

诚信经营的内部约束

一是分支机构管理。山西银行实行总分支机构制，总号设在山西本地，分支机构遍布全国各地以至国外。实行统一制度、统一管理、统一核算、统一资金调度。对分号的考核，是以"结利疲账定功过"，但以不对他号造成损失为原则，否则给予处罚。总号对分号实行的是集中管理，分号的开立、经营、人员配置、资金、收益等都归总号管理，总号与分号、分号与分号之间，以"正报、附报、行市、叙事报"等方式互通信息，并采取"酌盈剂虚、抽疲转快"的办法相互接济。

二是宗法与担保约束。第一，雇用职员只用山西人，他省人一律不用，事实上主要还是山西中区人，一般都是有身份的当地人引荐，并且为之担保。如果被担保人在号中表现不好被开除出号，不仅断了一家人的财路，还有辱祖宗的面子，家族自然不依。第二，新职工入号需要商铺担保，被担保人出事，不仅累及担保人名誉，担保人还要遭受经济损失。依靠宗法的力量和经济社会力量来约束职工，这是票号有效执行力的又一个保证。

三是金融稽核。山西银行在财务核算管理上，创立了"龙门账"，以经济活动为基础，按原始凭证记载流水账，按照流水账分别编出进缴表（收支表）和存该表（资产负债表），两个表的余额必须一致，谓之"合龙门"。如果两表不能合拢，说明核算过程有问题，就要查找原因。就是中国早期的金融稽核，以此保证财务核算的准确无误。

四是行约公履制度。山西银行创造了许多信用工具，凭帖、兑帖、上帖、上票、壶瓶帖等，都必须诚信签发与流通转让，我见过一张光绪元年十月初一平遥一个钱庄票据，背书转让34次，可见其信用之高。当时，晋商对于商品信用交易与货币借贷形成的债权债务的清偿，实行信约公履制度，根据镖局押运商品物质与现银的距离远近决定标期，按照标期时间长短和标内标外借贷，决定利率（标利）高低。过标时，第一天清偿银两债务，第二天清偿制钱债券，第三天"订卯"，即金融机构之间轧差清算。不能按时履行信约，就不能获得信用。

五是银行密押制度。票号的汇票一律使用总号统一印制的汇票，计数管理。汇票内加"水印"。专人书写，字体在总号和各分号预留备案。汇票需要加盖6枚印鉴：抬头章、押款章、落地章、防伪章、套字章、骑缝章，核对无误，方能提款。会票金额、汇款时间均设有暗号，即银数暗号、时间暗号，汇款人、持票人无法知道，只有票号内部专人才能辨认真假。暗号编成歌诀，以便记忆。月暗号："谨防假票冒取，勿忘细视书章"十二字为一月至十二月代号；日暗号："堪笑世情薄，天道最公平，昧必图自利，阴谋害他人，善恶终有报，到头必分明"三十个字为一日至三十日代号；钱数暗号："国宝流通"分别代表万仟佰拾。如"三月五日伍仟两"，即写"假薄璧宝"。自暗号：为了万无一失，在暗号之外再加一道锁，叫自暗号："盘查奸诈智，庶几保安宁"。各票号密押不定期更换，新的代号均编成押韵口诀，号内有关人员必须死记硬背，烂在脑子里。

六是内控制度。山西银行的内控制度的核心是对人的控制，在人身股的激励制度和铺保约束制度的基础上，授权大掌柜统领号事。内控制度的主要措施有：①号内人事由总号大掌柜安排，财东不得举荐人位，干预人事。②财东平时不得在号内食宿、借钱或指使号内人员为自己办事。

③大掌柜巡视分号，各分号人位不宜、同人不端、手续不合、市面情形变迁诸事，可立即处置。④各分号不准买空卖空、囤积货物，节外生枝。⑤职员不准在外巨数支使；还有，不准私自捎物；不准就外厚道；不准私代亲族；不准私行囤积放人名贷款；不准奢侈浪费；不准侵袭号中积蓄；不准花酒赌博自堕品行；不准吸食鸦片；不准亲友浮挪暂借；不准向财东和掌柜送礼；不准到财东和掌柜家闲坐；不准到小号串门；伙友之间不准互相送礼；下班归里不准私先回家后到柜上汇报等。严格的内控制度杜绝了票号内部营私舞弊现象的发生。

诚信经营的社会监督

诚信除了商德伦理教育、薪酬激励、制度约束、内部控制外，还需要社会监督。山西银行的金融业行会，就是自治、自律、自卫的非政府金融监管。为防范和控制金融风险，协调金融业内部、金融业与社会间的利益关系，如汉口的钱业公所、上海的"山西汇业公所"、北京的"汇兑庄商会"、"账庄商会"、包头的"裕丰社"、归化的"宝丰社"等。金融业行会职能：一是组织市场公平交易；二是监督货币维护市场秩序；三是维护本会共同利益；四是处理商务纠纷；五是维护社会治安；六是团结教育商人，举办社会公益事业。

结束语

山西银行称雄中国商界数百年，留下了无数商家大院，但更主要的是晋商精神：重商立业的人生观，诚信义利的价值观，艰苦奋斗的创业精神，同舟共济的协调思想。晋商精神的核心思想是诚信义利，其从儒家思想演绎出来并形成关公崇拜，这是诚信晋商的基本思想脉络与组织体系。

德国学者马克斯·韦伯说中国商人没有独立的宗教信仰，没有独立的伦理体系和价值核心，所以中国商人是"不诚实的"。但他又确实听到许多对中国商业诚信的赞誉，他大惑不解。于是提出了"中国商人伦理西来说"，这显然是错误的。

汉字的诚信，字面上看，言成为诚，人言即信，诚信就是诚实守信。自古以来中国人一直认为诚信乃为人之本、诚信是为商之道，是维系和谐社会的准则。

诚信乃为人之本。几年前美国出版的《人民年鉴手册》将孔子列于世界十大思想家之首。孔子（公元前 551～前 479 年），著《春秋》，述《论语》，思想博大精深，被称为中国的"圣人"。孔子思想影响了中国 2500 年，其核心是仁爱和中庸。他认为人类应有的一种人伦关系应为"己所不欲，勿施于人"，立身处世的标准应当是忠义、诚信、礼节、德政。以此建立一种稳固、和谐的人伦关系，实现"天下为公"、"讲信修睦"的大同世界。这是中国人几千年以来的一整套特定的思维范式和行为准则。

诚信是为商之道。社会经济发展分为物物交换时期、货币经济时期、信用经济时期等不同发展阶段。物物交换时期称为自然经济时期，以货币为主要交换媒介时期称为货币经济时期，以信用交易为主导的时期称为信用经济时期。在市场经济中，物流和资金流的快速周转，都是依赖信用为桥梁和渠道的，所以市场经济就是信用经济。诚信是一种无形资本，是一种生产和经营要素，它能使所有者和经营者依托有形资产获得更多的效益。所以说信用是财富，信用是资本，信用是资格和能力。信用高，风险低；信用低，风险高。信用是经济社会中的生命和灵魂，是市场经济的通行证。

诚信具有外部性。当事人选择守信或失信行为，不仅对自身产生后果，还会给他人带来影响，这就是说诚信具有外部性。一般情况下，如果能够产生正面影响的守信行为得不到足够的奖励，即当事人的守信收益小于社会的守信收益的话，而能够产生负面影响的失信行为又得不到必要的惩罚，即当事人的失信成本小于社会的失信成本的话，其结果只能是守信行为倾向于减少，而失信行为倾向于增多。因此建设诚信企业与诚信社会、诚信激励机制和失信的惩罚机制至关重要。

金融先导

金融理论与金融改革的思考

背景说明

本文是 1987 年 3 月在山西省金融学会学术研讨会上的讲演提纲。文章讨论金融理论与金融改革、金融理论与经济改革、区域经济与金融改革等关系问题；主张金融改革需要理论先导，经济改革需要金融先导。

占世界人口 1/4 的中国，人均国民收入却很低，开放发达的沿海城市与闭塞落后的老少边穷山区的经济发展极不平衡，多年产品经济和高度集中的计划体制淡化了人们的商品观念和金融意识……这些决定了我国金融体制的改革将不是一朝一夕可以完成的。放眼世界金融发展的趋势，实实在在地思考一下我国金融改革的路子，当务之急是要提高我们的认识，明确我们的指导思想，就如同过小河一样，一个人可以摸着石头过河，而千军万马过太平洋则不能大家都下水去摸，需要有调查，有先遣，有步骤地组织渡河。金融改革也是如此。

一、金融理论的先导

一场伟大的改革，总是要有一定的理论先导，总是要伴随意识、观念的更新，并进行理论的论证和宣传。理论来自实践，又指导实践。理论的这种指导作用，体现着理论超前的意义。根据理论先导的作用，研究适合我国经济状况和社会状况的金融理论，并使这些理论被人们普遍接受，运用于经济生活中，是我国社会主义金融体制改革、充分发挥金融体系整体功能、促进我国经济发展的迫切需要。因而，应确定以下观念。

（一）市场观念的树立

旧的市场观念，是购买日用消费品的百货商店，新的市场观念应当是个大市场。不论消费品的交易，还是生产资料交易，不论劳动力调配，还是资金的借贷筹措，不论是自由交易，还是计划调配交易，不论是信息资料交流，还是技术专利的转让，都存在一个统一的社会主义大市场。金融市场是市场机制的重要组成部分，它不仅包括国家信用的国库券融资，也包括指令性计划安排的银行借贷，而且间接融资、直接融资、城市、乡村、农、工、商、建的资金融通，统统包括在其中。逐步建立发达的金融市场，有利于开放搞活，也有利于宏观调控目标的实现。这一发达金融市场的目标，就是金融机构多元化、融资形式灵活化、金融工具多样化、货币资金商品化、资金价格市场化、社会资本证券化、宏观调控间接化。

（二）金融意识的增强

我国 40 余年实行的产品经济，使人们的金融意识淡化，我们的社会主义银行办成了"豆腐银行"。由于货币启动作用被否定，资金的增值功能被淹埋，银行成了"监督管理"机关，行使政府的职能，银行业务听命于政府官员。多少年来服务监督讲不清，一会儿突出服务，要钱就给；一会儿强调监督，帮助政府用资金这个绳子捆企业的手足。因而，从根本上改变了银行的性质。金融改革就是要把银行办成经营型企业，要使货币的启动作用得到发挥，要使资金发挥增值功能，要使各个商品生产者独立经营，自觉地置身于市场，自由地参与竞争，由过去找上级要资金、找市长要资金转向找银行、找市场融通资金。市场竞争，必然推动企业负债经营，加速资金运转，增强金融意识，树立融资观念和竞争观念，1 元顶几元用。

（三）银行新职能的重视

旧观念认为，银行是存放款项、汇兑服务的机构，资金的分配是"钱随物走"的计划安排程序，用充足的资金供给保障经济发展。随着经济体制的改革，银行的职能也在拓展：

银行新职能之一是引导社会投资。即以利息为杠杆，以市场为轴心，推动国民经济的转动，通过资金追逐利润规律引导社会投资。

银行新职能之二是宏观调控。随着我国经济管理由直接管理为主向间接调控为主的转变，银行的地位不断提高，"物随钱走"的资金运动，以及银行和企业独立自主经营的加强，使加强宏观调控成为必然。宏观调控主要依靠货币政策、财政政策、收入政策和价格政策，其中起决定性作用的是货币政策，银行货币政策失灵，其他政策的作用则会被抵消，很难有实效。

银行新职能之三是创汇职能。金融事业的迅速发展，推动银行信用活动向外渗透扩散，介入国际金融市场，并可通过外汇调整和对国外金融资产的调整，以及通过分保再保险活动等，为国家创汇，并随时可以转换成市场上所需的新技术、新设备、原材料以至专利权等，在此情况下，银行则成为一个崭新的产业部门。

认识这些新职能，树立这种新观念、新意识的意义就在于，建立改革的理论基础，指导改革的实践，使其成为推动经济稳定发展的潜在动力。

二、金融改革的超前

金融体制改革与经济体制改革在步骤上是同步，还是超前？对目前的金融改革，有人认为太快了，没有基础，条件不成熟，如金融市场、专业银行企业化等，因而出现了改革"超前论"。有人则认为已经进行的改革无根本性突破，只是皮毛，未从根本上触动旧体制，仍然是"大锅饭"。我认为，金融改革可以超前，也需要超前。回顾中外经济改革的历史，都有金融改革作为先导的实例。

在1929～1933年的世界性经济危机中，整个资本主义世界受危机的影响，许多工厂、企业倒闭，银行停业、倒闭，物价下跌，工业生产下降，经济发展处于低谷。世界各国对危机束手无策。美国总统罗斯福1934年上台后，实行新政，首先从金融入手，通过中央银行降低利率，松动银根，扩张信用，宣布货币贬值，鼓励企业投资，使美国经济首先得到恢复，从而结束了这场危机。

我国在社会主义革命和社会主义建设时期，在经济发展的一些转折时刻，都是从金融改革超前入手的。如我国社会主义改造是从金融业改造开始的，1962年经济调整时的银行"双六条"也是如此。

金融改革超前的意义在于：

（1）货币金融作为社会生产要素的黏合剂，作为促进潜在生产力转化为现实生产力的启动器，对经济发展有启动作用和制约作用。金融活跃，犹如为经济繁荣输血、输氧，银行通过控制金融，可影响经济改革。

（2）我国经济要走向良性循环，实现供需总量平衡、结构平衡，必须使宏观控制与微观搞活这二者统一起来。银行是提供货币资金的源头，银行融资又是全国货币资金流量的主体，可以把信贷的总量控制、方向控制、结构控制结合起来，既控制贷款规模和货币供应量，又根据长短期资金结构，从资金的投向上控制长期性投资，促进企业调整结构，最终实现商品结构、产业结构、投资结构、分配结构的优化，增强企业自我改造、自我发展的能力，搞活企业。

（3）银行企业化、金融市场等改革的成功、成熟和完善，可以给企业改革创造一个良好的融资、结算、信息、资信服务等经济环境，可推动企业提高经济效益。

（4）银行垂直领导，易伸易缩，调动灵活，受地方权力支配的影响较小，社会干扰少。目前企业所有权名为国家，实为地方各级部门所掌握，受地方政府牵制，对改革的反应迟滞。金融改革有刺激和推动企业增强敏感性的作用。

综上所述，我认为，目前金融改革的现状与经济改革是基本同步的。因此应加快金融改革的步伐，使金融改革真正超前。金融改革超前的突破口可选择专业银行企业化。我国经济体制改革的中心环节是搞活企业，而专业银行企业化，有利于建立和完善资金市场，使企业摆脱对国家和银行的依赖，自主筹集运用资金，使之真正具有活力。

三、改革步伐的先后

金融改革在全国不同程度地进行，发展很不平衡，其原因主要是历史因素、地理条件、技术力量、商品观念、人均收入水平和消费结构的影响，而这些在全国各地差异较大，如上海与西藏、沿海地区与老少边穷山区、大城市与小城市、城市与农村各不相同。这些差异决定了全国经济发展不可能处于同一水平线上。因而决定了金融改革既不能一哄而起，也不能全国"一刀切"、"齐步走"，不能不顾当时当地的经济发展水平而强行搞金融改革。这虽然在理论上是不成问题的，一些人也意识到了，但在金融改革实践中，还是有不少人自觉不自觉地在赶潮流。如全国不少地区强行建立金融市场，使有些地区金融市场门庭冷落，有行无市，流于形式。因此，应根据全国各地区经济发展水平的要求和实际情况，采用不同模式，分别在不同时间进行改革。我认为，按我国经济发展的现状，可分为以下四种模式进行改革：

（1）沿海地区和经济发达的中心城市，可统一设计改革模式，同时进行全方位的金融改革，自然再构造和人为再构造同时进行。

（2）内地和中等城市，金融改革可先选择专业银行企业化，建立短期金融市场，主要是短期拆借、贴现等业务改革。改革的方向以实现专业银行企业化为目标，主要对国家现有的四大专业银行实行以人为再构造为主的政策。

（3）老少边穷山区，金融改革主要进行制度和业务改革，在现行国家银行的基础上以调动积极性为主。

（4）经济特区，金融改革实行特殊政策，全方位开放式改革，包括直接介入国际金融市场，建立以股份制为主、以自然再构造为主的金融体制。

政府主导下的金融先导型产业调整

背景说明

　　市场经济的发展有多种模式，日本的政府主导型发展模式受到很多人的高度赞赏。其实，在中国就有地区性的政府主导型发展模式的案例，并且是充分应用金融先导政策，推动经济快速发展的。这里讲的是 20 世纪 20~30 年代阎锡山在山西的经济战略。本文是《三晋经济论衡》第一章的第五节，中国商业出版社 1993 年出版，原题是"阎锡山的经济畅想曲"，后在 1998年、2002 年几次以《政府主导下的金融先导型产业调整》为题，在山西省经济管理干部培训班、中西部地区发展战略讨论会等场合做过演讲。

　　1911~1949 年的中华民国经历了北洋政府时期和国民党南京政府时期，而阎锡山却始终统治着山西，长达 38 年之久。其间在 1930 年冬曾联络各派反蒋军事力量发动"倒蒋"战争，失败后避居大连日租界，行韬晦战略。1932 年蒋阎达成妥协，阎锡山二次上台，形成前后两个时期。这两个时期他都对山西经济设计过发展方案，并且以政府的行政权力推动经济发展，其杠杆就是市场基础，金融先导。

　　一、1917~1930 年的政府主导、金融先导、产业调整

（一）"用民政治"和"六政三事"

辛亥革命后阎锡山只是掌握了山西军权，到 1917 年 9 月北洋政府才

正式任命其为山西省省长，集军政大权于一身。当时全国军阀混战，而阎锡山却在"保境安民"的口号下，提出了"用民政治"的思想，即："适时的政治作用与人生发展的企图相顺"，"人人不亏负自己的才智"，将人的聪明才智全部发挥出来。为此他编定村制，加强村政建设，为实施"用民政治"提供组织保证。

"用民政治"的基本内容：一是民德，做到"四要"，即信、实、进取和爱群，以此作为社会道德标准；二是民智，即进行国民教育、职业教育、人才教育和社会教育；三是民财，即着眼于农业、工业、商业、矿业，在农业方面，提出尤其要抓好经济作物的生产。为了这些基本内容的实现，在政治、思想、文化、教育、行政、经济、司法等各方面都作了具体要求以保证"用民政治"的实现。

"用民政治"的中心是"六政三事"。"六政"是指水利、种树、蚕桑、禁烟、天足（禁女人缠足）、剪发（禁男人蓄辫子）；"三事"是种棉、造林、牧畜。为此，设立了相应机构，委派大批专门人员，指导督促实施。同时还设立了"六政考核处"，作为专管机构。又建立"政治实察所"，委派实察员，分赴各县调查了解，防止地方官吏谎报情况。为了使"六政三事"家喻户晓，编印成歌曲人人学唱："无山不树林，无田不水利，无村不工厂，无人不入校。"为了推广植棉，制定试验规划，设立试验场，改良品种，设立种棉奖金；为了"造林"，划定大小林区，设立林业传习所、林业促进会；为了"牧畜"，订立计划章程，组织研究会，"劝谕绅商投资经营"，对于"能改良种类或饲养数目蕃息多的，还有奖励"。

阎锡山的"用民政治"和"六政三事"一整套政策主张，是在当时省外各派军阀你攻我打，争城夺地，中国人民处于水深火热之中，多少无辜百姓成为军阀混战下的冤魂屈鬼的背景下提出的，不能不说是一件难能可贵的事。

（二）产业发展，金融先导

阎锡山除了加紧村政建设外，对发展工业特别重视。先后建立山西军人工艺实习厂、普晋银矿公司、裕晋煤矿公司、蚕业工厂、山西省工业实验所、同宝煤矿公司、山西平民工厂等。以后又在山西军人工艺实习厂下建设电气厂、机械厂、铜元厂、熔炼厂、翻砂厂，又陆续增设炸弹厂、酸厂、无烟药厂、炸药厂、枪弹厂、炮弹厂、炮厂、枪厂、铜壳厂、双用引信厂、铁工厂等。1924 年还设立了飞机厂（只装过几架教练机，因经费太紧而停办）。重点发展军火生产，生产步枪、手榴弹、机关枪、山炮、野炮、迫击炮等，不仅出售给省外军阀赚钱，而且用以武装自己的力量，同时又办了泉峰铁路（大同口泉到张家峰）、山西军人煤矿、育才炼油厂等。

发展产业，资金为先。解决建设资金问题的办法是：

一是"整顿币制"。在山西军人工艺实习厂内设立铜元厂，收民间流通中的前清制钱，改铸成民国铜元，3 个制钱铸造 1 个铜元，1 个铜元上写"当十文"，再以 1 个铜元收购 10 个制钱，再铸铜元。后来又铸"当二十文"铜元，1 个"当二十文"铜元换 20 个制钱……如此，一年多净赚 260 万银元，以此作为开办银行业的资本。

二是办银行。民国初年已经设立了山西官钱局，1919 年将山西官钱局改组为山西省银行，请祁县大德通票号经理阎维藩任总经理，除在山西设立分支机构外，又在天津、北京、汉口、上海、石家庄、保定、绥远等地建立机构，省内外分支机构达 40 多处。用山西省银行发行的钞票支持工业建设。1919～1928 年山西省银行发行钞票 1300 多万元，到 1930 年10 月发行几近 1 亿元。

三是增加税捐。全省税捐收入 1914 年为 140 万元，1924 年为 700 余万元。

四是工薪人员工资搭发"金库券"，以 20% 为限，实际是定期债券。

这个时期产业建设的实践是有成效的。雁北应县、浑源、大同、山阴一带开发桑干河水利，改良沙坂田为胶泥土，改旱田为水田等，使雁北地区农业获得了发展；用股份公司的组织形式，吸引官绅投资，组织银行贷款，发展水利、农业和养殖业，收到较好的效果；天足、剪发、禁烟，对解放妇女、解放生产力具有积极意义；植树造林、养蚕植桑扩大了山西的棉花种植面积，扩大了林木覆盖率，为山西农林牧业发展做出了积极的贡献；建立山西工业基础，增加了市场工业品供应，扩大了政府财政收入。

二、1932～1937 年的政府主导、金融先导、产业调整

（一）理论基础

1929 年资本主义世界经济大危机，震动了整个资本主义世界，中国经济也不能不受到影响。同时由于世界货币战袭击，银价波动，使实行银本位制的中国货币制度受到不利影响。在世界各国金本位制先后崩溃之

后，中国货币制度也面临如何改革问题，国内理论界议论纷纷。一种意见主张实行能力本位，依据人民劳动发展货币，即个人依据能力取本村甲长担保，以自己的产业向货币发行当局抵领纸币作为生产资本；一种意见主张实行虚粮本位，即以正常年份中等土地产量为发行货币的标准，发行纸币；第三种意见是物本位，即"物产证券"，政府用法令规定一定价值的法定货币，收购商品，"收物发券、售物兑现"。这第三种意见就是阎锡山的货币主张。他在阎冯"倒蒋"失败后避居大连期间，聘邀中外学者，有资产阶级学者，也有马列主义学者，还有维护孔孟之道的老先生讲学，集各方之大成，著《物产证券与按劳分配》一书。这本书的经济社会思想中心是四点：①资本主义经济社会制度有两个病症：一是分配病，病根是"资私有"；二是交换病，病根是"金代值"。②"金代值"是货币问题，由于黄金数量少，限制生产，因而产生了生产过剩、工人失业、经济危机和帝国主义国家之间的世界战争四种弊端。"资私有"使分配不公，产生了贫富悬殊，违反劳动人情、不能使生产发展等弊端。③废除"金代值"，实行"物产证券"，有多少物，发多少券，"做到券物相等"，可以消除交换病的四大弊害；实行"按劳分配"，废除按资分配，可以消除分配病造成的四大弊害。④"物产证券"是阎锡山的经济革命论；"按劳分配"是阎锡山的社会革命论。阎锡山的这一套经济社会革命理论是建立在他的"中的哲学"思想之上的，以"世界大同"和孙中山的人类社会发展目标标榜。自1932年二次上台以后到1949年4月逃离山西，他就是依这样的一套经济社会理论在山西实施他的政治统治的。其实，1937年7月抗战爆发后，也就很难按原来计划实行了。

（二）政府主导的建设计划

1. 计划编制

阎锡山按照他的经济社会革命理论，提倡"造产救国"，于1932年二次上台后，立即着手编制《山西省政十年建设计划案》（简称《十年建设计划案》）。1932年4月正式成立了山西省政设计委员会，自任委员会会长。设计委员多达200余人，分组起草。草案拟出，又分两个审查委员会进行讨论修改，于1933年1月送交山西省政府审定。

2. 计划目标

《十年建设计划案》规定，建设计划案分政治部分和经济部分。十年期间，前三年以政治建设为中心，后七年则以经济建设为中心。政治经济建设的总体目标是：改善现行政治，完成地方自治，以树立民主基础；在经济上增加人民生产，发展公营事业，使十年后全省人民每年至少增加20元价值（银元）。其主要内容如下：

政治建设方面：规定了警政、财政、教育、卫生、文化等方面十项期成和必成的具体要求；强化其在20世纪20年代提出的"用民政治"和"村本政治"主张，加强村政建设，严密警政系统。

在经济建设方面：阎锡山提出的产业序列为"农业、矿业、工业、商业、交通业"。

要求农业：第一改良农事，包括农具、肥料、种子、耕作方法、病虫害治理等，十年内农业生产增长期成量30%，必成量20%；第二发展水利，包括凿井、开渠、修蓄水池、引黄入晋，要求增加水浇地的期成量为800万亩，必成量为400万亩；第三种棉，包括推广良种区、改良棉花品种，要求增加棉花种植面积期成量为100万亩，必成量60万亩；第四种烟叶，要求种植面积期成量10万亩，必成量6万亩；第五发展林业，护林造林，每年播种240万亩，成活率期成量七成，必成量五成；第六植树，包括木材树、生产树、苗圃，要求每户每年期成量二株，必成量一株，逐年生产树期成量750万株，必成量500万株；第七发展畜产，养牛、羊、鸡。优良品种羊期成量7850500只，必成量525000只，增加本地羊期成量300万只，必成量200万只，优良品种牛期成量2000头，必成量1000头，养鸡期成量3900万只，必成量2600万只。

要求煤矿：认为当时"销售不及产量之丰，刻下无扩充开采必要，应提倡分采合销，以免各厂之间竞争"。

要求工业：规定设立工业实验所、女子工业传习所，奖励特种工业及新的发明创造。提倡县、村办工厂和开办家庭工业。提出发展毛、棉、麻纺织工业，酿造工业，化妆品工业，制纸工业等19种实业。大力整顿壬申制造厂、育才机器厂、硫黄厂。创办而必成的有炼钢、肥料、毛织、纺纱织布、卷烟、苏打、水泥、印刷8个工厂；创办期成量的有电气机械、电解食盐、制糖、染料、汽车、飞机、人造丝7个工厂。并且各种产业和工厂间有具体计划，列为专案。

要求商业：实行商标法和商品检验制度，成立商品陈列馆和公营百货市场。

要求交通运输业：规定修整公路，修筑铁路，实行兵工筑路，期成量

2750 公里，必成量 2/3。

要求金融业：大力整顿和发展已建立的山西省银行，再建立两个银行，列有专案。

3. 具体措施：市场调节和政府调节

第一，针对当时关税不能自主、外货倾销和山西经济死滞、建设资金筹借的具体情况，提出了在省、县、村三级设立经济统制机构，在市场发生变化、产品不易销售、影响企业生产时进行补助，以调节市场。

第二，建设先决事项是建设经费问题：一是增加纸币发行，借以调剂城乡金融；二是借外债；三是发行地方公债；四是由省集资。所谓由省集资，要求太原绥靖公署在 10 年内筹集 2300 万～3900 万元，作为生产保证费，由省政府厅等机关在 10 年内筹集 600 万～1 万亿元。

第三，设立省政建设研究院，划阳曲、太原和榆次为建设研究实验区。先研究，再试验，然后推广。

第四，对于县、村两级的建设，分别由县、村编制"县政十年建设计划案"和"村政十年建设计划案"。县有县的建设目标和具体要求，村有村的目标和要求。

总之，《十年建设计划案》对山西经济在 20 世纪 30 年代的发展方向和目标，描绘出了一幅宏伟的图画。这幅图画是以阎锡山的"物产证券"、"按劳分配"和"世界大同"的构想为基础设计的。

（三）政府主导下的产业体系

1. 山西人民公营事业

《山西省政十年建设计划案》是从 1933 年起实施的。《十年建设计划案》从 1933 年起到 1937 年 8 月日本侵略军侵占太原止，建立了一个比较庞大的囊括工业、商业、交通运输、银行业和科研机构在内的山西人民公营事业体系。

山西人民公营事业管理机构的最高层是督理委员会。督理委员会设有委员 3 人，首席督理委员是阎锡山自任。下设董事会，划全省 7 区，每区设 1 人，由督理委员会推荐提名选举产生，负责全部公营事业的管理。又设监察委员会，设监察 5 人；设监进委员会，成员 7 人，负责纠察监察委员会的工作。

公营事业董事会下属企业机构，可以划分成四大类。

（1）制造业。主要为西北实业公司，该公司 1932 年 1 月开始筹备，

1933 年 8 月正式成立，阎锡山自任总经理。公司经营分为两部分：一为集中经营，一为独立经营。集中经营的制造业有西北洋灰厂、西北发电厂（分兰村分厂、太原总厂、古城分厂）、西北窑厂、西北毛织厂、西北皮革厂、西北印刷厂、西北煤矿第一厂、西北煤矿第二厂、晋华卷烟厂、西北机器制造厂、天镇特产经营场。独立经营部分有西北制造厂，下设化学工厂、汽车制造厂、铁工厂、水压机厂、农工器具厂、机车厂、机械厂、育才炼钢机器厂、铸造厂、熔化厂，与西北制造厂平等的还有西北炼钢厂、兴农酒精厂。

表 1　西北实业公司各厂资本和生产能力

厂名	资本(万元)	产品质量	销售地
西北毛织厂	45	日产哔叽 800 码，毛呢 400 码，毛毯 20 条，针织品 200 镑	天津、宁沪、开封、济南
西北火柴厂	13	日产火柴 60 大箱（每箱 14400 盒）	山西、绥远、宁夏、陕西、甘肃
西北印刷厂	30	日印钞票 10 万张，商标对开纸 8 万张，书刊杂志 18 万张（对开）、油墨	
西北洋灰厂	50	日产高级洋灰 500 桶	山西、平绥沿线、西安、河南
西北皮革厂	20	日产各色皮 70 张，机器皮带 200 尺，皮鞋皮包等	山西、绥远
西北窑厂	33	年产砂砖 4400 吨，耐火材料 160 万吨	山西、浦口、南京、西安等
西北第一煤厂	110	日产煤 1000 吨	
西北第二煤厂	20	日产煤 800 吨	
西北制纸厂	45	生产道林、新闻、模造、公文、包装、卷烟等纸张	
西北炼钢厂	600		
兴农酒精厂	15	日产酒精及代汽油农油 50～60 桶	平北、天津、察哈尔、绥远
西北电化厂	40	日产烧碱 2 吨，漂白粉 2 吨，盐酸 2 吨	
晋华卷烟厂		日产 300～400 箱（每箱 25 万支）	山西、察哈尔、绥远、陕西
西北木材厂		供给火柴厂用材	
西北发电厂		发电 10500 千瓦	
机车厂		生产机车、客车	

续表

厂名	资本(万元)	产品质量	销售地
农工器具厂		生产炮弹炸药，后生产播种机、脱粒机等	
铁工厂		生产钻头、锉、水龙头、油印机等	
熔化厂		生产枪弹，后生产铜材	
铸造厂		生产机关枪，后生产厂房桥梁设备、水泵、缝纫机等	
机械厂		生产冲锋机关枪，后生产煤油炉、煤气灯、订书机等	
水压机厂		压制炮弹壳，后生产电动机、水泵、电扇、电钻、电铃等	
化学工厂		火药厂，后生产硫酸、硝酸、酒精等	
汽车修理厂		修理汽车、安装暖气、安装自来水管道等	
育才炼钢机器厂		生产织布机、磨粉机、车床等	

西北实业公司及其下属各厂矿，到1937年抗战爆发前资本总额达到了法币2166.4万元。

为了发展这些工业企业，阎锡山大力引进国外先进技术，聘请外国专家，购进外国先进机器设备，用了一批"洋人"和"洋设备"。德国的杜尔华、查楚士、佘赖德和瑞典的雅克布森等都是阎锡山的座上客，分别引进了克鲁伯钢厂、蔡斯光学仪器厂、德国火药机械制造厂等的先进设备和技术，发展山西的军火工业和民用工业生产。

（2）交通运输业。主要为同蒲铁路，以晋绥兵工修窄轨铁路，全长850公里，1933年5月1日动工，1934年末太原至霍县段214公里通车营业，1936年元旦通达风陵渡，至1937年7月，南起风陵渡北达大同的同蒲铁路，除怀仁至大同段15公里外全线通车。全部耗资1650万元，每公里平均2万元。

除同蒲铁路干线之外，其支线有：①忻窑支线——忻州到五台县甲子湾51公里；②平汾支线——平遥到汾阳34公里；③太兰支线——太原到上兰村24公里；④西山专线——太原至西铭水泥厂和煤矿30公里。到1937年抗战爆发前，同蒲铁路局资本达到法币3768.6万元。

（3）金融业。阎锡山二次上台以后，立即整顿了山西省银行，用

1:25的兑换比例，以新省钞收兑旧省钞，接着又成立了晋绥地方铁路银号、绥西垦业银号、晋北盐业银号，由山西省政府财政投资，各行资产情况如表2所示。

图2　山西银行（号）资产情况　　　　　单位：万元（法币）

名称	资本
山西省银行	2000
铁路银号	1000
垦业银号	200
盐业银号	100

省、铁、垦、盐四银行号都有纸币发行权，除发行纸币，从事存款、放款、汇兑、结算等业务外，还从事证券投资、土地抵押、经营企业。

（4）商业。公营事业董事会下属的商业，有斌记五金行，物产商行和榆次、原平、太原、太谷四粮店。斌记五金行主要从事进出口贸易，与国外数十家洋行保持联系，并在一些口岸如上海、天津设有办事机构，开始时是以私人商行名义做生意，后归公营事业董事会管理。物产商行，也叫"山西省省、铁、垦、盐四银行号实物十足准备库"，即阎锡山物产证券理论实验的产物。四银行号发行纸币，以实物产品作准备，废止金银本位制，发行纸币。实物准备库就是用四银行号发行的纸币，收购工矿农副产品的商业企业。该商行没有资本，全赖四银行号发行的纸币收购商品，从事商业活动。实物准备库总库设在太原，重要城镇设有分库，如大同、原平、忻州、榆次、寿阳、平定、太谷、平遥、文水、汾阳、洪洞、临汾、侯马、运城、风陵渡等均有分库。在省外的分库，不叫实物准备库，而称物产商行，设在包头、绥远、潼关、西安、石家庄、张家口、汉口、上海、天津、北京等地，以后又在汉中、宝鸡、兰州、平凉、成都、重庆设立物产商行。实物准备库（物产商行）与铁路局、银行订立合同，享受运输、汇兑的优惠，相互合作。在价格上实行"省内低价，省外高价；省内少赚，省外多赚"政策，大搞商业活动，为20世纪30年代山西经济的发展积累了一定数量的资金。

2. 营业公社

山西的地方公营企业，除了上述庞大的山西人民公营事业董事会体系以外，还有营业公社和直属企业两大类。

营业公社分为省、县、村三级，仍然是按照"物产证券与按劳分配"

理论组织的。阎锡山认为，资产生息的流弊，在于私人资本集中，私人资本愈集中，社会经济愈不平，必须用和平调剂的办法来解决，这就是举办营业公社。省、县、村可以向有钱的人借钱作为资本，兴办企业，但出资者既不得利息也不分红，30 年后按原出资本归还本人。省营业公社借资本 40 万元，阎本人担负 20 万元，又向全省大户强借 20 万元，出资者作为营业公社董事会董事，阎任董事长。先后举办的企业有：晋丰面粉公司、大同煤业公司、晋同银号、晋裕银号、晋通花店，以及在大同、忻州、平遥、洪洞办的晋益、晋忻、晋原、晋平、晋洪等七个当铺。到抗日战争爆发，省营业公社资本增长到 340 万元。至于县、村营业公社则发展较慢，五台、定襄两县发展较好，抗战爆发后均陷瘫痪。

3. 直属企业

直属企业，有晋北矿务局、太原土货商场和阳泉煤业公司，发挥山西资源优势，开发煤矿，鼓励山西土货的生产和消费。土货商场发行土货券，规定用土货券购买山西产品，每 0.99 元顶 1 元法币或省钞。大力鼓励和发展地方产品，以刺激山西地方工业和农产品的生产和销售。

（四）金融先导政策

"山西省十年经济建设计划案"的实施，最大的难题在于建设资金。当时，阎锡山为筹措建设资金确实想了许多办法，除通过税收扩大地方财政收入，用于部分工业投资外，还采用了以下几种办法筹措建设资金。

1. 发行纸币

为了筹措建设经费，阎锡山十分重视银行业，他要求山西省银行、晋绥地方铁路银号、绥西垦业银号、晋北盐业银号都发行纸币，以支持"十年计划案"的实施。1935 年 11 月 2 日国民党政府实行法币政策，停止银元流通，规定纸币发行由国家垄断，授权中央银行、交通银行和中国银行发行的纸币为唯一合法的货币（法币），其他一切银行号都不得发行纸币。但阎锡山的四银行号仍继续发行，直到 1942 年方停止。截至 1936 年 12 月四银行号发行的纸币情况如表 3 所示。

表3　省、铁、垦、盐四银行号纸币发行情况（1936 年 12 月）　　单位：元

银行	代发银行券	本行业务发行	核准发行	实物库代发行	旧钞	合计
省银行	144000	8618623	4815192	4696734	138590	18274549
铁路银号		1676481	7318902	3272169		12267552
垦业银号		587240	40000			627240

银行	代发银行券	本行业务发行	核准发行	实物库代发行	旧钞	合计
盐业银号		285000	240000			525000
合计	144000					

注：① "代发银行券"，指省银行的代理发行数。

② "核准发行"，指省政府印好的公债券交给银行作准备而领走纸币。

③ "实物库代发行"，指实物准备库将实物准备券交省银行，领走省钞。

④ "旧钞"，指1930年以前发行的、尚未回收的晋钞。

表3中核准发行的内容，如铁路银号1936年的核准发行数内有省防借款、第五次建设借款券、公路建设库券以及太原经济建设委员会的借券、兵工筑路指挥部的借券等，都是经阎锡山审核发行的。据山西人民公营事业董事会1936年报告，1935年9月到1936年，发行山西省人民公营事业借款券、第一次借款券、统一建设借款券共7042万元。

2. 利用外资

据"斌记五金行"对外国商人的负债记录，1936年12月末为1484493元，分别是向德国、美国、日本等国的礼和洋行、新民洋行、华德隆洋行、禅臣洋行、孔士洋行、白禄洋行、西门子洋行、德义洋行、克罗克纳洋行、安利洋行、慎昌洋行、德盛洋行、大仓洋行、公兴洋行、三井洋行、祥昌洋行、协兴洋行、恒昌洋行等融资。同期向各洋行订购货物亦达385万元之巨。并且大量运用了商业信用，诸如延期支付、分期付款等，获得了西方工业国家的信用支持。

3. 省钞发酵

为了启动农村经济，阎锡山提出了"酵面"理论，要求县县办县银号，村村办村信用合作社，县里还要办县总信用合作社，均以山西省银行钞票为"酵面"，即县银号以借省钞为准备，发行县银号纸币，每县5万~10万元不等，村信用社向县银号借其纸币为准备，发行村合作券。他认为，省银行号好比是总酵面，发行一二百万元，分借各县，作为县银号基金的一部分，连同县银号另筹基金，再起发酵作用，以兑现票（兑现纸币）借给各村，作为村汇兑基金。如此发酵后，辗转流行，社会金融就可以马上活跃起来。这种"酵面"理论在部分县已经进行了实践，部分县尚未行动起来，即爆发了抗日战争，只好告终。

4. 发行债券股票

为了筹措建设资金，以山西省政府或公营事业、企业名义，多次发行建设债券或库券，吸纳社会资金，投向工业企业。有时为了完成债券发行任务，还常常对公务政教人员在发放工资时，搭几成债券或库券，实际是强制性地方公债。同时公营事业虽为地方政府公有，也发行了股票，在一部分企业中，事实上是公股（地方政府股）与私股（私人股份）并存，而企业的经营管理权实操在政府官员手中。

5. 强制性无息借款

在反对私人资本集中的旗号下，阎锡山命令以省、县、村营业公社名义向有钱人强制借钱，以充实其资本，但不作为股份。名义上是限制"资私有"的发展，在事实上却是有钱人出钱、有钱人从事经营管理，并没有损伤富有阶级的经济利益。但是，这一办法也确实使山西地方官僚资本企业获得了发展的资金。

三、评 价

阎锡山在统治山西的 38 年中，两度大规模组织经济建设，在政府主导下实行金融先导的产业调整战略，发展工业，扩大市场，推动农业经济社会向工业化前进，其成效是值得肯定的。20 世纪二三十年代建立起来的工业基础，后来遭到了日本侵华的破坏，并掠夺去日本一部分，新中国成立时，解放军军管会的金融、贸易、工业接管组分别接收了山西省银行、垦业银号、铁路银号、太原市银行、晋丰银号、晋裕银号、会元银号、仁发公银号、德兴昌银号以及中央银行太原支行、中国银行太原支行和同记公司、西北实业公司等。当时除有部分资产由阎锡山转移至台湾和国外外，其余全部被收归为山西人民的公产，成为山西人民后来建设社会主义的经济基础，同时也是山西后来成为中国重要工业基地的有利条件。

阎锡山反对"资私有"和"金代值"的思想，在理论上有一定合理性，他的黄金非货币化思想到 20 世纪 70 年代已经成为世界经济中的现实。但是，这里也不排除阎锡山利益集团发展官僚资本和聚敛财富的用心。

寻找超常规发展的杠杆

背景说明

本文是 2004 年 11 月 13 日在"山西省建设新能源与工业基地高层论坛"上的发言提纲。政府主导下金融先导、流通兴省、行政制度改革等可以成为振兴山西经济社会的超常规杠杆。

1999 年山西省委省政府提出的"调整山西产业结构"的战略是正确的。5 年来取得了很大成就。2004 年提出的"传统产业新型化和新兴产业规模化"的战略也是正确的，无论是在理论上或者是在实际操作上都是无可非议的。我赞成拥护这个决策。

但是，山西经济社会发展的现状和国家经济社会发展的大趋势，需要山西寻找超常发展的杠杆，走超常发展的道路。这不仅是大形势决定的，也是山西人民的迫切愿望。

一、超常发展有无可能？

国际上，发达市场经济国家的发展，有两种模式：常规发展有英美模式；超常发展有德日模式。日本模式后来成了东南亚国家学习的榜样。

从国内看，有温州模式、苏南模式、深圳模式。

从山西省内说，中国的工业化始于 19 世纪 50 年代。山西的工业化始于 20 世纪 20 年代。30 年代的山西发展最快。1933～1737 年日本军侵入山西前的五年内，以 110 万元银元作为资本，建成了铁路 860 公里，创建了采煤、冶金、电力、化工、机械制造、纺织、造纸等轻重工业几十个企业，省营企业总资产达 2 亿银元。

二、可供参考的杠杆

（一）政府主导

我们要建立的是市场经济，后进地区的超常发展需要"政府主导"。"政府主导"市场经济的关键是政府行为的边界问题。其边界是：①政府干预经济的范围是公共领域与信息问题引起的市场失灵；②政府替代非政府组织进行经济协调时应采取阶段性和渐退式的政策，即政府协调对市场协调的替代式促进；③政府主要是制度供给和创新行为。通过颁布政策，提供租金协调，如金融约束政策，也可以是制度协调，还可以有一定的组织协调。这就是政府主导的机制、内容与范围，即政府应与市场合作发展经济基础设施，包括规则和体制在内的基本框架，居民和企业在此框架内进行规划、谈判和实施经济交易。

总之，政府创造环境，企业创造财富。政府发展公共领域，在没有大量资本积累、没有成熟企业家队伍、没有适合的信息与技术条件下，政府可以扮演企业家的角色，培育市场，在市场逐渐成熟中，政府渐退，转向别的领域，进行新的开发。

（二）金融先导

经济结构调整需要有货币资金作为杠杆。历史证明金融先导是可能的。罗斯福新政、日本经济起飞、山西 20 世纪二三十年代工业建设，都提供了极好的例证。如 20 世纪 30 年代的山西，筹资办法有发行纸币、借外债、发行地方债券、省钞发酵、强制借款、1 元分成几份用等。

当代山西金融创新潜力很大，亟待制度供给：除了国有商业银行、股份制金融机构在山西外，山西可以管的有两个城市商业银行和 100 多个信用合作社联社，都有创造存款货币的功能；发行地方债券；吸引煤炭货币回流和阻止煤炭货币外流；允分运用商业汇票背书转让实现商品交易等。

（三）流通富民

交换和消费能够拉动生产发展。因为吃，人类发现了火，由野蛮进入了文明；因为吃，欧洲人海上探险，发现新大陆，促进了世界市场的形成；没有 16 世纪开始的那场商业革命就没有农业社会向工业社会的过渡。"商可富民、商可强国"，荷兰、英国是这样，山西商人也是这样。

现在山西一定要重视市场的开拓，浙江有 300 万家企业，其中 160 万个体工商户，390 万人在省外（不含港澳台），港澳 40 万人、国外 70 万人，26个人中就有1个老板。浙商正在向全世界进军。晋民与浙民在性格上有一些差异，山西人老成稳重，动荡中不敢前进，稳定的环境很有后劲。中国的市场经济发育正在成熟，山西人的出击是有希望的。

（四）试行人身股

人身股是晋商的创举，是晋商称雄商界数百年的秘密武器，实际是人力资本制度，比美国早500年。美国大型企业90%、小型企业70%有此制度。我国已经出现少数企业试行。这一制度的核心是物化劳动与活劳动共同享有企业利润。说明了股份制是社会所有制，是共同富裕的路子。美国的具体操作比较复杂，我国理论界讲得也很复杂。晋商的经验，包括人力资本的会计核算方便简单，易于操作。

借鉴晋商成熟的经验，在山西企业改革中引入人身股制度，会改变企业治理结构，提高企业的内力和活力，有利于培育明星企业和长寿企业。

（五）政体改革先行

中国目前是五级政府，地区专员公署和人民公社演变成了两级政府，迟早要回归三级政府。山西最好率先淡化市、乡两级政府，强化县级政府，并且争取试点，实现政体改革，精简机构，减少寻租场地，提高行政效率。

中部崛起中的区域金融协调

背景说明

　　本文是 2006 年 5 月 18 日在沈阳召开的中国金融高层论坛上提交的论文。文章针对中部经济凹陷，对区域金融协调理论问题进行了探讨，从金融与经济社会发展、区域金融的内部性与外部性、金融结构与实体经济结构互动、政府主导的金融先导、产业资金链等方面对区域金融协调发展进行了理论分析，提出了"政府驱动—金融先导"的中部经济金融战略，主张利用政府优势，营造金融洼地，通过金融先导，创造区域超常发展的经济金融环境。

一、问题的提出

　　中国幅员辽阔，人口众多，资源分布不均衡，发展水平差距大，特别是改革开放以来，东南部地区在沿海特区的特殊政策的推动下经济飞速发展，经济总量和人均经济发展水平远远把中西部地区甩在后面。近年中央提出西部大开发，经济发展提速，多项经济指标增长速度也迅速超过中部地区，出现了东部在快跑，西部在提速，中部在塌陷的局面。2003 年，中部 6 省城镇居民可支配收入 7101 元，农民人均纯收入 2365 元，分别只是全国平均水平的 83.8% 和 90.2%。城镇居民人均可支配收入排名前 10 位的省份，东部地区 8 个，西部地区 2 个，中部地区一个也没有。当前中部经济凹陷，导致东部、中部、西部的自然经济梯度被人为中断，影响了国民经济的可持续发展。那么，如何科学合理地配置区域金融资源，急需区域金融协调理论的支持，本文试图就此谈一些看法。

二、区域金融的理论分析

金融是现代经济的核心，在中部崛起的过程中，金融支持必不可少。中部城市大多资金基础薄弱，没有金融的支持，中部崛起的实现是不可能的。区域金融协调就是要寻求中部崛起与金融支持的最佳结合点。

（一）金融与经济社会发展相协调：金融协调理论

处在复杂关系中的事物，如果各有关方面处于既能表现自己，又能容忍对方的合作承受过程，谓之协调。它包括三个方面的统一：一是某事物与周围相关事物存在某种关系；二是某事物与周围相关事物的适应性；三是调整各事物的合作承受的过程。在经济社会博弈中，矛盾的双方处在统一体中，无时无处不在，这就是协调存在的前提。社会组织的特征，例如信任、规范和网络，能够通过推动协调的行动来提高社会的效率，被称为社会资本。在一个社会系统中，各要素之间或子系统之间，当有关各方进行交往并相互行动时，在统一的目标引导下，各方面的功能能够得到充分的发挥，并促成统一目标的最优化的实现，这就是社会协调。不协调、不适应带来效率损失，协调、适应产生效率。在经济活动中存在激烈的竞争，但是随着理性意识的提高，在竞争中的合作倾向越来越强烈，合作和协作就可以看作一种协调方式。社会经济制度的建立和习惯，常常使复杂的人际交往过程变得更易理解和可以预见，从而使人与人之间的协调变得更加容易。比如"在一个信用制度保障了币值稳定的国家里，公民对储蓄和投资于货币资产以及为经济发展所必需的资本储备提供资金，都会很有信心"[①]。

经济活动中协调的必要性可以概括为四点：第一，经济环境的快速变化，对未来的预测比较困难，未经成熟市场历练的企业更需要较多的协调，以减少未来不确定性对自己的影响。第二，在企业融资中，银行为了减少贷款风险，对信贷项目的有效性进行评估和严格筛选，在信贷配给存在的条件下，协调是断不可少的。第三，规模经济与资本市场规模可能存在的不适应，需要在筹资者、投资者、资本市场、市场规模之间进行宏观

---

① 柯武刚、史漫正：《制度经济学》，商务印书馆 2000 年版。

上的协调。第四，相互依存的互补性的投资形成的外部效应，也要求进行相应的协调。

金融是经济社会大系统中的一个子系统，它的发展受到经济社会发展规律的影响和制约。从金融制度变迁的历史，特别是近百年的金融史中，我们清楚地看到，金融学研究的货币、信用与资本，常常不能局限于实物资本、金融资本等概念，社会也同样影响着资本的形成与积累，影响着资本的循环与周转。金融的高效健康运行，不仅需要金融内部的协调，而且也需要金融与经济、社会的协调。金融的自身具有一定的公共性。金融协调就是要在充分把握经济发展变迁中普遍存在的互补性和报酬递增的现实条件下，以金融效率与安全为目标，运用系统分析和动态分析的方法，研究金融及其构成要素的发展变化规律，以及它们的收益、成本、风险状态和运动规律，并研究由此决定的内部效应与溢出效应，揭示金融内部构成要素之间、金融与经济增长、金融与社会协调发展的一般规律，从而构造金融协调运行的政策调控体系，以促进金融与经济高效、有序、稳定、健康发展。简言之，金融协调是在市场规则基础上，各金融行为主体以金融安全与效率为目标，通过金融组织创新、金融产品创新和金融制度创新，实现金融与经济、社会协调发展过程。它是金融发展的推动力，也是金融发展的保证。一部金融发展史就是一部金融协调史，贯穿于世界金融发展史中的一条主线就是金融制度的变迁，即金融自身发展及金融推动经济社会发展的过程与经济社会决定影响制约金融发展是一个互动的过程，也是金融内部结构及金融与经济社会之间的协调过程。正如我们党的新一代领导集体在2003年提出的坚持以人为本，树立全面、协调、可持续的发展观，促进经济社会和人的全面发展的新发展观，要求经济、社会、环境协调发展，建设和谐社会，已成为我国社会经济发展的新航标。

金融协调是有层次性的。如宏观金融方面，有金融监管机构的协调（央行、外管局、银监会、保监会、证监会、财政与发改委）、内资与外资的协调、虚拟资本与实体经济的协调、货币政策与其他宏观政策的协调、货币政策的国际协调等；在微观金融方面，有金融内部银行、证券、保险企业以及货币市场与资本市场内部自身协调等。在一个区域，金融协调同样是必要的，表现在中央银行宏观调控与地方经济金融发展的协调、国有金融与地方金融的协调、区域资金的内流与外流的协调、城市工商企业融资与"三农"融资的协调、大型企业融资与中小企业融资的协调等。

这些问题解决不好，区域经济结构、产业结构就不可能合理，区域的资源优势就不可能得到充分发挥，经济与社会发展必然受到制约。

（二）区域金融的内部化与外部化：区域金融深化理论

金融发展和深化需要一系列金融创新。虽然自 20 世纪 70 年代以来理论和实务界对金融创新的关注有增无减，但是有大量是移植和模仿发达国家的金融创新，常常欠缺对当地经济社会发展的阶段性和基础环境的深刻研究，出现"水土不服"的毛病，这样的创新不但很难促进金融和经济的增长，弄不好还会破坏金融生长的原有生态环境，引发金融系统的不稳定甚至经济动荡。

在统一的大国市场和开放经济的条件下，区域金融既存在一定的与本区域经济相适应、受本区域经济发展影响的特征，又与区域外存在相通和流动、交换的关系，如果区域外的投资效率高于本区域，则本区域的金融资源就会外流，进而加重本区域的经济发展的困难程度；相反，一个开放的、效率高的区域经济必然会吸引区域外的金融资源来支持本区域经济的发展。区域金融协调的目的，在于如何调动区域内外的金融资源支持本区域的经济建设。

1. 有效的投资需求推动区域金融发展

传统的金融与经济增长理论一般认为，促进经济增长的主要途径为提高储蓄率，但是这一理论的前提是增加的储蓄能够顺利转化为有效的投资，从而带动产出的增加。如果忽视了这个前期，就会导致盲目地提高储蓄率的政策误导，以为只要增加储蓄进行投资，就会有有效产出的增加，事实上这一前提是绝对不能忽视的。清代山西票号的辉煌，在于通过票号的网络把全国的资金都融入了利润率相当大的异地贩运贸易中；而 20 世纪 50 年代"大跃进"的几年间，虽然动员各种力量把所有的资金都投入了大炼钢铁的运动中，但结果由于满足的不是有效的投资需求，反而造成社会各项资源的巨大浪费以致经济衰退的局面。在统一的大国市场经济和开放条件下，区域潜在的资本供给是很大的，只要它具有较强的竞争力即具有足够的有效资本需求，就会产生充分的资本供给。一个区域的经济发展不可能受到资本供给限制，真正的关键在于区域是否具有足够的有效资本需求。也就是说，区域金融成长的根本在于形成有效率的金融市场。因此，一个区域能否发展的关键在于能否产生足够的有效投资需求，而这一方面取决于投资者对区域潜在的投资机会的认识，另一方面取决于区域相对利润率的高低。区域金融成长的核心在于调动区域内微观经济主体的能动性，提高区域比较利润率，而并不在于单纯地提高储蓄，增加资本供给。

2. 关注区域金融的外部性内部化和内部性外部化

区域经济存在于一定地域范围，区域的地理规定性区别了区域内与区域外，区域经济的基本特性也就形成了区域金融的内部性和外部性。区域金融内部性是指由区域的内部经济发展诸要素所决定的区域金融结构，区域金融外部性是指相对于某一区域而言的外部区域的内部性。同时，在市场经济下区域又是开放统一系统，并且存在过渡地带，在区域金融发展过程中，其内部性与外部性总是相互影响、相互作用的，表现为区域金融外部性内部化和内部性外部化两方面。

区域金融外部性内部化，是其外部性对内部性的影响居于主导地位，而使内部性发生变化的过程。其表现形式是：某些优于区域内部性的外部因素总是由区域外向区域内渗透和推进，在一定层次和程度上改造着那些相对落后的区域金融内部性，并在区域资源与要素配给、产业结构的优化等方面引起一系列波及效应并发生积极变化，使内部性总体质量得以提高，区域金融得以发展。相应地，区域金融内部性外部化是内部性对外部性的影响居于主导地位而使外部性发生变化的过程。其表现形式是：某些优于区域外部性的内部性因素，总是由区域内向区域外扩散和辐射，在一定范围和程度上改造着那些落后区域的外部性，区域外部性的某些因素转化为内部性发挥功能的可利用因素，区域金融的生存和发展空间由区域内扩展到区域外，使其得到新的发展。区域金融的外部性内部化、内部性外部化是普遍存在的传递规律，这类区域因缺乏经济起飞的激发因素而发展缓慢，它与发达地区在金融发展能力上形成位势差，易引致外部区域新因素引入，从而激发内部性优化提高，使金融进入起飞阶段。内部性外部化主要发生于相对发达地区，这类区域内部性先进，但区域空间有限，从而限制了内部性功能的发挥，而它与不发达地区所形成的位势差易引致内部溢出，这不仅带动外部区域金融发展而且开拓了本区域金融发展空间，使其在新的高度得以成长。

区域金融外部性内部化和内部性外部化既不是外部性的直接转移，也不是内部性对外部性的简单模仿，而是内部性与外部性在相互影响中不断整合。外部性内部化和内部性外部化的形式或渠道，因区域的客观情况不同而各异，但一般说来，其基本形式是金融发展的区域传递，这种区域传递是两个或两个以上区域间，金融发展中某些因素相互影响、波及而使区域金融结构发生变化的过程。区域传递作为区域金融运动的一种客观现象，在很大程度上是区域差异的客观性与区域发展的普遍性之间的矛盾和统一，既使不发达地区外部性内部化，又使发达地区内部性外部化，既与传递双方的区域利益相联系，又与传递双方的共同发展相关联，在资金要素流动不完全、信息不完全的情形下，不同区域间就会在比较利益机制下互补不足、释放本体能量，导致区域金融传递发生与持续。

然而，区域金融传递发生与持续取决于两个基本条件：即区域开放程度和区域金融市场化水平。区域开放程度是必要条件，因为区域金融传递是区域外部性内部化和内部性外部化的基本形式，在区域封闭情况下，外部性因素很难渗入区域内而实现内部化，内部性因素也很难向外辐射而实现外部化。唯有在区域开放情况下，资金、信息等要素才能在区际流动，区域传递才会发生和推进。区域金融市场化是充分条件，区域金融传递是区域间经济能量交换和要素流动，仅有区域开放这个必要条件是不够的，还要有启动和推动这种交换与流动的动力机制即区域金融市场。一方面，市场机制会使具有差异的区域之间将比较利益规则显形化；另一方面，市场机制又会沿着显形化的比较利益规则牵动要素的区域流动。这样，区域传递才能启动并持续发生，在区域传递中推动区域金融外部性内部化和内部性外部化。而区域开放程度和市场化程度这两大基本条件又有着密切的内在联系，忽视任何一方面都会阻碍区域外部性内部化和内部性外部化。

所以，区域金融的深化，一是需要创造区域投资需求，造成货币与信用流通和有效扩张的环境；二是通过内外交往、信息沟通，引导外部性的内部化和内部性的外部化。区域金融的深化是金融发展和经济社会发展的重要动力之一。

（三）金融结构与实体经济结构互动：金融结构升级理论

世界上各国经济发展的历史证明，金融结构提升，既是金融发展的重要途径，也是经济结构升级及经济实现最优增长的必要条件。探明金融结构转变与实体经济结构升级的关联机制，既是制定科学合理的金融发展战略的现实需要，也是促进实体经济结构调整和升级、保证中部经济发展的关键。

假定经济领域从宏观上可以分为两大部门：一是实体经济部门；二是

金融部门。当经济均衡发展时，金融部门和实体经济部门的资本配置最合理，达到合意比例，经济才能实现最大化增长。由此，我们还可以进一步假设，经济活动可以分为两大部门，第一大部门代表在经济结构转变中的传统部门，第二大部门代表在经济结构转变中需求日益增加的新兴部门，同时，我们还假定第一部门可以划分为隶属于实体经济部门的传统产业部门和为传统产业部门提供金融服务的传统金融服务部门；第二部门同样可以划分为隶属于实体经济部门的新兴产业部门和为新兴产业部门提供金融服务的新兴金融服务部门。决定经济结构提升的主要是第二大部门。那么，加强为新兴产业部门提供服务的金融服务部门，是金融支持经济结构升级的关键。

（四）政府主导与金融发展的空间：金融先导理论

在市场条件下，特别是市场发育并不充分的条件下，政府为了促进经济发展，通过规划和政策，创造一个有利于企业获取最大化利润的环境，同时积极培育区域金融主体的成长，完善市场信息，促进资本流动，引导投资者发现区域内的潜在投资机会，也就是高资本回报率的条件。20世纪二三十年代山西曾经是全国的模范省，又是全国工业发展最快的省份之一，其产业结构调整——"造产救国"，就是在政府主导下进行的，其主要政策是金融先导。当时由于资本主义世界经济大危机，以及世界货币战袭击，银价波动，使实行银本位制的中国货币制度受到不利影响。在世界各国金本位制先后崩溃之后，中国货币制度也面临如何改革问题，国内理论界议论纷纷。一种意见主张实行能力本位，依据人民劳动发行货币，即个人依据能力取本村甲长担保，以自己的产业向货币发行当局抵领纸币作为生产资本；一种意见主张实行虚粮本位，即以正常年份中等土地产量为发行货币的标准，发行纸币；第三种意见是实物本位，即"物产证券"，政府法令规定一定价值的法定货币，收购商品，"收物发券、售物兑现"。这第三种意见就是山西省阎锡山的货币主张。他的《物产证券与按劳分配》一书反映了他的这一经济思想，其中心是四点：①资本主义经济社会制度有两个病症：一是分配病，病根是"资私有"；二是交换病，病根是"金代值"。②"金代值"是货币问题，由于黄金生产数量少，货币数量不足，限制普通商品的生产，因而产生了生产过剩、工人失业、经济危机和帝国主义国家之间的世界战争四种弊端。"资私有"使分配不公，产生了贫富悬殊、违反劳动人情、不能使生产发展等弊端。③废除"金代值"，实行"物产证券"，有多少物，发多少券，"做到券物相等"，可以消除交换病造成的弊害；实行"按劳分配"，废除按资分配，可以消除分配病造成的弊害。④"物产证券"是阎锡山的经济革命论。阎锡山的这一套经济理论在山西进行了实验，办银行，发行银行券，以"省钞发酵"，举办合作金融，发行债券等，一直坚持到抗战爆发前。在1933～1937年日本军入侵山西前的五年内，山西以110万元银元作为资本，建成了铁路860公里，创建了采煤、冶金、电力、化工、机械制造、纺织、造纸等轻重工业几十个企业，省营企业总资产达2亿银元。联系到20世纪30年代资本主义大危机中的"罗斯福新政"、"二战"后日本经济的高速发展，我们有理由说政府主导下的金融先导具有很强的理论意义和实际意义。

但是，政府主导不是计划经济，政府主导行为需要有一定的边界。政府主导的边界是：第一，政府干预金融是市场失灵条件下的选择，这就决定了政府干预金融的范围是产生外部性的金融公共领域与信息问题引起的市场失灵。第二，政府替代非政府组织进行经济协调时应采取阶段性和渐退式的政策，即政府协调对市场协调的替代式促进。第三，政府主要是制度供给，比如金融的制度安排、制度结构、制度框架、制度环境和制度创新。通过颁布政策，提供租金协调，加强金融约束政策，也可以是制度协调，还可以有一定的组织协调，这就是政府主导的机制、内容与范围，即政府应与市场合作发展经济基础设施——包括规则和体制在内的基本框架，居民和企业在此框架内进行规划、谈判和实施经济交易。即包括法律和监管结构、监管资源及其操作、信息结构（如会计与审计规则及其实践、信贷管理、评级机构、公共登记机构等）、流动性便利、支付和证券清算系统，以及交易系统（如证券交易和持牌上市服务、交易规则、通信和信息平台）等。总之，政府创造环境，企业创造财富。政府发展公共领域，在没有大量资本积累、没有成熟企业家队伍、没有适合的信息与技术条件下，政府可以扮演企业家的角色，培育市场，在市场逐渐成熟后，政府渐退，转向别的领域，进行新的开发。

（五）产业链的信用扩张：产业资金链理论

产业链、信用链与资金链关系密切，在同一产业链上，运用环环相扣的信用扩张，能够把1元分成几份用，扩大货币的功能。20世纪30年代山西产业结构的调整中，"山西人民公营事业董事会"作为一个集团公司，依据产业链扩张信用，一套货币资金带动多个工厂建设。如西北洋灰厂 1934 年 6 月购地 150 亩，12 月底厂房、办公室竣工，安装机器，原料石灰石、坩子土、沙石、石膏等运入厂。第二年 4 月 14 日点火烧造，日产 500 桶。但是没有建设资金，完全依靠产业资金链的信用供给。"洋灰厂与同蒲铁路局签订一个合同：同蒲铁路局预先交款 50 万元（建洋灰厂需要 50 万元资金），厂售给洋灰若干，谓之'洋灰订款'。厂即以此款订购机器建厂，俟产出洋灰后再交货。这就叫作'彼此依存发展、支援，日积月累，母鸡孵蛋'的办法。当时炼钢厂的耐火砖厂也是用此法建成的。"[①]

（六）盘活公有资产：政府信用理论

从建立革命根据地到新中国成立后的 1956 年，区域各级政府形成了大量国有资产，除了机关与事业单位，主要是被国有企业占用。在"文化大革命"的 20 世纪 70 年代初，我国既没有商业信用、政府信用、国际信用、消费信用，国家还清了全部内债和外债，宣布我国是世界上唯一的既无内债又无外债的国家，以此为荣。后来发现这并不是好事，市场经济下负债经营和充分的信用活动，是经济发展的必要条件。这几年我国信用形式多元化，有力地促进了经济增长，在政府信用方面，国家信用发展形势很好，而地方的政府信用存在很大的发展空间。

地方财政资金除了保证行政事业支出外，在支持生产和经济发展方面大部分还是预算拨款，财政资金的信用化运用虽然起步较早，诸如企业贷款贴息、投资信用担保公司等，但发展并不快，投融资改革还需要加大步伐。除了货币资金的信用化运用，还可以用政府信用形式盘活其他国有资产，加速国有资本的循环与周转，让资本在运动中增值。根据地方经济发展的需要，由地方政府发行地方经济开发债券，带头进入市场不想干也干不了的项目，开发、创造市场，当市场上民资跟进后，政府资金可以渐退，向新的领域开拓。

市场经济必然不断地内生出金融创新，金融创新是金融市场化发展中的必然趋势。金融创新促进了金融与经济发展，同时也伴随着金融风险，使金融体系具有一定的脆弱性，必须注意金融协调，区域金融承担着一定的责任。因为：第一，金融创新的可模仿性和不可逆性特点，加剧了金融

---

① 徐崇寿：《阎锡山的理财观庶拾》，载《阎锡山实录》，文山书艺社 1998 年版。

业之间的竞争程度；第二，金融创新中的表外业务项目的增加，加大了银行经营活动中所面临的风险；第三，金融创新推动了金融业的同质化、自由化和国际化进程，加大了金融风险传播的可能性；第四，金融创新在创造出避险功能的同时，也为一些投机者通过承担过多的风险进行投机提供了可能；第五，金融创新可能削弱货币政策传导的有效性。这些问题，将对金融当局货币控制能力构成影响，不能有效地加以控制和消化，就会演变为金融动荡，影响经济社会发展与稳定。所以，建立健全风险吸收与风险转换制度对于金融风险控制是至关重要的。当一个金融机构出现清偿危机时，中央银行区域分行首先需要从保护金融系统安全性出发采取相应的行动，帮助其渡过难关；对亏损较为严重、流动性很差的金融机构，需要暂时接管，注入资金、进行内部整顿，内部问题解决后，再令其重新开业。或者实行风险转移；或者是通过金融资产管理公司，收购、管理、处置由银行剥离的不良资产，从而减轻国有企业的债务负担，化解银行的金融风险；或者是通过建立存款保险公司，在金融机构倒闭时给予一定赔偿。可见建立和完善风险转换制度，既有利于化解金融存量风险，也有利于增强社会公众对金融体系安全性的信心。

一部金融发展史就是一部金融创新史。金融的创新、金融的协调，一般都是通过制度创新来实现的。因为金融制度的安排，能够提供一种金融机制，使金融交易双方能够获得更大范围和更加灵活的满足，降低交易成本，提高金融效率和安全。通过金融制度的不断创新，实现宏观金融协调发展，是宏观金融问题的出发点和归宿。

三、中部崛起下的金融协调战略

美国学者麦金农和肖在 1973 年曾提出，发展中国家的经济改革应该从金融领域入手。在许多发展中国家，金融市场的不成熟导致了资源配置扭曲，使得原本稀缺的资本流到了拥有特权而不懂得投资的社会阶层，而急需资金进行投资的企业家却得不到足够的资金。这也是当前中部地区金融面临的问题。

中部崛起的金融协调从哪里切入？

中部金融资源短缺是不争的事实。自改革开放以来，中部资金流向东南沿海地区，加速了中部金融资源短缺的局面。当然，资金向回报率高的地区流动是资金的本性。如何提高中部地区的投资回报率、完善金融市场就是吸引外部资金"内流"、引导流出资金回流的重要内容。政府实行一定的倾斜政策，就可以为中部营造一个"金融洼地"，吸引资金内流。

（一）政府驱动营造金融洼地

营造金融洼地的目的，在于留住区域内部资金，吸引区域外部资金流入，以高效的金融服务为区域经济结构提升和转换服务。从吸引资金流入方面，一方面，要从当前的区域资本形成存在的问题出发，探索和研究提高地区投资回报率以对东部资金产生强大的吸引力的融资政策、融资渠道、融资工具和融资方法；另一方面，通过国家相应政策特别是货币政策的引导，并同时认真解决区域经济体制和结构方面存在的问题，使区域内的资源、土地、劳动力等方面的优势与合理的体制结构和国家政策扶持相结合，从而形成一个对沿海和海外资金有效的吸纳机制。在形成金融洼地的基础上，还要筑渠导流，使中部逐步形成形式更为多样、信息更为灵敏、交易更为畅通的融资渠道。区域金融洼地的营造，在市场发育不充分的区域，"政府驱动"是必要的。由政府为企业创造一个获取利润最大化的环境，培育区域金融内生主体，完善市场信息，促进资本流动，提高投资者对区域潜在投资机会的响应。如政府推动下的产业结构升级，就是一种引导企业向高投资回报率产业发展的过程，在金融创新机制方面，政府营造规范、健康的市场环境，培育以地方商业银行为主体的区域金融"航母"，鼓励多层次、多元化的金融机构发展，建设区域证券市场，鼓励新的金融工具的出现和交易等都是政府大有作为的领域。政府在产业结构调整和金融结构调整二者孰先孰后的次序上，应以金融结构调整为先，以金融先导引导产业结构调整的最终实现。这种次序安排的理由是，金融资源的动员速度要快于产业结构调整的速度，产业结构的调整在起步、运行阶段需要金融的大力支持，而产业结构调整结束后，形成的新的收益机会将吸引金融资源的更多投入，从深层次上推动金融结构调整，金融结构调整和产业结构升级的这种先后推动、互相促进的关系，是金融先导理论的基本依据。

（二）区域金融倾斜

在区域金融协调中，对落后区域的适当的倾斜，如优惠的金融政策，金融准入标准上的倾斜，货币、财政政策上的倾斜，资金投入上的倾斜等，这是实施区域反向调节促进地区协调发展和全局稳定的需要。我国作为一个大国，各地经济发展水平不同，同一时期经济景况不同，这就要求制定金融政策时，既要考虑全国经济发展总体趋势，又要充分了解各地区不同的经济金融发展状况，以便通过制定不同的区域政策，有针对性地反向协调。"一刀切"的办法往往是"张三得病，李四吃药"。近年，我国中部金融理论工作者在研究我国中东部金融差异的过程中，提出实施区域货币金融倾斜政策的问题。应当讲，区域货币政策提出的本意是好的，但命题不够准确科学。其实区域货币政策，其含义实质上是货币政策在不同地区如何具体贯彻执行的问题，即在坚持货币政策统一性的前提下，从地区实际出发认真研究和解决货币政策各项可以区域化的质的管理行为和相应的措施，对不同地区金融状况实施区别对待和分类指导，并通过货币政策量的管理和质的管理两个方面的相互协调，为不同地区金融机构的平等竞争、协调发展创造一个公平的环境。我国在货币政策上更多地强调了全国统一的总量控制，而对如何从质的管理上对不同地区金融实施针对性的政策措施，则有所忽视。这也是近年我国中东部地区金融差异扩大的重要原因之一。这种认识上的偏差，使我们在如何全面发挥货币政策功能以缩小不同地区金融差异问题上陷入误区。如针对我国地区之间经济发展不平衡的特点，一些经济欠发达地区实行差别存款准备金率是可能的。按地区不同，规定差别法定准备金率，这在世界金融发展史上也不是一个新的问题。美国在法定准备金率上曾有过不同规定，因规模和所处地区不同，法定准备金率有很大差别。从某种意义上讲，法定准备金率更多的是实践问题，而不是理论问题。结合我国的实践，我们认为不应笼统地对不同金融机构实施有差别的法定准备金率。事实上，对目前分支行制的国有独资商业银行，就很难按地区规定不同存款准备金率。目前国有商业银行实行一级法人制度，其网点机构遍布全国各地，若按地区规定差别法定准备金率，在一家银行内部就会出现多个缴存比率，这使央行很难对其实施有效的金融监管，而且该行在中部地区由于缴存比率小而多留的可用资金，也会由于该行资金内部上划，而缺乏实际效应。鉴于此，应对中部地区的一些合作制、股份制的中小金融机构实行有差别的法定准备金率。对这些单一制的中小金融机构实行差别存款准备金率，不仅便于操作，而且可以有效扩大地方可用资金，对地方经济发展可以有实实在在的帮助，并不会削弱央行以间接调控为主的宏观调控能力。

（三）发展多元地方金融机构

当前，区域经济落后的地方，国有商业银行在整个金融体系中处于绝对垄断地位，而地方性金融机构发育则十分幼弱。由于国有商业银行盈利动机，地方资金被"虹吸"至东南沿海地区。同时，目前国有商业银行表现出由中西部向东南部转移的迹象，国有商业银行的战略转移正是地方性金融机构发展的大好时机。扩大金融业对外开放，首先要扩大对内大金融开放，而且对内开放还要适度超前；要允许体制外的内资进入金融市场，更要鼓励民间资本进入国有大型金融机构难以顾及的地区和客户领域，例如成立以民间资本为主的投资基金、小额贷款公司等。规范和完善中小商业银行的产权结构和法人治理结构。加快发展中小型、地方型的股份制银行。尤其要以城乡股份制银行等中小金融机构为主。因为城乡股份制、合作制银行等中小金融机构可为地区中小企业发展提供金融支持和金融服务。中部地区要放开胸怀，改善环境，创造条件，提供方便，积极吸引全国各类股份制商业银行、外资银行和其他金融机构在中西部建立分支机构和办事处。特别是发展区域性商业银行。在中部地区，银行业结构以全国性的国有商业银行和股份制商业银行的分支机构为主，地方性商业银行如城市商业银行、城市信用社、农村信用社等金融机构为辅，呈现出"外来强，本地弱"的不平衡特征。要实现中部地区的银行业结构优化调整，势必要求消除这种不平衡格局，培育出竞争力强，规模较大的区域性商业银行，重构地区性间接融资渠道，实现以区域银行信贷力量为主导的间接融资系统对区域性经济发展实施有力支持的目标。为此，一方面要抓好国有商业银行的改革和发展，另一方面要发展区域性商业银行。

（四）重构合作金融体系

以农村信用社为主的合作金融是支持"三农"问题的主要金融支持系统。但从金融支持"三农"的现状来看，还存在不少问题。构建以政策性金融为引导、合作金融为主体、市场化金融为方向的高效配置资金的农村金融体系，按照"明晰产权关系，强化约束机制，增强服务功能，国家适当扶持，地方政府负责"的要求，深化农村信用社改革，改革的内容主要包括：以法人为单位，改革农村信用社产权制度，明晰产权关系，完善法人治理结构，区别各类情况，确定不同的产权形式；地方政府抓紧农村信用社管理体制改革；转换农村信用社的经营机制，改善支农服务。积极筹建"省农村信用社联合社"。

（五）建设区域开发性金融机构

在中部市场经济建设中，可以通过区域开发性金融的桥梁和纽带作用实行政府对市场的引导。区域开发性金融是实现地方政府发展目标、弥补体制落后和市场失灵、促进地方经济发展的一种金融形式。实践证明，在市场不健全、市场失灵的情况下，开发性金融通过构造融资平台，能将融资优势与政府组织协调优势相结合，开发亟待开发的资源与市场，解决经济发展中的瓶颈。通过开发性金融机构，运用财政性资金去开拓市场，推进市场建设，当市场逐步形成后，开发性金融就及时转让退出，促进区域经济社会协调发展。为此，一是继续完善和支持原有的国家政策性银行的工作，发挥它们的职能作用。二是成立开发银行或中长期信贷银行。为确保开发性银行的稳定资金来源，除财政提供基本的资本金外，还可以考虑将邮政储蓄存款等作为开发性银行的资金来源。三是健全地方财政投融资机制。建立统一管理财政性投资资金的机制，改变目前地方资金高度分散在各部门的状况，使有限的财政资金充分发挥作用，并对资金投向、贷款项目评估、审批发放程序等加以严格规定。

（六）建立区域证券交易中心

由于全国统一的证券交易所上市条件的严格要求和中部企业自身存在的问题，上市企业的数量和规模仍远远低于东部地区。要从根本上解决这一问题，应从完善证券市场组织形式的角度出发，建立适应中小企业发展的证券交易中心。现有的深沪交易所为成熟的大型企业股权提供了交易场所，即将设立的创业板市场为处于成长期的高新企业和其他企业股权提供了交易场所，而大量存在的这两种情况以外的中小企业虽然已经完成了股份制改造，有了相对规范的股权结构，却没有一个可以交易、流通的场所。有必要提供新的次级市场，以解决中小企业股权流动、结构调整问题。应积极建立并拓宽区域性债券市场，扩大直接融资渠道。理想的渠道首先是启动已经关闭的柜台市场，其次是利用商业银行的系统，借鉴基金管理模式，以银行代理方式进行发行与交易。

（七）培育货币市场

货币市场是短期资金融资和回流的重要场所，高效有序的货币市场对促进资金循环、分散金融风险、提高金融效率有着不可替代的作用。货币市场中的同业拆借和国债回购等市场，参与主体基本上是银行和央行等金融机构，企业和普通居民的参与度不高。作为货币市场主体的票据融资市场对满足企业短期资金需求，扩大银行信贷资金投放渠道，加速资金循环起到了重要作用。目前，区域票据融资市场的主要障碍在于：票据品种单一；票据签发、贴现、查询等手续复杂；票据市场参与主体不够，如缺乏专门的承兑公司、贴现公司；票据市场的诚信等基础环境欠佳。这些都影响了票据融资的顺利进行。针对这一现实，一是丰富票据融资品种，推进商业汇票的广泛使用，尝试发展本票业务，开发无担保票据、公司票据等商业票据；二是建立公正权威的企业信誉评估机构，成立专门的承兑公司、贴现公司，成立本票发行、交易市场，为票据的发行融资创造条件；三是简化票据交易手续，强化商业票据的无因性，依托中国票据网络，建立全国性的票据业务查询系统、交易系统和监督管理系统。

(八) 营造诚信金融环境

诚信的缺失，不仅增加了交易成本，制约了企业的发展，阻隔了市场化的进程，而且会导致一个地区乃至一国综合经济实力下降，并直接影响到社会的稳定。进行金融机制的创新，需要营造诚信的金融环境：一是加强诚信社会意识形态的建设。守信的共识和理念的形成，需要全社会加强信用教育和宣传，从基础教育到大学教育，对信用观念、信用意识、信用道德的宣传和教育应贯穿始终。大张旗鼓地宣传诚实守信优良传统，大力倡导诚实守信的职业道德，抑浊扬清，净化社会风气，积极营造守信光荣、失信可耻的浓厚的信用氛围。二是加强诚信方面的立法和执法工作。信用法律法规体系应由以下基本内容构成：①明确信用管理部门，界定其性质、职能和权限。②规范征信数据的开放和征信数据的使用范围。③界定好政府行政公开和保护国家经济安全的界限，界定好商业秘密和公开信用信息的界限，界定好消费者个人隐私和公开信用信息的界限。④保护消费者权益，包括消费者对个人信用信息的知情权，对不实负面信息的申诉权，对消费者信贷的平等受信权以及消费者个人的隐私权。⑤强制披露经济主体的不守信用行为，使不守信用者寸步难行。三是建立对失信者的惩罚机制。尽快实行个人信用实码制，并逐步扩展个人基本账户制度，将证明、解释和查询的个人信用资料锁定在一个固定的编码上，居民在指定的商业银行开办个人基本账户，个人的工资、退休金、养老金、保险、医疗保障等全部纳入该基本账户，从而改变信息收集的被动局面，扩大信用体系的覆盖范围。加快社会信用体系的建设，以行业为主线，实行纵向建立，然后横向联网的模式，以地方中介机构为补充，由点到面逐步推开，由政府统一监督管理，最终实现信用信息的联合征集、权威评估和信用公示。

论金融先导

背景说明

本文是 2006 年 9 月 16 日在《金融研究》杂志、辽宁大学、人民银行沈阳分行联合举办的"中国金融发展高层论坛"(沈阳)的发言稿,收录于《中国金融发展理论前沿》一书,中国金融出版社 2007 年 9 月出版。通过三个案例和 16 世纪以来世界金融中心转移的历史分析和金融对经济作用的理论分析,论证了经济上后进国家或地区,为了追赶发达国家或地区,能够通过政府主导下的金融先导战略,实现经济快速发展,但有一定的约束条件。文章认为中西部崛起,可以实行金融先导战略。

金融发展史研究中发现,后进国家为了实现经济快速发展,追赶经济发达国家,或者在经济变革时期,都不能任凭市场经济与金融自然演进,常常需要政府主动地采取超常的手段,即政府主导下的金融先导政策。认识的起点,是在 1975～1977 年对阎锡山与山西省银行的史料进行整理的时候,我发现山西省的工业化建设是从 20 世纪二三十年代整理货币、兴办银行起步的。[①] 30 年代的中国工业化建设也是通过金融先行形成的。后来发现,这样的案例中外皆有,似乎是一种规律。1998 年开始正式使用了金融先导的概念,并且作为一种观点多次为地方经济发展提供报告,[②]

---

① 《阎锡山和山西省银行》,中国社会科学出版社 1980 年版。
② 孔祥毅:《政府主导下的金融先导型产业调整》,《金融票号史论》,中国金融出版社 2003 年版;孔祥毅、张中平:《中部崛起下的山西金融机制创新》,山西人民出版社 2006 年版。

但是没有进行系统的理论分析。本文拟就此谈谈自己的看法。

一、金融先导的个案

案例一：一个省区的政府主导、金融先导。

1911 年 10 月山西省军民响应武昌起义，武装夺取清政府在山西的政权，建立军政府，阎锡山任都督，军政府为抵御清军反击，稳定社会，成立大汉银行，以军用票充饷。民国建立，百废俱兴，阎锡山除了加紧村政建设外，对发展工业特别重视。为了解决产业发展资金：一是"整顿币制"，设立铜元厂，收民间流通的前清制钱改铸成民国铜元。二是办银行，设立山西官钱局，1919 年将山西官钱局改组为山西省银行，用山西省银行发行的钞票支持工业建设。三是对工薪人员发放工资搭发"金库券"。四是运用股份公司的组织形式办企业，吸引官绅投资，组织银行贷款，大力发展工业和农田水利建设。这些政策，使全省农、工、商业迅速发展，财政税收增加，全省税捐收入 1914 年为 140 万元，1924 年为 700 余万元。

1932 年阎锡山二次上台，制定了《十年建设计划案》，产业发展依"农业、矿业、工业、商业、交通业"为序，确定了各项发展指标，在积极发挥市场引导作用的同时，特别突出政府调节。筹措建设资金的具体办法是：第一，建银行发纸币，除了整顿充实山西省银行外，又成立晋绥地方铁路银号、绥西垦业银号、晋北盐业银号，统称"四银行号"，都可以发行纸币。第二，利用外资，据"斌记五金行"对外国商人的负债记录，1936 年 12 月末为 1484493 元，分别是向德国、美国、日本等国的礼和洋行、禅臣洋行、西门子洋行、克罗克纳洋行、大仓洋行、三井洋行等 18 家洋行融资，同时运用商业信用，获得了西方工业国家的信用支持。第三，省钞发酵，要求县县办县银号和总信用合作社，村村办村信用合作社，均以省银行钞票为"酵面"，县银号以借省钞为准备，发行县银号纸币，村信用社向县银号息借其纸币为准备，发行村合作券。第四，发行债券股票，以省政府或公营事业、企业名义，向社会发行建设债券和股票，吸纳社会闲散资金，投向工业企业，甚至发放公务政教人员工资时搭配库券。第五，强制性无息借款，以省、县、村营业公社名义向有钱人强制借钱，以充实营业公社资本，但不作为股份。

《十年建设计划案》从 1933 年开始实施，到 1937 年 8 月日本侵略军侵占太原止，在山西建立起了一个庞大的囊括工业、商业、交通运输、银行业和科研机构在内的山西人民公营事业体系。总之，从辛亥革命到1948年的38年中，两度大规模的经济建设，均在政府主导下实行金融先导战略，发展工业，开拓市场，使地方商品化、货币化、工业化、城市化水平大大提高。

案例二：民国政府的金融先导。

中国工业化发展的第三次高潮是在1927～1937年。这次工业化发展，金融业的先导起了重大作用。十年中基本上完备了中央银行的建制，国家控制了商业银行，纸币发行量大增，政府对自由市场进行限制的制度逐步建立，对经济调控起决定作用，这是民国政府消灭了军阀割据着手经济建设的重要时期。

首先是统一币制，建立健全金融体系。1928年建立中央银行，发行公债筹集资本金2000万元，后来增加到1亿元。经政府授权，中央银行发行本位币、辅币兑换券，除办理货币发行外，又经理国库，承募国债。继而中央银行用强制性拨充官股控制了中国银行、交通银行，之后又成立中国农民银行，设立了中央信托局、邮政储金汇业局，形成了庞大的金融体系。由于中国长期实行（银）两、（银）元并行，二者之间成色不一，换算复杂，不利于经济发展，1933年3月政府下令自4月6日起废除银两，一律以银元为单位，受到各界欢迎。1934年6月美国实施白银法案，大幅提高银价，中国白银外流，银本位受到动摇，国内银根奇紧、物价猛跌、拆息上涨，工商企业与金融业纷纷停业或者倒闭。中央银行总裁兼财政部长孔祥熙一方面与美国政府严正交涉，另一方面积极准备币制改革，遂于1935年11月实行"法币政策"，确定以中央银行、中国银行、交通银行、中国农业银行四行纸币为"法币"（农民银行纸币是后来加进去的），银币、生银限期兑换成"法币"，不再流通。法币与英镑固定比价，形成金汇兑本位制，发行银行通过买卖外汇以维持法币信用。1937年美国改变政策，且给予2000万美元的信贷，法币亦与美元维持固定比价。法币发行以后，银根紧缩的局面改变，产业发展所需资金得到保证，利息下降，对工商业发展起了积极的作用。这个时期，中国金融的创新与优先发展，基本上都通过立法形式进行了规范，币制、信用、金融工具、机构、业务、限制、监管等法规制度都经历了从无到有、由简略至相对完备的发展过程。

这 10 年里，在金融先导政策下，中国工商业获得了空前发展。1936 年中国工业总产值比 1926 年增加 86.1%，国民经济增长率平均每年增幅为 8.3%。这 10 年是旧中国经济发展的最高峰。民族工矿业和交通运输业资本 1927～1931 年的年增长率达到 13.4%，棉纺织业、面粉、橡胶工业产量都获得大幅度提高，其他行业如卷烟、水泥、火柴、机器制造等行业也出现明显转机。这个时期，还投资新建了许多新行业，如酸碱、橡胶、搪瓷等，其中交通运输事业获得空前发展，特别是兴起了一次铁路建设高潮。①

案例三：大危机与罗斯福新政。

20 世纪 30 年代的资本主义世界经济大危机，使信奉自由市场经济原则的胡佛下台，罗斯福在危难之中就任美国总统。罗斯福扭转危局的"百日行动"是在 1933 年 3 月 4 日到 6 月 16 日进行的，之后是长期的政府金融调控与经济干预，史称"罗斯福新政"。罗斯福新政最重要的内容是金融措施。当时破产的银行占全国银行总数的 49%，为防止美国财政信贷体系彻底崩溃，3 月 6 日罗斯福决定关闭美国所有银行，停止银行一切支付。他要求国会在 3 月 9 日通过了《紧急银行法令》，授予总统更大的权力去处理货币与信贷问题。

首先是清理银行，罗斯福授权通货管理审计长任命监督官员负责审查、重开或清算被关闭的银行，规定国民银行和各州银行须领取营业执照才能开业，整顿金融系统，淘汰了 2000 多家银行。其次是联邦储备银行发放巨额贷款给金融界，凡符合复兴金融公司认购条件的银行可以发行免税的优先股票，允许联邦储备银行在一年内以高于当时贴现率 1% 的条件在确有财产作为抵押的情况下贷款，联邦储备银行发行联邦储备券以抵付政府债券、商业债券和银行的现金兑换券，对大银行提供的贷款达 30 亿美元之巨。银行重新开业当天发行一种国库券，一天之内就被超额认购。银行重新开业后，存款超过了取款，恐慌被制止，银行初步恢复了信用。最后是整顿货币，放弃金本位，贬值美元。3 月 10 日，政府宣布除财政部批准外一律禁止黄金出口的命令，4 月 19 日宣布一律禁止黄金出口，强制全国私人公司和个人把储备的黄金交到联邦储备银行，停止银行券兑换黄金，放弃金本位制。接着取消了公私债务中用黄金支付的条文。10

---

① 高德步、王珏：《世界经济史》，中国人民大学出版社 2001 年版。

月宣布降低美元的含金量，把原来每盎司黄金等于 20.67 美元改为 31.26 美元，1934 年 1 月的《黄金准备法令》又定为每盎司等于 35 美元。国会授权联邦储备银行以国债为担保，增发 30 亿美元通货。于是导致了美元贬值与通货膨胀，但同时也减轻了债务负担，提高了商品价格，大大刺激了经济回升。特别是《1933 年银行法》即《格拉斯—斯蒂格尔法案》，对美国金融制度进行了重大改革，确立了商业银行与投资银行分业经营的原则和建立存款保险制度。另外还通过了《证券交易法令》，建立证券交易委员会，监管证券交易。《1935 年银行法》将联邦储备局改组为联邦储备委员会，赋予其直接管理全国货币、信贷和利率的权力，大大加强了对货币和金融的监管。

罗斯福新政，实际上是政府对经济的干预和改革。在此期间政府和国会先后颁发了 70 多个法案，内容涉及整顿财政金融、调节工业生产、节制农业发展、改善民众困境、举办公共工程、建立社会安全保障制度等各个方面。1933 年以后，美国经济开始复苏。罗斯福在新政中首次采取广泛的直接干预政策对付经济危机，在很大程度上得益于"百日行动"的金融政策先行。

上述案例说明，在一定条件下政府主导的金融先导政策，可以使金融领先于实体经济的需求发展，通过创新金融工具或金融机构、金融业务、金融服务、金融制度，改变原有的资源配置，使闲置资源得以运用，或者从传统产业部门转移到新型产业部门，促进产业结构优化升级，推动一个地区、一个民族或国家的经济超常增长。

二、金融先导与金融中心的转移

如果抛开个案，看一看世纪经济金融中心的转移，我们又发现，18 世纪以前，世界经济金融最活跃的地方在意大利的威尼斯、热那亚、佛罗伦萨，意大利商人威震四邻。但是 18 世纪后半叶，世纪经济金融中心北移到了荷兰阿姆斯特丹，因为荷兰建立了世界上第一家有组织的证券交易所，建立了世界上最早的能够办理国际清算的近代银行，这就是阿姆斯特丹证券交易所和阿姆斯特丹银行。阿姆斯特丹以规模空前的金融市场为当时欧洲提供大量短期和长期信贷，使当时的荷兰不但是欧洲和世界商业的货物集散中心，也是欧洲和世界的金融中心。加上荷兰政府通过创办规模巨大的特许股份公司，对广阔的海外商业空间行使专营权和统治权，荷兰进入它历史上的黄金时代。①

就在荷兰得意之时，英国已存在技术创新的很多成果，因为缺乏大规模资金，其无法走向钢铁、纺织、铁路等大规模工业生产。英国为了解决同法国、西班牙战争产生的巨额财政赤字，创办了能够为政府融资的英格兰银行，英格兰银行为政府大量发行国债，利用资本市场有效动员了当时全社会的资源，导致了英国的金融革命。虽然英国政府的债务负担看似沉重，但是并没有出现债务危机，反而变得日益强大，关键在于它能够动员社会各阶层的金融资源为国家所用，这比其他国家依赖于税收体系、横征暴敛要高明得多。英格兰银行的建立和国债市场的发展，带动了英国私人银行和资本市场的发展。随着英国的宪政改革，国会能够严格督导政府的财政支出，债务清偿具有很高的信誉保证，促使英国最早完成了第一次产业革命，让一个小国发展成为"日不落帝国"。"英国在发展国债市场之后，进一步发展了股票市场、企业债券市场等，伦敦证券交易所成为真正推动英国征服世界的火车头。1853 年，英国经济发展所需资本的 25% 依赖于伦敦证券交易所筹集，到 1913 年这一比例增长到 30%。"应当说，工业的发展首先得益于金融体系的创新和发展。

进入 20 世纪，经过两次世界大战一次世界性经济危机，美国迅速超过英国，取得世界霸主地位，世界金融中心由英国又转到了美国。200 年前，美国还是一个极不发达的国家，财政状况也极为恶劣。但是，美国经济的发展与华尔街一起成长，依靠以华尔街为代表的资本市场的强有力的支持，在 20 世纪领先他国完成了第二次、第三次产业革命，一跃成为世界头号强权。"与英国的债券资本主义不同的是，美国在借鉴英国经验的基础上，进一步形成了公司资本主义，或称股票资本主义，并逐渐把世界经济的流动资金、购买力和生产能力集中到美国资本市场上来。"② 在英国，股票交易从 1555 年左右就开始了，由于 1720 年的"南海股票泡沫"事件和后来英国议会通过的《泡沫法案》矫枉过正，伦敦股票交易市场原地徘徊了 130 余年，使美国得以后来居上。"近 10 年来，美国的风险资本投资从每年约 50 亿美元暴增至 1000 亿美元，使得很多'种子公司'短期内被孵化成为产业巨头。实际上，德国和日本等国家所拥有的技术在许多领域与美国旗鼓相当，但它们却不能像美国那样从技术革命中获得超

---

① 孔祥毅：《金融票号史论》，中国金融出版社 2003 年版。
② 姜海川：《从世界强国崛起看金融革命对经济的引领作用》，《中国金融》2006 年第 9 期。

额利益，其根本原因就在于这些国家金融风险资本市场的发展远远落后于美国。""金融革命同样是美国新经济增长的推动力。新经济不仅是信息技术革命的产物，也是金融革命的产物。"①

世界金融发展史证明，一般情况下金融业的发展是经济发展需求引起的，即金融业随着经济的发展而发展。但是，在一定的条件下政府为了给经济发展创造必要的金融环境，可以通过政策让金融领先发展，特别是某些金融创新的成功推进能够改变原有经济结构与经济发展水平，提升一个国家的综合国力，使一个民族或国家迅速崛起。

三、金融先导能够推动经济超常发展

从上述金融先导引致经济超常发展的史实，我们可以相信金融先导的可行性，但是，还需要理论上的证明。金融先导之所以能够使经济超常发展，我认为是由于以下原因决定的：

第一，金融先导能够引导社会创造出新的信用工具加快社会商品化、货币化、市场化、城市化。在相对落后的社会中，一般都是商品化、货币化、市场化程度比较低，倘若政府政策能够主动地引导、支持社会创造出新的信用工具和信用机构，比如在诚信交易中支持信用票据流通，自然能够扩大商品交易规模，包括商品交易数量和交易地域，推动社会商品化、市场化、城市化程度的提高；同时也会增加政府的财政税收，从而使政府可支配收入用于经济社会发展支出相应扩大，国家经济社会发展便进入良性循环。

第二，金融先导能够引导社会将各界闲散资金转化为资本。如前述英国通过创建英格兰银行，经理政府债券，吸收社会各界闲散资金为政府所用。政府的收入，可以用于战争或者消费，这是不会扩大资本的；可能用于国内经济发展和科技教育，这必然导致生产资本和人力资本的增加。同样道理，银行吸收的社会资金，可以直接贷放给企业解决企业的短期或长期资金需求：如若作为货币放款，解决了生产流通周转中的流动资金，增加了流通中货币，有利于商品流通；如若作为资本放款，解决了经济建设中的投资，则有利于扩大生产规模。除了银行业运用存款形式吸收社会资金，将货币储蓄转化为资本外，资本市场也可以通过股权融资和债券融

---

① 姜海川：《从世界强国崛起看金融革命对经济的引领作用》，《中国金融》2006年第9期。

资，把社会上人们手中的货币直接转化为资本，扩大投资规模，推动经济快速发展。不论哪一种放款或融资，都能够促使商品生产与商品流通的扩大与发展。

第三，金融先导能够引导社会创造出新的货币拉动生产和流通。货币是商品交换的媒介，流通中的货币从哪里来？货币是银行创造的：中央银行创造了流通中的钞票货币（现金）；商业银行创造了存款货币（支票存款）；企业在商品交换中使用信用交易方式（赊销）所开出的商业票据及其背书转让的流通形式，也是商品交换的媒介，具有货币性质，由于企业的信用不可能被更大范围的人们了解，所以商业票据借助于银行信用，即通过商业银行办理承兑，便可以在更大范围流通转让，实际上已经与现金或支票无异，这里银行信用起到了功能放大的作用。金融先导使无钱变成有钱，使商品交易由不易变成容易，当然加快了经济的发展。

第四，金融先导能够引导金融服务以价值流拉动物流提速。市场经济的运行，是商品流（物流）和价值流（货币流）的同步运动，商品流和货币流是互动的。不付钱是不能够让商品流动的。但是，物流的供给与货币流的需求未必总是一致的。如果商品供给大于货币供给，商品价格下跌；如果商品供给小于货币供给，商品价格上升。商品价格的升降，对商品生产者的刺激作用是不能低估的。如果货币供给适当加大，商品价格适当上扬，会引导商品交易加快和商品生产数量扩大。另外，金融服务环境好，诸如支付结算、信用服务等的便捷，能够加速企业商品交易的过程，缩短在途资金，提高资金流动速度，节省资金流量，同样多的资金能够为更多的商品交易服务，提高经济效益。实际上是金融先导改善了价值运动，以加快价值流拉动物流，推动经济发展。

第五，金融先导能够引导资源配置优化生产结构。金融对经济的作用最主要的是通过市场合理配置资源。正如马克思说的，货币资金是资本主义生产发展的第一推动力和持续推动力。有了资金，社会闲职资源可以得以启动；本地没有资源，可以使外地的外国的资源为本地和本国所用，不仅能够扩大生产规模，而且能够主动地将资源配置于短缺部门，均衡生产，满足市场需求。或者配置于新型产业部门，加强经济增长极的培育。如果把一个国家或地区的经济划分为传统产业部门和新兴产业部门两部分，这个国家或者地区的经济增长主要靠新兴产业部门来拉动。同样我们也可以把为传统产业服务的金融部门称传统金融业，为新兴产业服务的金融部门称为新兴金融业，这个国家或者地区的经济增长要优先加强新兴金融业的发展，就会造成经济的快速增长。

需要指出，金融先导是有条件约束的。第一，金融先导不是金融发展的自然演进型制度变迁，而是诱致型制度变迁。要使诱致型金融制度变迁高效运行，领导者只能是政府而不是市场。所以政府主导的金融先导，需要谨慎而科学的决策。第二，金融先导是政府的金融经济发展战略，既然是发展战略，需要相应的政策措施，通过周密的研究设计与安排，方能发挥出金融对经济的拉动作用，否则可能适得其反。第三，金融先导的效应是发展变化的。当货币采用贵金属为币材时，金融业提供资金是有限的，它要受制于黄金准备。20世纪30年代金本位制度瓦解后，信用货币广泛流通，为金融业提供货币资金拓宽道路。70年代布雷顿森林体系解体，黄金非货币化，国家控制的有管理的信用货币制度建立起来，金融业对货币供给限制的屏障彻底解除，金融先导的有限性、临时性也就发生了重大变化，金融对经济发展的"先导性"进一步加强，由有限性转变为普遍性。第四，金融先导需要优先发展新兴金融业，以新兴金融业促进新兴产业的发展，优化产业结构，提升经济发展的水平。

目前，中国经济已经多年处于高速发展时期，要继续保持高速增长的态势，必须有新的金融创新牵引。相对落后的中西部地区也可以通过金融先导政策，加快本地经济发展速度，促进全国经济社会协调发展。

金融经济时代资源配置的节点

——二论金融先导

背景说明

　　本文是 2013 年与博士生王君合作完成的。文章从新兴产业的培育、短缺部门的发展和地方资源的整合三个视角，分析了金融先导发展对资源配置的影响与作用，认为金融是联结要素资源与经济体系的关键节点，金融先导战略可以通过优先发展新兴金融、政策性金融、创新区域金融环境等途径，引导和调节资源配置，实现以金融结构调整促经济结构优化，为金融支持经济转型发展提供了理论依据。

　　众所周知，金融体系在现代经济中占据着核心地位。经济发展的核心问题是资源配置，资源要素投入的多寡在很大程度上影响产出水平。在各类资源要素中，资金是第一要素，资金的流动能带动土地、劳动力、技术、信息等其他要素追随流动，将各种自然资源与社会资源黏合在一起，从而形成资源的整体配置。在市场经济体制中，资源要素可以在行业、区域、部门间自由配置，其中资金的带动作用绝不可少。整个经济体系的货币资金供应，是由中央银行的基础货币发行和商业银行的信贷活动以及资本市场的运营共同决定的，因此金融体系可通过对货币资金供应总量和资金配置方向、结构的控制，实现对整体资源配置的重大影响。从这个意义上说，金融体系引领着经济体系的发展。

　　在落后地区或国家，经济系统中的各种资源投入量普遍较低，同时伴随着落后的技术水平和低效的生产组织，国民产出水平低下。并且其资源投入较多地依赖自身积累，而非外部引入，这就使得其投资总量受先期的低产出制约，要素投入量严重不足，经济陷入恶性循环。在这样的背景下，如果能通过政府的制度创新，对其金融体系实施变革，改善金融环境，优化金融结构，促使金融业先导发展，就能利用金融的特性，聚集内部资金，引入外部资金，创造新金融工具和融资方法，通过配置资金来引导资源向最有效率的产业和地区配置，实现经济产出的快速增加和经济结构的合理改善，达到超常规发展目的。此即为金融先导的核心内涵。

2007年曾发表的《论金融先导》① 一书，从历史的视角，评介了金融先导的三个案例，讨论了世界金融中心转移的原因，证明金融先导是落后国家或地区追赶先进国家和地区的一种战略。本文则从金融先导对资源配置的影响，从新兴产业、短缺部门、地方资源三个方面考察这些影响经济产出和经济结构重要因素的特性，分析其金融需求的特征，再根据需求决定供给的思路，研究金融体系所应做出的对应改革和发展，指出金融先导在此三方面对资源配置和经济赶超发展的重大影响。

一、新兴金融的发展引导资源配置于新兴产业

相对于传统产业，新兴产业是指随着新的科研成果和新兴技术的发明、应用而出现的新的行业，具有与传统产业明显不同的产业特点和融资特性。新兴产业是一国或一个地区经济发展的核心动力，培育新兴产业有助于转变我国经济增长方式，加快产业结构优化升级，从而更好地促进经济可持续发展。在培育新兴产业过程中，包括资金在内的各项资源的优化配置是核心条件之一，这就要求金融体系特别是相对应的新兴金融的优先发展。

（一）新兴金融与传统金融

假定经济分为两大部门：第一大部门代表传统部门，第二大部门代表在经济发展过程中需求日益增加的新兴部门。在此基础上，部门分类继续细化，第一大部门可细分为隶属于实体经济的传统产业部门和为传统产业部门提供金融服务的传统金融部门。第二大部门同样可细分为隶属于实体经济的新兴产业部门和为新兴产业部门提供金融服务的新兴金融部门。需

---

① 孔祥毅：《中国金融发展理论前沿》，中国金融出版社2007年版。

要指出的是：划分传统与新兴产业部门的标准是部门所用技术的现代性。

新兴金融与传统金融均隶属于金融部门，两者的核心区别在于职能定位，传统金融定位于支持传统产业，新兴金融定位于支持新兴产业。传统金融与新兴金融在金融体系中的比例关系形成金融结构的重要方面，而传统产业与新兴产业在国民经济中的比例关系则构成产业结构，因此，金融结构中传统金融与新兴金融的比例构成的变化，将引导资金在传统产业与新兴产业间合理流动，促进资源的有效配置，继而达到以金融结构调整促产业结构优化，而新兴金融的优先发展正是金融先导战略的重要内容。

（二）新兴产业对金融需求的特点与新兴金融的主体构成

我们先来讨论处于新兴产业中企业的金融需求特点：

处于新兴产业的企业作为金融服务的需求方，其对金融服务的需求是基于新兴产业的产业特点、风险特征、规模构成等要素，这些要素在新兴产业中显示出与传统产业有较大差别，表现为新兴产业企业普遍具有高成长性、高风险性和小规模性的特征。相较于传统产业，新兴产业的企业利用更先进的技术，生产具有良好发展前景的产品，市场空间巨大，成长性相应较高。但高成长的同时也伴随着高风险，因为新兴产业的企业需要进行大量的先期技术研发投资，技术创新风险和产品创新风险较高。此外，处于新兴产业的企业规模普遍较小，多数为中小企业。

正是因为处于新兴产业的企业具有高成长性、高风险性和小规模性，这就决定了新兴产业的企业对金融服务特别是融资服务的需求具有与传统产业中大企业迥然不同的特点。

第一，高成长性赋予新兴产业企业快速的资本周转率，成长速度较快，市场竞争度低又促成产品的高利润率，因此投资于新兴产业的资本多拥有较高的投资回报率预期，对各类资金供给者有很强的吸引力。另外其高成长性也决定了企业的融资需求主要集中在技术研发、市场开发等产品生命周期的初始阶段，当其产品市场达到一定规模后融资需求的意愿相应降低，使用留存收益扩大企业规模的意愿增强。

第二，新兴产业企业具有的高风险性决定了投融资双方之间较高的信息不对称。融资者的风险特征是影响金融交易中信息不对称程度及其解决方式的核心因素之一。新兴产业中的企业除了具有传统产业中一般企业的企业家风险，还有很高的技术创新风险和产品创新风险，因此在融资过程中容易在投融资双方之间形成信息不对称，除非资金供给者或者相应的金融中介非常熟悉融资企业所在产业的技术和市场情况，但一般性金融机构的专业知识难以保证。

第三，小规模性使新兴产业企业的融资需求规模较小，不利于形成融资中的规模经济。企业进行融资必须支付交易成本，如信息披露成本、谈判成本、签约成本、契约执行成本等，其中大部分交易成本具有固定成本性质，因此融资规模越大，单位融资的交易成本会相对越小。但由于处于新兴产业中的企业多数为中小企业，融资规模较小，融资中的规模经济难以形成，单位资金的成本很高。

我们再来看新兴金融的主体构成：

新兴金融是为新兴产业部门提供金融服务的金融部门，新兴金融为与新兴产业的金融需求特点相匹配，应采用合适恰当的金融制度安排，以更好地为新兴产业提供金融支持。由于大银行、中小银行、股票市场、债券市场、风险投资基金等各类金融制度具有不同的特点，因此新兴金融的主体构成的确定需要考察各金融制度的特点。

作为现代金融体系中直接金融的主要形式，股权融资能使企业在短时间内筹集大量资金用于扩大投资，且不用承担还本付息的财务费用。另外，根据实证研究结果，企业公开发行股票进行融资的另一个好处是，由于资金供给者的风险偏好不同，风险较高的新技术项目也能在股票市场上获得投资者的认同而顺利筹集到所需要的资金。但在股权融资过程中，所有者与经营者之间会出现信息不对称问题。此外，股票发行者在股票发行前后需定期进行信息披露并由具有社会公信力的机构审计，这就形成了采用股权融资的企业必须承担相当高的一部分固定费用，如果发行企业的资金需求规模小，股权融资的单位资金成本则较高。

与股权融资相比，债券融资可以在不分散股东控制权的前提下筹集资金；并且债券融资要求的信息披露内容也相对简单，信息披露费用相对较小。但是，债券融资必须定期支付利息费用，因此要求融资方具有稳定的现金流状况来保证利息的按期足额偿还，这一点是新兴产业中绝大多数企业很难做到的，因为新兴技术应用的市场前景必须在投资后的很长一段时间后才能得到验证。另外，由于高风险项目不能有稳定的现金收益预期，其在债券市场的发行将很难获得投资者的认同。

银行作为专业化的金融中介在获取、处理融资企业的相关信息和对融资者进行事先筛选和事后监督等方面能够发挥规模优势，降低信息成本。

在与融资者进行金融交易方面，银行等金融中介拥有信息优势和更强的谈判力量，监督控制能力较强。但也可能出现对借款企业的经营行为和利润流过度控制的现象。同时，由于银行是通过资产与负债的期限和风险转换来提供融资服务的，其分散风险能力有限，因此银行在信贷方面的风险态度趋于谨慎，投资风险较高的项目很难获得银行贷款。

需要指出的是：尽管大银行和小银行都是作为金融中介通过储蓄的动员和配置为企业提供融资服务，但大量的实证研究表明，银行业存在一种基于规模的专业化分工，即大银行主要向大企业提供贷款，而小银行主要给小企业贷款。

再看风险投资基金的特性。对于融资企业而言，向风险投资基金融资无须向投资基金支付利息费用，还可借助风险投资基金的专家建议及管理经验，降低经营风险，促进企业发展。另外，由于风险投资基金的主要投资方向是高新技术行业，所以在一般融资渠道很难获得资金支持的风险较高的新兴产业项目也容易获得风险投资的支持。由于风险投资基金直接参与被投资企业的经营管理，因此投资者与经营者之间的信息不对称问题较少，融资企业的信息成本相对较低，但风险投资基金也可能对融资企业的经营行为、利润分配和管理模式有过度干预，融资企业的自主权和独立性大大削弱。

综合以上四种金融制度安排，将各自的特性列为表1。

表1　各种金融制度安排的特性对比

金融制度安排	优点	缺点
股权融资	无须支付利息费用；风险较高的新技术项目容易获得所需资金；无被投资者要求破产的危险	存在信息不对称问题且较严重，交易成本高；不适合资金需求规模小的企业融资；易分散控制权
债券融资	不分散控制权，信息披露费用相对较小；信息披露内容相对简单	必须按期足额偿还本息，财务压力大；有被投资者要求破产的危险；高风险项目很难获得投资者认同
银行	信息不对称问题相对较小，融资交易费用较低；利息成本相对低于股票融资的资金成本	银行内部存在复杂的委托代理关系；银行风险态度趋于谨慎，高风险项目很难获得信贷资金；银行对借款企业可能有过度控制行为

金融制度安排	优点	缺点
风险投资基金	没有财务负担；企业可获得经营指导；信息不对称问题几乎没有；高风险项目容易获得现金支持	存在过度控制、干预现象，企业自主性大大削弱

注：在银行的制度安排中，大银行与小银行提供的金融服务存在系统性差异，即银行业存在一种基于规模的专业化分工，大银行主要向大企业提供贷款，而小银行主要给小企业贷款。

因此，综合分析各种金融制度安排的特性和新兴产业企业的融资需求具有的初期融资意愿强、融资项目风险高、信息不对称程度高、融资规模小等特点，可以发现：新兴金融的主体构成应偏向于中小银行、风险投资基金、创业板市场等金融制度安排。因而金融先导的重要内容是促进中小银行、风险投资基金、创业板市场、场外交易市场等新兴金融的优先发展，调整新兴金融与传统金融间的比例关系，实现金融结构的优化。

（三）新兴金融的发展带动资源配置于新兴产业

金融先导战略的核心是金融优先发展，这种优先发展既体现在金融总量的增加上，更体现在金融结构的优化上，即在传统金融与新兴金融的发展选择中，突出新兴金融是金融先导战略的重要内容。政府的金融先导战略通过明确对新兴金融发展的倾斜支持政策、培育新兴金融发展的内外部环境、主动注入新兴金融发展动力等具体措施推动新兴金融的超前和优先发展。

新兴金融的优先发展也意味着金融体系对新兴产业支持作用的逐渐生成，它能在新兴产业发展的前中后期持续注入资金动力，又因为资金是"第一推动力和持续推动力"，资金的配置迅速调动其他资源如劳动力、信息、技术等紧随跟进，从而实现整体资源的配置。具体表现在：

第一，在新兴产业发展初期，风险投资基金和产业基金能较好地提供资金支持，带动资源跟进配置。风险投资基金、产业基金拥有一大批熟悉产业发展前景、能较好识别新兴技术的专家团队，这就显著降低了融资企业与投资方的信息不对称程度，因此具有良好技术、市场前景的项目即便具有较高风险也能获得基金的资金支持，从而能在企业发展初期摆脱资金瓶颈。从微观角度看，资金的注入保证了融资企业的人才、技术、信息等关键资源要素的后续补充，企业研发活动和后续发展得以持续；从宏观角度看，新兴金融的发展和有效运作确保了全社会的优质资源（人才、技术、信息）配置在最有前景、最具生产力的技术项目上，社会整体的资源配置效率提升。

第二，在新兴产业发展中期，中小银行识别优势企业，注入资金动力。在新兴产业发展中期，新兴市场初具规模，但模仿型企业迅速进入，企业同质性明显。在这个阶段，新兴产业企业的进一步发展依赖银行信贷，中小银行是最好的资金供给者。中小银行作为专业化的金融中介，可以借助收集融资者的"软信息"或者通过与风险投资基金的信息共享机制识别新兴市场中的优势企业，为真正掌握核心技术的高价值企业提供资金支持，帮助其快速成长为该市场领域的领军企业，鼓励其采用兼并、重组等方式加快发展，实现市场集中度的提高和市场领域的开拓，推进所属的新兴产业的进一步发展。社会资源的配置带动产业结构的优化升级。

第三，在新兴产业发展成熟期，多层次的股票市场体系为新兴产业发展带来流动性。建立多层次的股票市场体系有助于为在主板市场上难以获得融资的中小企业提供新的融资渠道，同时也为风险投资基金的顺畅退出提供保障。从这个意义上说，股票交易多层次市场的建立对于深化整个金融体系的投融资功能有重要作用。而且场外市场和产权交易市场等新兴金融的建立能提升中小企业的股权价值，有利于实现优质企业对劣质企业的兼并重组，实现资源整合。

综合来看，金融经济时代下，在落后地区或国家，金融先导战略的重要方面——发展新兴金融，能在新兴产业发展的前中后期持续注入资金动力，并借助资金对其他资源要素的引领作用，带动资源向最具有发展潜力的新兴产业流动，优化经济体系的资源配置，从而起到培育新兴产业、优化产业结构的最终目的。由此可以看出，金融先导是连接资源要素与产业发展的重要节点。

二、政策性金融发展引导资源配置于短缺部门

在市场经济中，价格机制是资源配置的核心机制。微观经济主体依据效用最大化和利润最大化的原则产生商品需求和供给，市场依据需求与供给均衡原则产生均衡价格和均衡产量。价格机制自动为生产者和消费者提供了最大剩余，但是市场制度并非完美无缺，即"市场会失灵"。市场失灵的一个突出表现就是：在一些关键性、基础性、公共性的产业领域（如基础设施、农业），市场机制并不能保证产品的充分供给。在这些部

门，要素投入总量不足，资源配置低效，产品供给的短缺与社会成员利益、经济发展需要之间的矛盾十分尖锐。如何引导资源流入短缺部门从而促进短缺部门的发展是全经济体系中资源配置的重要方面。

（一）短缺部门的特点及问题

首先，市场供给者不足。在短缺部门中，产品的供给方往往是单独一个或少数几个，造成这种状况的原因是多方面的，有些部门是因为某一个区域的市场供给只能容纳一个供给者，否则会造成严重的重复建设和资源浪费，所以政府特许在部分部门只存在一个供给者，例如城市水、电等基础设施部门；而有些部门则属于自然垄断，即企业生产的规模经济需要在一个很大的产量范围和相应巨大的资本运营水平上才能得到充分的体现，以至于整个行业的产量只能由一个企业来生产；还有一些部门则属于部门收益较小而成本较高的投资领域，厂商不愿进入，使得市场供给者较少，如农村基础设施领域。

其次，市场需求者众多。在多数短缺部门，市场需求方是众多的普通消费者，消费需求较大，且短缺部门提供的产品与普通居民的生产生活紧密相关，如水、电、公路等基础设施，消费者需求的满足程度直接影响到消费者效用和社会整体效益。因此短缺部门的供给缺口会造成市场状态偏离帕累托最优，形成低效率的资源配置，更严重的会造成非生产性的寻租活动，不利于短缺产品的公平合理分配，造成社会福利损失。当然，需求者众多的背后是公共品消费的"免费乘车"现象，即单个消费者会企图不付出成本而享受利益，从而造成市场交易价格偏低，供给相对不足。

最后，部门投资的高成本与高风险性。由于存在政府限制或自然垄断，部分短缺部门的准入门槛较高，私人资本很难进入，如能源、通信等部门；另外一些部门是因为产品收益低、成本高，私人资本不愿意进入，如农村基础设施。同时短缺部门的很多产品为公共产品，公共产品消费的非竞争性使消费者会尽量少支付给生产者使用费用，所有消费者支付的总体数量不足以弥补公共产品的生产成本，生产者自然会削减产出，甚至退出市场；再加之短缺部门所需的投资规模大、回收期限长、政策限制多，私人资本没有足够动力进入该部门。

结合以上分析的短缺部门特点，可以总结出短缺部门面临的几大问题：

第一，短缺部门对资本的吸引力不强。除了小部分拥有超常利润的垄断部门，绝大多数短缺部门对资本的吸引力不大，资本在投资前考虑的规模、期限、风险、回报率等多个重要因素在短缺部门中很难有比较优势，如公共产品部门要求投资规模大、回收期限长、投资回报率低，因此如果完全按市场机制运作，资本的逐利本性会迫使资本不愿进入这些短缺部门，即市场机制分配给公共物品生产领域的要素资源不足，促使短缺部门的产出规模难以扩大。

第二，短缺部门的市场化程度低。市场供给者不足带来的是生产者之间的竞争度较小，需求者虽众多但消费的非排他性，导致交易价格远低于自然均衡价格。综合起来即可以看出，短缺部门的市场化程度较低，市场机制配置资源的方式不能取得有效的结果。作为市场化程度较低的领域，短缺部门的发展将受制于资源的低效率配置，不能实现将有限资源用于相对最具生产力的技术上，整个短缺部门的平均效率难以提升，进一步降低了资本进入意愿。

第三，短缺部门的社会效益与经济效益不对称。短缺部门面对的需求者是众多的公众消费者，其产品对社会生产和居民生活有重大影响，供给的短缺将直接制约社会整体效率和居民生活质量的提高，即短缺部门的产品供给具有重大的社会效益，但与之相对应的是短缺部门的低经济效益，由于存在严重的"搭便车"行为，加之公共产品在收费上执行难度大、执行成本高，这部分公共产品生产者的经济效益很难保证，这与企业的利润最大化原则相违背，企业扩大产出的意愿偏弱。

（二）商业性金融与政策性金融

针对短缺部门发展的滞后，政府除了依靠财政手段来实现资源要素的投入外，金融体系中的信用功能也应是重要选择。研究如何利用金融体系来实现资源向短缺部门的合理配置，需要区分金融体系中的两大分支——商业性金融与政策性金融。

金融理论将商业性金融界定为以盈利为目的的金融机构，即商业性金融开展业务经营的核心动机是获得最大化利润。但政策性金融则不同，一般来说，政策性金融是在一国政府的鼓励下，以国家信用为基础，运用各种特殊的融资手段，严格按照国家法规限定的业务范围和经营对象，以优惠性存贷利率直接或间接为贯彻、配合国家特定的经济和社会发展战略而进行的一种特殊性资金融通行为。它有别于商业性金融的本质特征为政策性和优惠性。政策性，即政策性金融主要是政府为了实施特定的政策目的而实施的手段；优惠性，即政策性金融在利率、存贷期限、担保条件等方面比商业银行贷款更为优惠。

从政策性金融与商业性金融的功能比较来看，两者有三点区别：①实现资源配置的侧重点不同。政策性金融更关注资源配置的社会合理性，商业性金融则更关注经济有效性。②实现资源配置的机制不同。政策性金融在政府的参与或指导下进行资源配置，尤其强调政府与市场这两种资源配置机制的巧妙结合，而一般商业性金融依据市场机制进行运作，以实现资源的效率配置。③两者的扩展功能不同，政策性金融主要发挥经济调节功能以协助实现政府的调控目标，商业性金融则主要运用风险规避功能以实现利润最大化的经营目标[①]。

政策性金融与商业性金融是一个国家和经济体中不可或缺的完整两翼，两者相互对称，彼此平行、并列，是相互补充而不是相互替代的，是平等协调合作的伙伴而非对立、从属或竞争的对手。只有正确处理好商业性金融与政策性金融的关系，才能较好地协调和发展整个宏观金融体系。

依据前述的短缺部门有别于一般部门的特点及问题，再结合对政策性金融与商业性金融的功能区别的分析，可以肯定，在金融发展促进短缺部门的资源配置方面，政策性金融应比商业性金融能发挥出更大作用。得出该结论，是基于以下两点判断：

第一，短缺部门的低资本回报率不适于商业性金融提供支持。商业性金融的经营目的是获取最大化利润，在比较各种贷款项目时会优先考虑具有高回报、低风险的融资企业。而短缺部门具有投资规模大、投资期限长、投资风险大等特点，在其他优势部门的融资竞争下，商业性金融很难有动力为短缺部门提供资金支持。

第二，短缺部门的高社会效益性符合政策性金融的功能定位。短缺部门的产品多数为关系国计民生的公共产品，处于支持各部门发展的基础性地位，其发展好坏直接影响到经济发展的质量，具有较高的社会效益性。而政策性金融作为以政策性为主的金融机构，其功能目标主要是为了实现政府特定的经济与社会发展战略，是"政府与市场的巧妙结合体"。因此增加政策性金融对短缺部门的金融支持有助于均衡各部门的发展，促进经济的协调发展，是符合政府的经济与社会发展战略，这点与政策性金融的

---

① 白钦先、谭庆华：《政策性金融功能研究——兼论中国政策性金融发展》，中国金融出版社2008年版。

功能定位相一致。

（三）政策性金融的发展引导资源配置于短缺部门

对于短缺部门的发展，政策性金融作为"政府与市场的巧妙结合体"，给予的融资支持能引导相关要素资源进入该部门领域，对短缺部门的发展产生重大推动力，在一定程度上促进社会经济发展。政策性金融引导资源配置于短缺部门的作用主要体现在：

第一，政策性金融的补充效应弥补资源配置空白。在市场机制下，市场对短缺部门的投资存在不选择和滞后选择。所谓不选择，是指在某些领域，由于风险与收益不配比（主要指风险大收益低），市场不选择其予以投资。滞后选择则是指某些领域由于初期进入的成本很高或者后期收益难以弥补初期投入，一般资金难以负担，商业性金融和市场资金不会进入，但如果条件成熟，部门内平均收益水平提高时，商业性金融就愿意进入[1]。针对不选择，政策性金融的政策性确保其能为短缺部门提供优惠利率、风险担保、长期大额贷款等资金支持，降低信贷缺口，弥补资源配置空白，增加短缺部门的要素投入总量，提高公共产品的产出水平。

第二，政策性金融的先期投入带动商业性金融的后续跟进。针对短缺部门投资的滞后选择，政策性金融可通过先期支持某些对整体国民经济具有重大意义的短缺部门，向商业性金融机构传递出政策信号，同时，先期资金的进入能提高该部门的发展水平。当该市场规模扩大后，平均收益水平提升，会吸引民间资本及各类要素资源后续跟进，商业性金融的跟进投资，形成对短缺部门发展的长效资源配置机制，此时政策性金融择时退出，而把资金转向另一个短缺部门，营造新的环境，有助于短缺部门的"补短板"式发展和持续发展。

第三，政策性金融的发展优化整体生产结构。政策性金融对短缺部门提供金融支持，不仅能促进短缺部门的改善，更能通过部门间的上下游传导带动其他部门发展，从而推动整体经济的发展和生产结构的优化，提升整体资源配置效率。短缺部门作为宏观经济中的具体部门，它与整体生产结构有着紧密联系，当政策性金融对短缺部门产生促进效应后，此局部效应将扩展为整体效应，带来整体的增长和优化。

第四，政策性金融的发展促进资源配置的公平性。短缺部门中绝大多

---

① 白钦先、谭庆华：《政策性金融功能研究——兼论中国政策性金融发展》，中国金融出版社 2008 年版。

数企业提供的产品利润微薄，整体收益有限，但产品对公众民生、社会稳定和整体经济福利有重大作用。如农业设施、公路、水、电等公共设施的投资收益甚微，但其带来的社会效益却无可估量。因此政策性金融为短缺部门提供的金融支持既可以带动该产业的发展，提高该产业相关者的收入水平，又可以促进居民收入结构均衡，实现社会稳定和整体福利的改善。

三、金融先导带动地方资源的利用与整合

处于不同地理位置和不同发展阶段的地区或国家，其资源禀赋结构是不同的。因此，各地区在产业结构布局时应依托本地区的要素禀赋结构，充分利用本地区的优势资源，构建起具有比较优势的核心产业，实现地区经济的快速发展。此外，地方资源的整合能提升资源使用效率，形成资源使用的规模经济，提高经济发展的集约化水平。在这些过程中，金融先导起着重要的联结和引领作用。

（一）地方要素禀赋结构决定产业结构

通常，要素禀赋结构是指一个经济体中自然资源、劳动力和资本等要素的相对丰裕程度。在不同地区或同一地区的不同发展阶段，其要素禀赋结构是不同的。如在资源型地区，自然资源相对丰裕，要素禀赋结构偏向资源。又如一般发展中国家的要素禀赋结构的特征是资本相对匮乏，劳动力相对丰裕；而发达国家则相反，资本相对充裕，劳动力相对不足，即存在一种规律：随着经济发展，劳动力丰裕型要素禀赋结构会逐渐升级为资本丰裕型。

根据赫克歇尔—俄林的资源禀赋理论，在两国生产同一种产品的技术水平相同的情况下，两国生产同一产品的价格差别来自产品的成本差别，这种成本差别来自于生产过程中所使用的生产要素的价格差别，生产要素的价格差别取决于各国生产要素的相对丰裕程度，即相对禀赋差异。因此，在市场竞争中，追求利润最大化的企业必然会按照其所处环境的要素禀赋结构安排其所要生产的产品，以求在竞争中获取比较优势。

同样，一个宏观经济体在制定产业政策和进行产业结构布局时，必须充分依据本地区在当前发展阶段的要素禀赋结构，对不同产业区别对待，充分利用起本地区拥有的相对充裕的生产要素，调动起本地区的其他资源跟进，努力建立在贸易中具有比较优势的核心产业，继而拉动上下游相关产业的发展。因此，从这个角度上说，一国或一地区的要素禀赋结构决定

了产业结构。当然，由于要素禀赋结构是随着经济发展阶段不断变化的，相对应，产业结构也不可能一成不变，需要伴随着经济发展而不断升级优化。

（二）金融体系联结要素禀赋与优势产业

在利用本区域内相对充裕的要素资源形成优势产业的过程中，金融体系的联结作用至关重要。现代金融体系的重要功能和目标之一，就在于金融体系要适应建立在资源禀赋结构之上的产业结构的需求，为这些具有比较优势的产业服务，保证将资本配置到相应企业和产业中去，从而最大限度利用比较优势。

第一，金融体系识别最有生产力的产业和企业并给予支持。金融体系的核心是资金配置。在既定时点，金融体系只有把有限的资金配置给经济体系中最具有生产力的产业和企业，所能产生的生产者剩余才会最多，资金的回报率相应最高，同时国民经济中资源配置效率也最高，产出水平最高。因此，在一个经济体的要素禀赋结构决定产业结构的情况下，金融体系会自动依照要素禀赋结构将资金配置于该经济体中的具有比较优势的核心产业，继而带动劳动力、技术、信息等其他资源的跟随注入，迅速培育核心产业，从而实现要素禀赋与优势产业的对接。在此过程中，核心关节点即是金融体系。

第二，金融体系能够黏合技术、劳动力和资源等各类要素。生产是要素投入量的产出函数。其中投入的要素应包括资本、劳动力、土地、技术、信息等，缺一不可。而在这些要素中，资本是核心要素和第一要素。资本具有黏合其他要素的重要功能。在落后地区或国家，其劳动力、自然资源、土地等要素总量巨大，但却无法组织起来形成国民产出，除了受技术水平所限外，核心原因即在于缺乏资本的投入。由于资本是由储蓄转化而来，需要国民产出的积累而逐渐形成，落后地区或国家的国民产出较低，所以资本相对缺乏。因此，如果能通过金融体系的发展，从外部引入资金或从内部吸纳储蓄，就可以利用资金的黏合剂功能将经济体中的各类闲置要素充分利用起来，形成生产组织，产生优势企业和产业。

（三）金融先导为地方资源整合提供支撑

地方资源整合，是指地方政府对本区域内的资本、劳动力、自然资源、技术、信息等要素资源进行有机融合和优化配置，使本地区资源的使用效率更高，经济产出增加。从某种程度上说，资源整合是资源配置的更深内涵，因为资源整合并非资源量的简单加总，而是各类资源的重新组织和优化，从而促进经济发展方式向集约化转变。

在资源整合的过程中，除了地方政府的政策指导外，金融先导战略是重要支撑。金融先导能为资源整合提供资金动力，能为资源整合提供方向指引，能为资源整合提供信息支持。其具体表现：

一是金融先导为资源整合提供资金动力。地方资源整合涉及不同产业、不同主体，在采用市场化整合的大背景下，兼并重组是资源整合的主要方式。兼并重组要求较大的资金投入，这就需要金融业的先导发展，来为资源整合提供资金支持。同时金融体系的资金支持能带动其他要素资源的追随跟进，迅速实现地方优势资源的集聚，提升资源整合的效率。此外，发达的金融中介作为资源整合过程中的融资顾问，可利用自身在客户、信息、技术、人才方面的优势，针对企业并购所需的融资，提供多样化的产品组合和融资方案，为企业发展战略的实施提供全方位的金融支持。

二是金融先导为地方资源整合提供方向指引。地方资源整合的目的是要优化资源配置，提升资源利用水平。但如何整合、整合主体是谁，这些问题的回答需要金融体系为其提供方向指引。金融体系的核心功能是将资金配置于最有生产力和竞争力的产业与企业，因此，金融体系功能的完善有助于为地方资源整合提供方向指引。有效运作的金融体系将引导地方优质资源相互融合，优势产业的核心企业可采用互相持股等形式强强联合，迅速做大做强；经营效率较低的弱势企业将会被强势企业兼并、重组，实现低效生产力的自动退出，从而促进区域内资源配置效率的总体提升。

三是金融先导为地方资源整合提供信息支持。资源整合是资金、劳动力、技术、自然资源等要素的重要融合，是不同产业、不同企业的重新组合。在此过程中，信息支持是决定整合过程能否顺利推进的重要保障。金融体系可以充分发挥其非常了解地方要素禀赋结构和本地优势企业的信息优势，为地方资源整合的规划设计提供信息参考。同时，在资源整合过程中，金融中介可凭借其对不同企业信息的掌握，为企业兼并重组提供专业性的解决方案和信息咨询服务。

通过上述分析，可以得出这样的结论，落后地区追赶发达地区，可以通过先导发展新兴金融业促进新兴产业发展，可以通过政策性金融使短缺部门快速发展，可以通过金融这一黏合剂启动地方沉睡的资源和整合资源配置以优化经济结构，即用金融先导的战略，提升地方资源配置的有效性，使之迅速转化为生产力。在当今金融经济时代，金融是联结要素资源与经济体系的关键节点，金融先导能够通过优先发展新兴金融、政策性金融、整合地方资源等途径，引导和调节资源配置，实现以金融结构调整促进经济结构优化和快速发展。这对后进地区经济转型具有理论意义与现实意义。

《金融先导：现代工业化的战略选择》序

背景说明

本文应周旭峰同学要求，为其专著《金融先导：现代工业化的战略选择》一书所写的序言，中国金融出版社出版。周旭峰曾在农业发展银行山西省分行工作，现在山西财经大学金融学院任教。

周旭峰是我的学生，其新作《金融先导：现代工业化的战略选择》即将付梓，我很欣慰。这本专著以研究金融先导理论为中心，讨论了工业化中的金融理论问题，通篇体现了金融协调的思想。

早在 1974 年冬，我应人民银行的邀请，参加了"民国山西金融简史"课题的研究，到 1977 年结题。该课题于 1980 年以书名《阎锡山和山西省银行》由中国社会科学出版社出版。在整理研究民国山西金融史的过程中，我发现山西省的工业化建设虽然在清末的洋务运动中有一定的成绩，但是真正的起步是在 20 世纪 20 年代，是阎锡山通过整理货币、兴办银行推动的。20 世纪 30 年代，从阎锡山二次上台后的 1933 年到 1937 年日本侵占山西前的 5 年间，阎锡山领导山西省以 110 万元银元作为资本，经过 5 年经营，建成了铁路 960 公里，创建了采煤、冶金、电力、化工、机械制造、纺织、造纸等轻重工业，总资产达到 2 亿银元，形成了一个庞大的工业体系，这些更是得力于金融业的优先发展。1992 年我研究《山西经济发展战略》课题，在总结阎锡山的经济思想与实践时，再次发现阎锡山发展山西经济的最重要的经验就是优先发展金融业，曾以《阎锡山的经济"畅想曲"》为题总结了山西经济高速发展的这段历史①。后来发现，这样的案例中外皆有，是一种规律，1998 年把这一规律提炼为"金融先导"，并于 21 世纪初正式提出金融先导理论，即后进国家为了实现经济快速发展，追赶经济发达国家，或者在经济变革时期，都不能任凭市场经济与金融自然演进，常常需要政府主动采取超常的手段——政府主导下的金融先导政策，也就是通过政府创造政策，使金融领先于实体经济发展，如创新金融工具、机构、业务、服务、制度，改变原有的资源配置，启动闲置资源，促进产业结构优化升级，推动一个地区、一个民族或国家的经济超常增长。

金融先导理论是后进地区追赶发达地区的战略，通过政府的制度和政策创新，改善当地投资环境，创建金融洼地，留住本地资金，引导流出去的资金回流，吸引外地、外国资金流入，就可以推动本地经济资源的重新配置。我国属于发展中国家，如果任由经济跟在发达国家后面自然演进，必然导致资源浪费、资金匮乏和可持续发展动力不足，必须运用金融先导战略进行赶超。

周旭峰同志的这本书，将金融先导理论置于整个工业化的历史长河中进行考察，他把西方资本主义国家的工业化分成三种类型：以英国为代表的自然演进模式、以美国为代表的后起赶超模式和以日本为代表的金融先导模式。运用金融先导成就工业化的国家（或地区）主要有日本、新加坡、中国香港、中国台湾、韩国等以及"二战"胜利后西欧发达资本主义国家的经济重建。在梳理世界各国工业化历史的基础上，本书得出这样一个基本结论："二战"前的资本主义世界中，无论是自然演进模式还是后起赶超模式的工业化，即便很成功的国家，在工业化进程中和工业化结束后都经历着周期性的经济危机，成为资本主义挥之不去的痛；"二战"后工业化较成功的国家，人都采取了金融先导模式，并保持了二三十年的高速增长，不仅使工业化的时间大为缩短，而且在工业化进程中熨平了经济危机。

金融先导为什么能够缓和经济危机，使经济获得平稳高速增长呢？本书通过对金融先导战略充要条件的论证，提出"经济系统固有频率"的概念，作者把"科技创新"作为经济系统的一个扰动源，使经济形成"科技创新→收入增长→货币需求增加→利率上升→投资下降→收入减

---

① 《三晋经济论衡》，中国商业出版社 1993 年版。

少→货币需求减少→利率下降→投资上升→收入再次增长"这样的周期性波动。书中分别运用历史归纳法、图示法和数学公式法，严格证明了市场经济条件下的任何经济系统都存在这样的固有频率，并推导出经济系统在固有频率的作用下周期性波动的解析表达式，较其他经济周期假说具有更严密的数理逻辑性，可以说是把经济周期假说提升为了定律。

本书在提出"经济系统固有频率"定律的基础上，考察了纸币发明的作用，作者认为纸币制度使货币供给由经济的内生变量转变成了内外共生变量。金融先导的作用就在于：管理通货制度下，一国可以令金融先于经济发展，通过改变货币供给量，达到缓冲经济波动的目的，使经济在新的高度达到均衡，防止经济在其固有频率的作用下产生周期性的衰退，这样就实现了经济的长期高速发展。同时，对"二战"后经济危机的缓和提供了严密的逻辑证明。

本书分别考察了经济系统在正向扰动（如科技创新）和负向扰动（如战争）的冲击下，周期性波动的轨迹；考察了各种内生变量对经济波动产生的阻尼效应，从另一个侧面证明了"经济稳定器"原理；考察了落后国家运用金融先导战略的范围约束和环境约束；并运用美国1897年以来100多年的历史数据，从计量实证的角度考察了金融与实体经济的协调关系。

本书认为，后起国家或地区要想运用金融先导战略实现工业化，必须解决以下四个问题：第一，对落后的经济提供一个正向扰动或冲击，这个问题由技术引进来解决；第二，经济系统对正向扰动或冲击的传导机制要顺畅，也就是上文提到的"固有频率"模型成立，这个问题由完善市场经济体制来解决；第三，在正向扰动袭来之前，政府能够提供一系列金融安排，以承接正向扰动的冲击，也就是金融先导战略的实施，这个问题由建立市场金融体制来解决；第四，防止金融先导的过度与不足，这个问题由金融先导与实体经济的协调来解决。在此基础上，作者提出了落后地区和国家运用金融先导战略赶超发达地区或国家的政策建议。在政策建议中，本书分析了我国现行金融体制与市场经济体制不相适应的四大特征，即金融关系没有完全市场化、金融企业经营没有完全自主化、宏观金融调控没有完全间接化、金融运行没有完全法治化。这种半市场化的金融体制具有若干不良后果，即银行经营管理异化、存在行业垄断、信贷结构失衡、利率水平偏高、利差过大、银行侵占企业平均利润、地下钱庄等非法金融活动屡禁难止、所有者缺位。为克服以上缺陷，文中提出了建立社会主义市场金融体制的总体方略，并将其细化为七项具体措施。

本书的突出特点是理论创新性较强。

首先，本书发现并证明了现代经济系统存在"固有频率"的规律，从而较其他经济周期理论具有更严密的逻辑性，使假说上升为定律。在此基础上，证明了"经济稳定器"原理，证明了"纸币的发明使'货币供给'由经济的内生变量转变为内外共生变量"这一命题，对"二战"后经济危机的缓和做出了合理解释。同时，就货币对经济的作用进行了论述，证明了货币在"纯金属货币制度"下是中性的，而在"管理通货制度"下是非中性的。

其次，本书提出"现代集体所有制"概念，认为"一股独大"的全民所有制股份有限公司应当退出竞争性行业领域，代之以"为数众多"的社会所有制股份有限公司。这样，既能确保社会主义公有制的主体地位不动摇，又能从根本上解决当前行业垄断、国企高管腐败、"寻租"、国家既当裁判员又当运动员、国有股不能流通、收入差距扩大等棘手问题。

再次，本书区分了事物的经济职能和社会职能，如衣服能够御寒就是它的社会属性，而衣服还能卖钱则是它的经济属性。在此基础上，特别提出把存款的社会职能从它的经济职能中分离出来，由政府性质的国家清算中心管理，从而既能保护非逐利存款人的合法权益，又有利于完善社会主义市场经济体制和建立社会主义市场金融体制。

最后，本书对金融深化理论没有一味地赞同，也没有一味地否定，而是证明了"在统一市场内部，应当金融深化；在割裂的市场之间，应当金融压抑"。在此基础上，提出"发展中国家，应当国内金融深化、国际金融压抑"，这样才能既享受国内金融深化带来的降低交易成本的红利，又防止资本流向发达国家，损害落后国家的利益。另外，该书建议将"经济泡沫率"纳入货币政策中介目标体系，也具有一定的理论前瞻性。

当然，由于本书研究的领域较新，难免存在这样或那样的不足，其理论体系仍需不断完善，我们应当鼓励年轻同志的探索激情。希望周旭峰同志能在这一领域坚持下去，深入研究，继续探寻金融先导理论的内在规律，提出能够指导我国实施赶超战略的切实可行的政策建议，为我国的伟大复兴和社会主义市场经济建设添砖加瓦！

专访

创新是金融制度变迁的主线

——访山西财经大学教授孔祥毅

背景说明

本文原载《中国金融》2011年第24期，杂志主编魏革军采写。"一部金融发展史就是一部金融制度变迁史，也是金融协调史。"金融创新始终是贯穿金融制度变迁的一条主线。

记者：感谢孔祥毅教授接受《中国金融》杂志的采访。您在主持国家社科基金项目"百年金融制度变迁与金融协调"的研究中提出，创新—监管—再创新—再监管，构成了金融制度变迁史，每一轮创新、每一轮监管都会促成金融业的新发展，因此，一部金融发展史就是一部金融制度变迁史。您认为始终贯穿于金融制度变迁的最根本的主线是什么？

孔祥毅：从历史的角度看，金融史就是金融创新史，金融史也是金融制度变迁史。无论金融在不同历史时期的作用形式如何，无论金融作用于经济的方式如何，历史上金融制度的变迁总有一条主线贯穿其中，这就是金融创新。从微观上看，金融企业为了盈利，它必然不断地对自己已经使用的金融工具、正在进行的金融业务、正在使用的金融技术进行创新，借以发展自己，满足工商企业与社会的需求，同时这也是扩大自己的业务、市场与盈利的根本出路。从宏观上看，金融企业的每一项金融创新，在满足各类产业发展需要并为本企业带来盈利的同时，也会给社会带来一定的风险，因为金融企业本质上是风险企业，它是负债经营，一旦出现债务链中断，势必造成社会性问题，于是政府为了维护社会稳定，就不得不进行必要的金融监管创新，这就是宏观金融调控的制度创新。接着，金融企业为了自己的继续发展，又会设法绕过监管"红灯"，再一次进行金融工具、业务或技术的创新；那么政府也就不得不再一次通过金融管理制度的创新，设置新的"红灯"以维护社会经济生活的稳定。这是个"魔高一尺，道高一丈"的过程。不论是金融企业的微观金融创新，还是政府监管的宏观金融制度创新，每一次创新都推动了金融业的发展与进步，从而构成了一部金融制度变迁史。

记者：创新是金融业获得持续发展的重要推动力，金融发展史常常也是金融创新史。中国近代银行家们，正是通过金融工具、金融业务、金融制度和金融技术的创新推动了中国近代金融革命的发展。您认为推动近代银行家们不断创新的根本原因是什么？

孔祥毅：推动近代银行家们不断创新的根本原因，我认为是企业盈利与社会责任两方面。企业必须盈利，金融企业只有不断地创新金融工具、金融业务、金融技术、金融制度，才能找到新的盈利点，金融创新在很大程度上是利润导向的结果。社会责任也是银行和银行家不可忽视的，社会责任并不是天天捐款于公益事业，而是把合理的资金价格、周到的金融服务提供给客户，这是信义，天经地义。历史上有作为的银行家都不是唯利是图的掘富者，都具有造福社会的人生价值观，他们爱国亲民，把国家和社会的利益、企业和老百姓的利益放在重要地位，通过银行业务献身于社会。结果，银行发展了，经济发展了，个人自然也成就了大事业。那些唯利是图者，不懂得利与义相通相济的道理，因而也就不可能成为银行家。从第一家票号日升昌的创始人雷履泰的座右铭，我们可以看出他成功背后的人生哲学："诚者物之始终，不诚无物，是故君子诚之为贵"，"利不可两忠，不可兼，不去小利则大利不得，不去小忠则大忠不至"，"恭为德首，慎为行基，言则忠信，行则笃敬"。

记者：在清代，中国金融机构就已经建立起较为规范、有效的企业管理制度。在金融机构治理机制，尤其是在经营风险控制方面，有哪些管理制度和管理思想值得借鉴？

孔祥毅：清代中国早期金融机构如票号、账局、银号、钱庄等，其治理机制，尤其是经营风险控制方面，形成很多好的制度和管理思想，在今天仍然有借鉴意义。内容太多，不能一一列举，略述几点：

一是人身股制。人身股制也就是人力资本制，该制度对业务骨干和老职工，根据其职责、能力和贡献大小确定"身股"，"身股"与"银股"（资本股）一起参与利润分配，并定期进行人事考核，增减身股。很多老票号的人身股总数超过了资本股，并且享受人身股者占职工人数的大多数，它比当代西方银行的期股制受益面要宽得多。

二是正本副本制。票号的资本金有正本与副本两种，正本是东家的"银股"，副本亦称"护本"或"倍股"，由东家和享有身股的职工在利润分配中提取一定比例留存企业，付息不分红，不可随意抽走。一旦票号发生亏损，亏损从"护本"中冲销；若亏损过大，身股职工以"护本"为限承担有限风险，东家则承担无限责任，东伙共同承担经营中的风险。

三是联号制。票号实行总分支机构制，总号对分号考核，"以结利疲账定功过"。票号投资人一般都经营多种类型商号，大号可办小号，金融资本与产业资本混业成长，领头者是金融机构，类似现代金融集团公司。这种体制有利于票号资金灵活调度，实现金融业与产业相互支持，扩大市场份额。

四是人力资源管理制。票号的人力资源管理以人为核心，重视经营"人"。新员工招聘，经历商铺名流推荐、查三代、笔试、面试、铺保、请进仪式、实际考验；学徒制三年，采取以老带新方式，学习道德修养、书写珠算、记账核算、平砝银色折合等，票号负责食宿零花，没有工资；学徒期满合格，正式聘为职员，享有薪金、伙食、衣资和假期。老职工依据能力与贡献给予身股，并有应支、津贴、伙食、衣资，退休后身股继续分红，身故之后"故股"仍享受 2～8 年，同时还关照子弟就业；等等。

五是行会制。各类金融机构均有行会，如钱业公所、汇业公所、账庄商会等，它们在组织转账结算与订卯轧差、组织过标清偿债务、处理商务纠纷、监督行规执行、协调与政府关系、举办公益事业与文化娱乐活动等方面发挥重要作用。

记者：改革开放以来，中国经济高速发展，成就令世界瞩目。未来，要保持良好的、有质量的经济增长，需要新的金融创新的牵引。您认为该如何把握未来中国金融制度变迁的方向？

孔祥毅：改革开放以来，中国金融业不断创新与发展，促进了中国经济的高速增长，未来继续保持良好的经济增长仍然不能离开金融的牵引。未来金融创新与金融制度变迁，需要从微观金融业务技术和宏观金融监管制度两方面着手，前者是金融企业盈利与发展的必然趋势，后者是经济发展和社会稳定的需要，其间存在着一定的博弈，这种博弈是围绕着微观金融盈利与宏观金融稳定展开的。但是从长远看，二者的利益是统一的，没有根本矛盾，金融企业利益、各类产业发展利益和国家经济社会稳定都要兼顾。

未来微观金融业务创新与宏观金融制度创新，都需要重视金融发展的市场化与国际化趋向。在市场化方面，金融企业要重视金融技术与服务创新，"人弃我取，人取我予"，避免同质化；金融监管重点需放在宏观金融调控与金融稳定的创新上，无须过多干预金融企业的业务技术，让金融企业在市场中选择自己的经营和发展战略。在国际化方面，金融企业要练好内功，把握时机，选择好合作伙伴，创新对外金融业务，走向国际市场；宏观金融方面要重视金融内外协调创新、涉外金融监管制度创新，把国家金融安全稳定放在头等地位。近年中国金融业正在逐渐融入国际金融体系之中，当代金融安全不仅关系国内金融稳定和社会经济稳定，更重要的是，它还是事关国家安全的大问题。

记者：10年前的2001年，中国加入世贸组织，承诺逐步开放中国金融业。追溯历史，从19世纪开始，中国金融业就已开始融入世界金融活动，1845年英国丽如银行是第一家进入中国的外国银行，1907年山西的合盛元票号设立中国在国外的第一家银行"合盛元银行神户支店"。回首这一个多世纪，您认为中国银行业的对外开放经历了一个怎样的发展历程？在加入世贸组织十周年的新起点上，您认为未来中国金融业的进一步对外开放需要在哪些方面做出更多努力？

孔祥毅：回首一个多世纪，中国金融业对外开放的发展历程，是由被动的对外开放走向主动的对外开放，其间经过了长期的艰难的探索与选择。

19世纪，外国洋行、保险公司、银行开始进入中国，19世纪50年代、60年代和90年代曾三次出现外资在华设行高潮，到19、20世纪之交，中国金融业已经被迫全面对外开放，虽然中国的票号、账局也走出国门，开设到俄罗斯、朝鲜、日本，但时间不长不得不全部撤回，而在国内，外国金融资本控制了中国的经济金融命脉，票号业全军覆没，民族银行与钱庄在艰难的狭缝中勉强求生，伤亡惨重。在此情况下，很多爱国志士主张学习西方，"师夷长技以制夷"，主张引进外国金融理论与技术。

辛亥革命前后到 20 世纪 40 年代末，我们先是学习欧美金融理论与技术，50 年代则摆脱了西方金融资本的控制，学习苏联金融理论与制度，后来又不得不放弃学习苏联，尝试走自己的金融发展之路，经过艰难的探索，直到 80 年代，我们才找到了改革开放的道路。21 世纪之交，中国金融业再一次对外开放，但是这次开放是主动的、有计划有步骤的对外开放，在渐进地探索前进，完全是根据中国的实际情况和从中国的利益出发的，它支撑了中国经济的高速稳健发展。

在新的起点上，在加入世贸组织 10 年后的今天，我们要继续坚持金融业对外开放，但是不必按照外国人的时间表，而是要根据自己的实际情况，有计划、有步骤地推进。在金融业对外开放过程中：一要继续努力提高国内金融企业的管理水平与抗风险能力，练好内功，以适应国际市场竞争的需要；二要继续提高我国对金融宏观调控的监测与操作能力，在内外协调的原则下发展对外金融关系；三要积极稳步支持中国金融企业走向国外，从事金融服务、贸易融资和投资；四要稳步引进外国金融资本与金融企业，稳步推进资本市场的开放。总之，既要学习别人之长，也要总结自己的经验教训，坚定地走自己的路。

记者：在中国近代金融发展史中，无论是经营成就，还是在企业经营管理制度的建立、企业文化的形成上，票号都居于领先地位，"晋商精神"被认为是票号特有的金融文化。您认为"晋商精神"的核心内涵是什么？对于我们今天市场经济条件下的金融文化，有哪些是值得传承和借鉴的？

孔祥毅：晋商是明清中国各大商帮的领头雁，票号是晋商的主力军，挈领了中国金融革命。重商立业的人生观、诚信义利的价值观、艰苦奋斗的创业精神、同舟共济的群体思想是经长期凝练而形成的晋商精神。晋商的核心价值观是诚信为本、以义制利、尚中贵和，这也是晋商的商业伦理与处世哲学。"诚者，天之道也；诚之者，人之道也"，诚是"五常"之本、百行之源。晋商认为，利和义是相通相济的，必须见利思义，先义后利，以义制利，只要讲义，就有朋友，就好做生意，绝不能唯利是图。晋商还认为，和气生财，须时刻铭记尚中贵和，才能处理好各方面的关系，才能有更好的经营环境。在历史上晋商的银行中，东家与掌柜、掌柜与伙计、伙计与客户、掌柜与官员、企业与同行都很讲信义，"善待相与"（"相与"是在业务往来中讲究信义的客户与朋友）。

票号认为天时不如地利，地利不如人和，经营成败一切决定于"人"。在票号的管理中，票号练习生由总号资深职员负责训育，训育科目除技术方面外，在道德方面要求"重信义，除虚伪，节情欲，敦品行，贵忠诚，鄙利己，奉博爱，薄嫉恨，喜辛苦，戒奢华，他如恒心、通达、守分、和婉、正直、宽大、刚勇、贤明。皆为一贯之教训"。财东全权委托总经理全赖其人格，总经理对于分号经理，也是如此。政府和社会对票号的信任，根本上是信任他们的个人信用。在票号的经营上，放款不收抵押，注重个人信用，汇款的汇费、存放款项的利息，都是因人而异。因此，人本主义是票号的特色，其核心在经营"人"。

简言之，晋商货通天下、汇通天下，凭的就是其一副对联所说的"仁义礼智信信中取利，温良恭俭让让中求财"。票号的金融文化，体现在其管理制度与经营策略多方面，诸如合作股份制、两权分离制、人身股制、正本副本制、掌柜聘任制以及经营中"酌盈剂虚，抽疲转快"的资金调度策略等，都是很成功的经验。

今天，我们可以从票号中传承和借鉴的地方很多，尤其在治理机制和以义制利、尚中贵和的金融伦理、处世哲学方面。如在人事管理上，"用人以懂得信义为宗旨"，凡事待人以德，谦慎相传，以高傲自满、奢华靡丽为深戒；在对下属机构考核上，"以结利疲账定功过"，按年度盈利与不良资产状况决定奖励并晋升身股；在市场竞争策略上，以"自立"、"切究"明策略，因银行林立，商战激烈，优胜劣败，须有自立之方、自立之道，"一曰实事求是，二曰一意从公，三曰随机应变，四曰返璞归真"，一行一策。

记者：票号，其成就可谓骄人，但其衰落也令人扼腕。您如何看票号衰落的原因？票号的衰落，对于我们当代金融业的发展，有哪些教训值得铭记？

孔祥毅：票号衰落的原因是多方面的。客观方面：一是科技进步，火车轮船开通，使商路改变，晋商失去地理优势，山西商务衰落；二是弱国无强商，外国资本进入中国后，政府对本国金融机构的税率远远高于外商，使票号在与外商的竞争中处于劣势；三是长期的政治动荡和战乱，使晋商票号实力损伤；四是不同于欧洲文艺复兴运动使商人进入了主流社会，中国商业革命没有相应的社会环境，中国缺少思想解放运动，商人未能获得相应的政治地位。

主观方面：第一，晋商的主流是农商、官商、儒商，买办极少，祖祖辈辈缺地少房的贫苦农民在"走西口"中发现商机并致富之后，首先置房买地，将商业利润转化为房屋地产，投资近代产业者较少。明清两代晋人在重商立业思想下，智力投资观念淡化，明清山西没有一个文状元，清末晋商后人生活奢靡，不问号事、不知世界风云，也就不可能在国内外市场剧变中把握商业航向。第二，票号的决策者——大掌柜受利益限制和认识的局限，在外商进入、市场剧变时，故步自封，不能与时俱进，即使驻外经理洞悉时局变化一再建议改革，都被决策者拒绝，失去改革发展的良机。第三，票号在后期依托官府，职能异化，由商业金融转向了政府金融，辛亥革命后，清政府崩塌，存款逼提而贷款不能回收，票号经营自然一败涂地。第四，票号企业治理缺失制衡机制，社会稳定时尚能维持，社会动荡时这一缺陷暴露无遗，大掌柜权力过大，没有董事会、监事会，缺少民主决策与监督机制，加上股东无限责任制，企业破产累及家庭财产，历史上好几位诚信的票号东家最后不得不变卖家产，流浪街头。第五，票号与近代银行相比，资本金过小，抗风险能力弱，虽然有副本支持，但仍无法与外商银行抗衡。第六，票号业务缺乏灵活性，信用业务重大轻小，信用对象重官轻民，信用方式重人轻物，信用工具重汇票轻钞票，利率调整重稳轻活。这些方面，都是当代银行需要吸取的教训。

记者：美国民众"占领华尔街运动"引起广泛关注。该运动的实质是美国民众对美国金融业诚信的质疑。作为金融业的立业之本，诚信不仅来自金融从业者的自律，更来自制度层面的约束和保障。在中国近代金融发展中，中国的金融机构如何建立自身的诚信体制？这对于当代的中国金融业，有哪些值得借鉴的地方？

孔祥毅："占领华尔街运动"的实质是美国民众对美国金融业诚信的质疑。我注意到，在华尔街金融大亨们面临经营危机和信任危机的双重危机时，2009年3月18日《纽约时报》刊登了"中国山西票号"的特写文章，被媒体解读为"美国大力推销晋商精神，借以警醒处于经营危机和信任危机下的AIG类的金融巨头们"。

诚信是金融业的立业之本，不仅需要行业自律，也需要法律制度的约束和保障。近代中国金融业的诚信体制，首先，它是以社会伦理道德来保障的，这种伦理道德源于儒家思想几千年的传承，到明清又演绎为关公崇拜的信义自觉，中国传统的家庭教育和社会教育又使得这一传统得以延续。其次，商业行会特别是金融业的行会的行规制度，也有着很重要的管理约束作用。最后，历代政府制定的礼仪制度对于信用行为的作用也不可忽视，它使民间商业习惯与契约有着很强的约束力。当年贸易与金融活动中大量的信用贷货、信用贷款而形成的债权债务，就依靠商会与金融企业组织的"过标"来实现：根据镖局押运银两与货物的期限规定多种标期，各标期长短与标内标外借贷时间，决定"标利"高低。过标时，一切到期债权债务一律在三天之内结清，第一天银两，第二天制钱，第三天"订卯"，即现代银行间的轧差清算。所以，历史上"过标"如"过年"，张灯结彩，唱戏三天；"过标"亦如"过关"，是企业兴衰存亡的关键时刻，不能清偿到期债务谓之"顶标"，一经"顶标"，企业则信用扫地，甚至立即破产。

当代金融业诚信体制的建设，有很多很好的创新，比如建立社会信用体系和"黑名单"制度，成立金融中介服务机构如担保公司等，但是，诚信体制建设最根本的问题，我认为道德教育是基础，法制建设是关键，政府示范是保证。

记者：我们看到，您的金融思想大部分都是从金融史研究中切入和发现的。请您谈一谈您的金融史研究方法。

孔祥毅：我认为金融学作为一门社会科学，是不可能像自然科学那样在实验室发现规律的，只能在分析研究历史演变中发现和探索，金融学研究不应忽视金融史的研究。我在金融史的研究中，一是把中国金融史放在世界金融发展史中来观察，注意二者之间的关联性，注意在历史长河中不同阶段金融发展的特性与轨迹；二是把金融史与当时的经济社会发展史相联系，注意金融变迁与经济社会发展的关系；三是比较各国金融发展历史，注意同一时期不同国家和地区金融发展的差异性和多样性；四是金融结构功能分析，注意金融结构与金融功能的关系，结构变动，功能也变动，金融结构变动常常是金融变迁的动因；五是史论结合，以历史为依据，以理论为工具，致力于抽象金融理论问题的研究。

记者：您从1963年开始任教，在40多年教书育人的生涯中，您有哪些心得体会和感悟能与我们分享？

孔祥毅：我从1963年开始从事高校金融学教育至今，深深感到金融学教学与研究很辛苦，但是也很快乐，我很喜欢这个职业。本人爱好、名师指导、博观约取、恒心毅力，这四个词足以概括我的一路行程。自己工作的环境偏僻，不敢闭门造车，于是四处拜师，不管年龄地位，只要觉得有长处的同行，都虚心请教，跟踪金融学前沿的名流学者的论著与演讲，尽可能使自己置身于前沿。资料的积累是研究的基础，我有多种笔记和资料卡片，好记性不如烂笔头，依靠笔记，经常整理自己的卡片柜。我笃信读万卷书、行万里路、交万名友会让自己受益无穷。